本书系高校哲学社会科学繁荣计划专项
全国高校思政课建设项目"全国高校思政课名师工作室（西南大学）"（21SZGS50010635）
重庆市高校思想政治理论课名师工作室（周琪工作室）研究成果

高校思想政治理论课发展基本问题和实践

周琪 等 著

西南大学出版社
国家一级出版社 全国百佳图书出版单位

图书在版编目(CIP)数据

高校思想政治理论课发展基本问题和实践 / 周琪等著. -- 重庆：西南大学出版社, 2025.1. -- ISBN 978-7-5697-2905-4

Ⅰ.G641

中国国家版本馆CIP数据核字第2025P6J420号

高校思想政治理论课发展基本问题和实践
GAOXIAO SIXIANG ZHENGZHI LILUN KE FAZHAN JIBEN WENTI HE SHIJIAN
周　琪　等著

| 选题策划：段小佳 |
| 责任编辑：段小佳 |
| 责任校对：张　琳 |
| 装帧设计：殳十堂_未　氓 |
| 排　　版：夏　洁 |
| 出版发行：西南大学出版社（原西南师范大学出版社） |
| 　　　　　网址:http://www.xdcbs.com |
| 　　　　　地址:重庆市北碚区天生路2号 |
| 　　　　　市场营销部:023-68868624 |
| 　　　　　邮编:400715 |
| 印　　刷：重庆市圣立印刷有限公司 |
| 成品尺寸：170 mm×240 mm |
| 印　　张：21.5 |
| 字　　数：308千字 |
| 版　　次：2025年1月　第1版 |
| 印　　次：2025年1月　第1次印刷 |
| 书　　号：ISBN 978-7-5697-2905-4 |
| 定　　价：68.00元 |

前　言

高校思想政治理论课是落实学校立德树人根本任务的核心课程,肩负培养担当民族复兴大任的时代新人的历史使命。面对百年变局加速演进、加快推进中国式现代化和中国特色社会主义教育强国建设,高校思想政治理论课需要直面青年学生需求多元化与高校思想政治理论课供给之间的矛盾,既与党的创新理论武装同步推进,又回应青年学生的真实关切,将思想政治理论课建设成为青年学生真心喜欢、终身受益的课程。

正是循着这一主旨,《高校思想政治理论课发展基本问题和实践》以守正创新为主线,按照高校思想政治理论课发展的基本问题、历史回溯、政策分析、比较视野依次展开,勾勒出高校思想政治理论课发展的历史与当下、本土与外来、社会与学校的时空图景。既为高校思想政治理论课发展提供方位和方向,又呈现出高校思想政治理论课发展的课程改革、内容更新、方法革新和实践拓展,以建设中国特色的高校思想政治理论课形态。

中国特色的高校思想政治理论课应该从哪里出发呢?首先,认识青年,用不断创新的思想政治理论课内容、方法、形态与青年的信息交流方式、交往方式、话语方式相融合衔接。其次,守住思政课的历史和本来,既从中国共产党领导下的思想政治理论课建设历程中获得规律性认识和成功经验,又用彻底的理论和青年学生喜闻乐见的话语使道理能说得出、立得住、传得开。再次,遵循思想政治理论课规律,在思想政治工作规律、教书育人规律和学生成长规律的把握中推动高校思想政治理论课与课程思政、"大思政课"、大中小学思政课一体化建设,形成分合有度、分合转化的学校思想政治理论课立交桥和同心圆。如此,高校思想政治理论课在理论深度和实践温度兼具之中理直气壮讲好道理,引领青年学生知行转化和知行合一。

如守仁先生所言,知是行之始,行是知之成。知行本一事,真知即真行。是为记。

周琪　于南山听松堂

乙巳年初春

目录

前 言

第一章 高校思想政治理论课发展的核心命题
一、高校思想政治理论课定位 / 3
二、把握高校思想政治理论课的两重维度 / 6
三、认识青年:高校思想政治理论课发展之基 / 8
四、高校思想政治理论课守正与创新 / 11

第二章 中国共产党领导下的高校思想政治理论课发展回溯
一、高校思想政治理论课在社会革命斗争中的开启 / 23
二、高校思想政治理论课的"老三门"确立与演进 / 30
三、高校思想政治理论课的"85方案"与改革探索 / 38
四、高校思想政治理论课的"98方案"与调适发展 / 44
五、高校思想政治理论课的"05方案"与深化创新 / 50

第三章 新时代高校思想政治理论课发展的政策分析
一、新时代高校思想政治理论课发展的政策样本选择 / 63
二、新时代高校思想政治理论课发展的政策属性分析 / 67
三、新时代高校思想政治理论课发展的政策内容分析 / 75

第四章 高校思想政治理论课的基本规律
一、高校思想政治理论课运行规律 / 101
二、高校思想政治理论课建设"八个相统一"规律 / 113

第五章　高校思想政治理论课的体系转化

一、教材体系向教学体系转化 / 129

二、教学体系向认知体系转化 / 140

三、认知体系向实践体系转化 / 152

第六章　媒介化、智能化、分众化进程中的高校思想政治理论课发展

一、媒介化进程中的高校思想政治理论课 / 169

二、智能化时代的高校思想政治理论课 / 176

三、分众化场域中的高校思想政治理论课 / 184

第七章　新时代高校思想政治理论课教师队伍建设

一、新时代高校思想政治理论课教师队伍建设的目标 / 197

二、新时代高校思想政治理论课教师队伍建设的现状 / 206

三、新时代高校思想政治理论课教师队伍建设的路径 / 217

第八章　高校课程思政建设的基本问题

一、高校课程思政之缘起 / 227

二、高校课程思政的把握方式 / 229

三、认识高校课程思政与思政课程之间的关系 / 234

四、高校课程思政建设之道 / 238

第九章　大中小学思政课一体化建设基本问题

一、大中小学思政课一体化建设的政策回溯 / 251

二、大中小学思政课一体化的把握方式 / 255

三、大中小学思政课一体化建设的两重性 / 261

四、大中小学思政课一体化建设的实践 / 264

第十章　高校"大思政课"建设基本问题

一、高校"大思政课"建设的政策回溯 / 279

二、高校"大思政课"的把握方式 / 285

三、高校"大思政课"建设的两重性 / 286

四、高校"大思政课"建设方式 / 292

第十一章　高校思想政治理论课发展的比较视野

一、世界各国学校思想政治理论课建设理论与实践 / 303

二、港澳学校思想政治理论课建设理论与实践 / 319

三、世界各国学校思想政治理论课建设的启示 / 327

参考文献 / 331

后　记 / 335

第一章

高校思想政治理论课发展的核心命题

高校思想政治理论课是落实立德树人根本任务的关键课程,如何坚持高校思政课建设与党的创新理论同步推进,将其建设成为学生真心喜爱、终身受益、毕生难忘的优秀课程,是高校思想政治理论课发展的聚焦点。这需要从高校思想政治理论课定位、规律、人和发展方式中予以展开。

一、高校思想政治理论课定位

高校思想政治理论课是建设强大思政引领力和固本铸魂的思想政治教育体系的重要课程支撑,这需要在高校思想政治理论课的历史与本来中予以把握。

(一)高校思想政治理论课的历史

中国共产党在长期领导社会革命和建设中,形成关于学校思想政治理论课建设的规律性认识和成功经验,对这些经验和实践进行梳理、挖掘和继承,以勾勒出学校思想政治理论课在中国共产党领导下的社会革命和建设中是怎么走来的,并把这些规律和实践运用到新时代高校思想政治理论课改革创新之中。一是运用学校思想政治理论课进行马克思主义理论的研究阐释,特别强调专门课程体系和教材建设。以新民主主义时期陕北公学为例,高级班开设"中国革命运动史""马列主义""辩证唯物主义"等课程,后期又增加"世界革命运动史""科学社会主义"等课程,面向中国共产党党员和干部全面开展马克思主义理论教育和宣传。"民众运动"课程则以一般社会大众为对象,开展群众路线和群众动员教育。在教材上,把马克思主义经典文本、马克思主义中国化文献转化在教材中,既体现马克思主义基本原理又结合中国具体实际,创造性地融入中国共产党对社会建设主题的理论创新和实践,如以解放社名义统一编辑出版《国家与革命》《帝国主义是资本主义的最高阶段》《政治经济学》《社会发展史》,罗瑞卿编写的教材《今天抗战军队中的政治工作》,艾思奇、何干之、李凡夫等编写《社会科学概论》。根据这一时期主管马列经典著作编译出版工作的张仲实回忆,其中《马恩列斯思想方法论》是毛泽东在延安时编辑的,他和艾思奇等同志参与材料收集工作,其余3本是由他主持编译的。二是学校思想政治理论课与社会资源相结合,形成大课堂与小课堂、学校与社会联合的大思政课建设体系,以构建学校思想政治理论课多样形态。这在于,学校作为相对独立空间,用严格的制度设计、专门队伍、课程体系等为思想政治理论课运用的规范化、科学性提供保证,另一方面,这一空间可能使学校、个体与社会之间的疏离,导致思想政治理论课的孤岛效应:"这种封闭性也一定程度地造成了学校与社会的脱离、儿童教育经验与社会经验的脱离以及儿童与自然的割裂,阻碍了师生与更广泛的世界的联结与互动。"① 因此,学校思想政治理论课需要与社会、家庭联系,建设家校社联合体,正如习近平总书记强调:"思政课不仅应该在课堂上讲,也应该在社会生活中来讲","'大思政课'我们要善用之,一定要跟现实结合起来。"② 中国共产党在建设陕北公学时,探索出面向社会大众的思想政治理论课新形态,把思想政治理论课的内容转化在社会大众喜闻乐见的日常生活中,用新秧歌、版画、话剧、歌曲等形式进行社会动员,根据统计:"反映劳动生活和人民翻身致富的达48%,反映军民关系的占30%。"③ 这一时期,陕公剧团、陕公文工团创作《放下你的鞭子》《送郎上前线》等优秀文艺作品,而《红军三大纪律八项注意歌》把中国工农红军制定的"三大纪律八项注意"内容与民歌《土地革命成功了》的曲调相结合,既对人民军队进行纪律教育,又对社会大众进行中国共产党政治主张和政党建设的认同教育。正如毛泽东《在延安文艺座谈会上的讲话》中强调文艺作品要满足人民群众接受方式多元化的需要:"各种干部,部队的战士,

---

① 宋岭:《学校教育空间的现代性表征、生产逻辑及其必要改造》,《当代教育科学》2004年第5期,第9—19页.
② 杜尚泽:《"大思政课"我们要善用之(微镜头·习近平总书记两会"下团组"·两会现场观察)》,《人民日报》2021年3月7日,第1版。
③ 刘建勋:《延安文艺史论》,西安:陕西人民出版社,1992年,第18页。

工厂的工人、农村的农民,他们识了字,就要看书、看报,不识字的,也要看戏、看画、唱歌、听音乐,他们就是我们文艺作品的接受者。"[1]这些优秀作品把社会主题转化为看得见的表达形式,使其传得开、易接受、温润人心,承担学校思想政治理论课的理论阐释、教育等功能,让党的执政理念、社会建设主旨等进入社会大众之中,成为学校思想政治理论课形态分众化的典型。

(二)高校思想政治理论课的本来

高校思想政治理论课的本质是讲道理,它依托于课程用马克思主义的道理学理哲理武装青年大学生的头脑,引导青年大学生的知行转化,在课程建设和育人上体现出关键性。

高校思想政治理论课的关键性体现在两个层面,一是课程建设的顶层设计。高校思想政治理论课的课程设置、建设标准、教材建设等具有统一规范,教材由中宣部马克思主义理论研究和建设工程领导实施,在建设标准上,有统一的必修课程与选修课程、课时数、开设时段、教学评价标准等。这些既体现政治性、人民性和战略性的教育属性要求,又要体现党的创新理论与课程体系之间的融会贯通,以凸显这一课程的关键性。2024年全国教育大会强调与时俱进加强思政课建设,开好讲好"习近平新时代中国特色社会主义思想概论"课,推进大中小学思政课一体化创新等正是生动体现出这一课程的关键地位。二是在培养什么样的人和怎么培养人上具有关键作用。培养担当民族复兴大任的时代新人、社会主义建设者和接班人是高校思想政治理论课育人内涵上的具体体现,这不仅是教育政治属性的根本要求,更是落实立德树人根本任务的关键。正如习近平总书记在强调大学人才培养的属性时指出,"古今中外,每个国家都是按照自己的政治要求来培养人的,世界一流大学都是在服务自己国家发展中成长起来的。我国社会主义教育就是要培养社会主义建设者和接班人"[2],这

---

[1]《毛泽东选集》(第3卷),北京:人民出版社,1991年,第847页。
[2] 习近平:《在北京大学师生座谈会上的讲话》,《人民日报》2018年5月3日,第2版。

既需要通过系统、规范的学校课程体系把马克思主义理论教育讲透、讲深、讲活,引导青年大学生的真信真用,又需要与中小学思政课、其他专业课程之间形成一体化育人链条,在课程上既能在纵向主线贯穿、循序渐进,又能在横向上结构合理、功能互补。

二、把握高校思想政治理论课的两重维度

从高校思想政治理论课的定位出发,这一课程聚焦于还原和融入两个维度。这两个维度集中体现在用思想政治工作规律、教书育人规律和学生成长规律推进高校思想政治理论课的内涵式发展,课程体系重"合"、课堂育人重"活"、实践育人重"效",将政治性和学理性、价值性和知识性、建设性和批判性、理论性和实践性、统一性和多样性、主导性和主体性、灌输性和启发性、显性教育和隐性教育相统一。

(一)高校思想政治理论课的还原

高校思想政治理论课的还原是把思想政治理论课的教材、教学和教育对象还原在具体生活和场景中,使思想政治理论课与青年学生的学习、生活、交往娱乐相融合,这一规律正是马克思主义基本原理与中国具体实际和中华民族优秀文化相结合的生动体现。

一是还原思想政治理论课的方法,把马克思主义的一般方法变为能为青年学生答疑解惑的具体方法。尤其是面对各种社会思潮的影响,青年在理想和现实、主义和问题、利己和利他、小我和大我之间遇到思想困惑之时,我们需要引导青年大学生回答好如何处理与国家、社会之间的关系,实现从"怎么看"到"怎么办"再到"如何做"的转化。二是还原思想政治理论课的话语,把马克思主义话语从理论性、政治性的话语形态还原为"中国话"和青年学生能感知和理解的话,建设好高校思想政治理论课话语体系。这在于,新媒体、新技术不断催生青年大学生信息交流方式、交往方式、话语方式快速变化,高校思想政治理论课的话语方式要跟得上,

与青年流行语、网络话语、圈层话语等融合互动。自2008年起《咬文嚼字》发表年度"十大流行语",如"班味""996""躺平""摆烂"等,这不仅是认识和把握青年思想行为变化的风向标,而且进入到高校思政课话语体系之中,与青年大学生形成情感互动和共鸣。三是还原思想政治理论课的内容,把马克思主义的一般原理还原为引导青年学生认识和把握社会发展规律与指导个人成长发展的生动道理,引导大学生回答好成长中的困惑和价值选择。1980年《中国青年》杂志刊登的"潘晓来信"提出"人生的路为什么越走越窄"的叩问并掀起改革开放初期关于人生观、价值观的大讨论,便是直面青年价值观的冲突,帮助他们在"窄路"中开辟新途,实现个人成长与社会进步的共生。四是还原思想政治理论课的文化根基,从中华优秀传统文化、革命文化和社会主义先进文化中汲取学校思想政治理论课的内容、价值理念和文化密码,把文化"育美""润心"与思想政治理论课的"铸魂"协同,在价值引领中赋予思政课温度、情怀和精气神。2024年,习近平总书记对学校思政课建设的重要指示中强调思政课要以中华优秀传统文化、革命文化和社会主义先进文化为力量根基把道理讲深讲透,就是旨在凸显思政课的文化根基。他十分强调运用版本古籍、出土文物等文化资源传承中华民族历史文脉和中华民族价值观:"走一下、体会一下。这些雕版、典籍,蕴含着中华民族的智慧、精神、文化,更蕴含着生生不息的力量。"[①]

(二)高校思想政治理论课的融入

高校思想政治理论课的融入旨在强调党的创新理论与思想政治理论课同步推进,把党的创新理论融入思政课的课程、教材、教学等各个要素之中,凸显思想政治理论课与马克思主义中国化时代化的同频共振。例如,红色基因融入高校思政课的实质是如何用高校思想政治理论课讲好中国共产党的精神和中国精神,培养青年大学生的思想认同、理论认同、

[①]《赓续历史文脉 谱写当代华章——习近平总书记考察中国国家版本馆和中国历史研究院并出席文化传承发展座谈会纪实》,《人民日报》2023年6月4日,第1版。

情感认同和文化认同。这需要高校思想政治理论课体系依托,从不同课程、不同层面展开对红色基因的精神解读。例如,"马克思主义基本原理概论"侧重于红色基因精神的马克思主义理论基础;"毛泽东思想和中国特色社会主义理论体系概论"侧重于红色基因精神的现实根基;"中国近现代史纲要"侧重于红色基因精神的历史维度,更好地引导学生理解和认识"四个选择";"思想道德与法治"侧重于红色基因精神的实践运用。社会主义核心价值观融入高校思想政治理论课亦然,既强调社会主义核心价值观成为贯穿课程体系的主线,又强调高校思想政治理论课的整体性,从不同层面展开对社会主义核心价值观的解读。例如:"马克思主义基本原理概论"侧重于社会主义核心价值观的马克思主义理论基础;"毛泽东思想和中国特色社会主义理论体系概论"侧重于社会主义核心价值观与中国化马克思主义的一脉相承及其当代价值;"中国近现代史纲要"侧重于社会主义核心价值观的历史维度,更好地引导学生理解和认识"四个选择";"思想道德与法治"侧重于社会主义核心价值观的实践运用。

三、认识青年:高校思想政治理论课发展之基

中国特色社会主义进入新时代、中国式现代化建设、建设中国特色社会主义教育强国对高校思想政治理论课提出了更高的要求。这一要求突出表现为青年思想观念、行为方式等的迭代不再满足于传统的高校思想政治理论课的内容、话语、方法等,这需要与时俱进按照青年的特点、成长规律推进高校思想政治理论课发展。

(一)新时代青年多元包容

新时代的中国青年成长于中国经济实力、科技实力、综合国力不断提升阶段,高速发展的社会生活水平为青年的高质量发展提供坚实物质基础,这一经济快速发展和社会长期稳定推动中国青年发展方式从大众化转向个性化。而全球化程度不断加深、互联网和信息化推进、多元文化交流为他们提供开阔的成长视野,形成思想活跃、独立包容的个性特点。这

一特点鲜明体现在青年的分众圈层,呈现出多元个性和表达方式。根据2024年中国互联网络信息中心发布的统计数据,2024年中国互联网普及率升至78.6%,网民规模达11.08亿人,其中,20~39岁用户占比超过50%,在新增网民群体中,青少年占新增网民的49%,青年成为移动互联网中的主要力量。正是网络与青年的互构,网络由信息传播媒介演变为青年的交往方式和生活空间,青年创设并聚集于以豆瓣、B站、知乎、小红书为代表的网络社区,在去中心化、自组织化中形成分众化圈层。他们运用APP进行多样化的分圈层社交,通过QQ、微信进行线上熟人社交,通过豆瓣、知乎、贴吧进行知识社交,通过钉钉、脉脉、Boss直聘进行职场社交等等。以拥有8500万月度活跃用户哔哩哔哩(B站)视频创作社区便是这种分众化圈层的典型形态,该网络社区拥有科技、音乐、演奏、舞蹈、娱乐、生活、时尚等分区,包括7000+核心圈层,基本覆盖青年群体生活领域。在这一过程中,青年群体表现出强烈的敏锐力和适应力,创造出新的文化和表达方式,如弹幕文化、鬼畜文化、国风文化等。以弹幕文化为例,它以网络空间中评论的实时互动为特点,B站的大多数青年用户不断创造着越来越有活力的弹幕文化、青年流行语、网络热词等,成为呈现青年群体思想行为、情绪的文化标签。从2020—2024年,B站连续五年发布年度弹幕热词,分别为"爷青回""破防了""优雅""啊?"和"接",成为把握青年群体情绪的关键词。上海市青少年研究中心、澎湃研究所联合发布2024年度"青年十大热词"分别为"未来产业""情绪价值""松弛感""China Travel""Wukong""谷子""夜校""偷感""city不city""班味",更是呈现出青年的文化破壁融合、寻求身份认同和代际权力更迭互动等。根据中国青年报社社会调查中心数据显示,"93.4%受访者会使用网络流行语",其中,"34.3%的受访者经常使用网络流行语,59.1%的受访者偶尔使用,仅6.5%的受访者完全不用"[①]。

---

① 《九成受访者会使用网络流行语》,《中国青年报》2019年3月21日,第8版。

(二)新时代青年个性独立并积极参与社会治理

新时代中国青年的个性独立来自优越的物质发展环境和精神成长空间,这为他们创造了更多人生出彩机会。这种个性独立鲜明体现在职业选择的丰富多元。他们打破传统意义上的"铁饭碗",自主创业、创新创业、新社会组织成为青年职业选择的重要方式,而快速兴起的以互联网+为代表的新业态催生青年更多的职业选择,如电竞选手、网络直播、网络作家、快递小哥等。而多元化的职业为青年提供将个体价值与社会价值相统一的实现方式,让他们能将个人特长、兴趣、专业与社会价值实现相融合,青年创新者创业动机的调查结果正是证明(图1-1)。该调查数据显示,实现自己梦想、从事感兴趣的事、改变世界和人们的生活、最大限度实现自我价值排在青年创业动机的前位。正如2022年中国青年网的微视频《新青年的N副面孔》用不同职业生动诠释"女汉子""卷王""宅男""社恐""砖家""EMO""躺平""佛系"等网络热词,并以此展示新青年的个性形象。在这2分多钟的视频里,他们对女汉子、佛系、躺平、卷王等进行重新定义并赋予新的内涵。在他们看来,每一热词的背后是新时代青年价值观、职业观、生活态度等集中表达,从内卷的胜出者到能逆流而上超

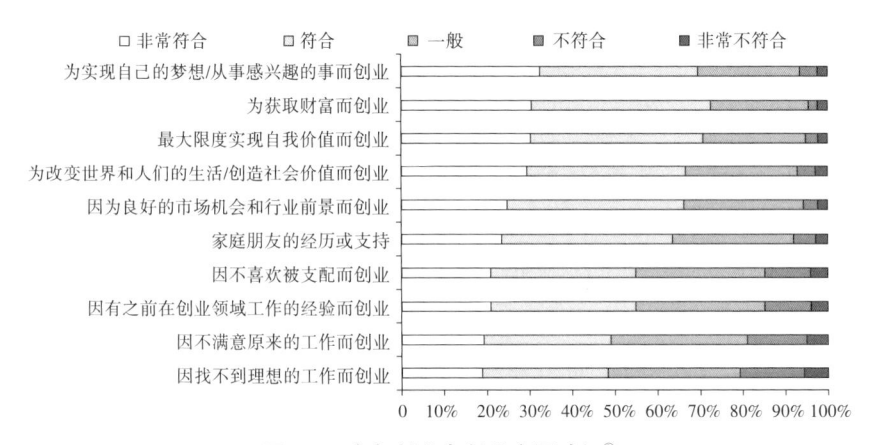

图1-1 青年创业者创业主要动机[①]

---

① 邓希泉、李健、周宇香:《中国青年发展统计报告(2020年)》,《当代青年研究》2021年第1期。

越自我的卷王,从个性豪爽、不拘小节、不怕吃苦的女性形象到爱好汉服、衣袂飘飘仙女气的女汉子,从社交恐惧到喜欢创造时的独处、享受欢聚时热闹的社恐,青年收纳师、汉文化推广者、青年画家等职业选择进行重新定义,反映出新时代青年个性自主的多元面貌。

另一方面,新时代青年积极参与政治生活、社会动员和社会事务治理,表现出社会参与意识和能力。在参与政治生活方面,新时代青年把入队、入团、入党作为追求政治进步的人生三部曲,始终站在共产主义理想信念的高地。根据《新时代的中国青年》白皮书报告统计:"截至2021年6月,35岁及以下党员共2367.9万名,占党员总数的24.9%。中国共产党第十八次全国代表大会以来,每年新发展党员中35岁及以下党员占比均超过80%。……2019年县级人大、政协中青年代表、委员分别占10.9%、13.7%。"[1]同时,新时代的青年是深度数字化环境造就的互联网原住民。他们伴随着我国互联网的蓬勃发展和内容大爆发,在与互联网的相互塑造中成长。这造就新时代青年充分运用网络、微信、微博等参与社会事务治理,在网络空间中表现出活跃的社会网络、强大的社会动员能力和集结社会资源的能力。以帝吧出征为例,帝吧网友以集体参与境外社交媒体的方式,在网络空间中回应"港独"言论,引导青年反对香港暴乱。帝吧官微以"爱国、理性、文明、求真"为主题发起"爱国青年网络出征",在这场网络空间话题中,爱国青年网络出征话题微博热度达到2.3亿,讨论量达到12.4万次。

四、高校思想政治理论课守正与创新

在推进中国式现代化、中国特色社会主义强国建设进程中,高校思想政治理论课的发展在于用守正与创新形成分合有度、分合转化的思想政治理论课"一体化"和"同心圆",不断增强学校思想政治理论课的思想性、

---

[1] 中华人民共和国国务院新闻办公室:《新时代的中国青年》白皮书,北京:人民出版社,2022年,第23页。

理论性和亲和力、针对性。

(一)高校思想政治理论课着眼于教材的整体性和生活化

高校思想政治理论课教材是高校思想政治理论课体系的文本,这些文本一是面对教师和大学生,二是需要将党的创新理论与高校思想政治理论课教材内容相融合。这一过程蕴涵着以下两个维度。

1.用党的创新理论提炼高校思想政治理论课教材的整体性。

这不是简单将党的创新理论与教材中的知识板块一一对应,而是让这一理论体系成为贯穿教材体系的主线,用社会主导价值观引领高校思想政治理论课的教材知识。其实质是从不同层面展开对党的创新理论的解读,形成这一理论体系与教材体系之间、教材的知识体系之间的整体性。例如:《马克思主义基本原理概论》侧重于中国特色社会主义理论体系的马克思主义理论基础;《毛泽东思想和中国特色社会主义理论体系概论》侧重于中国特色社会主义理论体系的一脉相承与发展性;《中国近现代史纲要》侧重于中国特色社会主义理论体系的历史维度,更好地引导学生理解和认识"四个选择";《思想道德与法治》侧重于中国特色社会主义理论体系的践行和生活化。

2.用生活化的素材转化高校思想政治理论课教材的话语。

高校思想政治理论课教材呈现为理论化、精简性特点,聚焦于通过理论、逻辑论证洗练表达中国特色社会主义理论体系的"是什么",以便于教师能准确把握教学内容的边界,而对于大学生而言,需要将这些教材话语进行"理论彻底化",用他们喜闻乐见的素材和形式回答这些理论问题的"怎么办",形成面向教师与学生不同对象、辐射大学生的不同层面的话语体系。一是选取源于大学生日常生活的素材。这种素材应是大学生所理解和所关注的生活形态,这要求把握当代大学生的思想动态,选取大学生关注度较高的社会热点问题,如当代大学生关心的时事政治、社会责任、社会思潮等主题。大学生对时事政治和思想政治理论信息的关注度普遍较高,政治参与意愿较为强烈,《中国青年报·中青校媒》在来自全国

282所高校的2407份有效调查问卷中发现,超九成受访大学生关注当前国际形势,其中约三成每天都会获取国际资讯,近四成每周会获取国际资讯。调查结果显示,76.73%的受访大学生认为国家大事与自己息息相关。高校思想政治理论课教材的"案例解析""学生辅学读本""重点难点解析"便是聚焦于教材的话语转化。二是源于日常生活的素材需要经由高校思想政治理论课教师和大学生的积极建设。高校思想政治理论课的生活素材来源于大学生生活,但这种生活素材不仅仅停留在自在形态,它更需要向自为形态演进,表现为经过精心选择和建设的生活素材,这是由高校思想政治理论课的目标指向和价值指向所决定。因此,这些生活素材不是简单地"讲故事""看电影""聊八卦",而是按照中国特色社会主义理论体系的主题进行再创造和提炼,从而使生活素材具有鲜明的价值导向和大学生的主体参与。习近平总书记在《文艺工作座谈会上的讲话》所强调的"通过文艺作品传递真善美、传递向上向善的价值观、引导人们增强道德判断力和道德荣誉感"同样适用于生活素材的建设原则。三是运用生活素材的多样化载体营造高校思想政治理论课的情境。情境是大学生在日常生活中能够感知、说明并形成认知的熟悉的参考物,这种情境通过实物、活动、表演、语言描述等形式表现中国特色社会主义理论体系的主题,有效推动大学生对社会核心价值观的认同和践行。例如,"思想道德与法治"课程中关于"爱国主义"主题,可以从中国繁体字的"愛"和"國"的解读中展开对爱国主义内涵的理解,"愛"意味着用心和情感,"國"意味着人口和军队,既生动展示了爱国是"内化于心,外化于行",又展示爱国的具体性和有形性,从而在传统文化情景中展开爱国主义教育。

(二)高校思想政治理论课着眼于教学过程多元化、问题探究和活动教学

如果说教材是高校思想政治理论课的文本,从教材向教学转化则是这一过程的关节点,需要把教材话语转化为教学话语,用大学生能理解

的、喜欢的教学方式进行转换。这一转化过程受到教师、大学生群体特征、教学方法、具体教学内容等因素制约,包括研发教材、精选教案、课堂设计、讲授讨论、考试评价等所有教学环节和过程。如果忽视这一转化,容易导致教材内容在高校思想政治理论课中"拼接"和"片段化"。

1.高校思想政治理论课教学过程多元化。

高校思想政治理论课教学聚焦于能否有效推动大学生认同和践行中国特色社会主义理论体系,即引导大学生对马克思主义理论、社会主义核心价值观、社会主义意识形态等从"不知"到"知"、从"知"到"信"、再从"信"到"行"的转化过程。这一过程需要从单一理论教学转向专题教学、实践教学和研讨教学的有机统一,从而建构高校思想政治理论课教学的多元化体系。这在于,在大数据、新媒体、互联网+的时代,大学生群体获取知识信息方式呈现出海量与碎片、去中心化与多中心化的特点,大学生在接收信息的容量和时效上均优于高校思想政治理论课教师,这种信息优势的变化导致知识传递方向去中心化甚至发生逆转,即知识信息在大学生群体之间传递或者从大学生向教育者流动,教育者反过来向大学生学习。这一变化要求高校思想政治理论课教学过程从一元的单向知识输出转向扁平化、网络化知识传递。二者之间的差异不是某一具体的教学方法的变化,而是包含教学理念、教学场域、教学参与者等要素的教学模式改革。因此,高校思想政治理论课需要在教学过程上从单一的课堂教学过程转向专题教学、实践教学和研讨教学的统一,专题教学侧重于中国特色社会主义理论的认知,以各门课程中的核心知识为导向阐释中国特色社会主义理论的"是什么"和"为什么",展示其历史之维和现实之维。研讨教学侧重于以问题为导向的小组合作研究,引导大学生聚焦现实问题并探讨解决问题的方案,这一过程既是大学生对党的创新理论的内化,又是个体基于理解之后的再阐释。实践教学侧重于引导大学生将党的创新理论从认知向实践转化,发挥大学生知行统一的主体性,如实践调研、三下乡服务、青年志愿服务等活动。另一方面,高校思想政治理论课教学过程多元化体现为课堂教学的现场性与网络化的统一。传统的高校思想政治理论课教学强调课堂的现场性,通过教师的讲授、大学生的"内化"、教师与学生之间的互动推动党的创新理论的知行转化,而随着互联网和信息技术的发展,需要把课堂向网络化推进,通过数字化教学平台、网络资源、微博学习、数字案例等建设高校思想政治理论课的网络课堂。这在于,课堂网络化能够适应网络时代大学生个性化、自主性和互动性的学习需求,大学生可以灵活选择学习的时间和方式,从而建构个性化的知识体系。例如,在"课堂教学・网络教学・实践教学"三位一体教学体系建设中,便是运用云教学平台建设"导入+微课程+学习链接+测验+学分"为主体的网络教学模式。

2.高校思想政治理论课教学的"问题探究"。

把马克思主义理论从理论体系向教学体系转化,首先面临的问题是把马克思主义理论作为一般的知识点还是作为"问题"呈现在专题教学之中。美国杜克大学本科生课程"马克思主义与社会"的课程大纲将"马克思究竟说了什么"这一问题作为该门课程主旨,作为一种借鉴的视角,马克思主义理论需要作为"问题"贯穿在高校思想政治理论课教学中。其原因在于,作为一般知识的教学大多是确定性的概念或结论,而作为"问题"的教学则蕴涵着引导大学生发现问题、分析问题和解决问题的过程,这些以马克思主义理论为主题的"问题"能营造角色体验或亲历性学习的情境,引导大学生用运用"批判的武器"进行"武器的批判"。霍夫曼称这一过程为"移情唤醒",他强调道德行为的发生首先需要个体能够感知到道德的问题情境,并能够从道德的角度去予以诠释和理解。因此,把马克思主义理论作为"问题"呈现在教学之中时,基于"问题"的结论开放性、视角多元化和小组协作,能有效适应大学生去中心化、独立性和合作性的能力培养。需要注意的是,这种问题探究中的问题设计不是对生活中的吃、穿、住、行等的随意发问,而是依托于马克思主义理论的重大问题展开,一是把其转化为大学生感兴趣的、现实生活中的某一系列具体问题,二是把这些具体问题蕴涵在大学生能够观察和体验的生活情境之中。教育部社科司《关于对高校思想政治理论课教学30个重点难点问题的征集及解答》即是以30个问题形成教学主题,在问题探讨中把教师的"教"与大学生的"学"相统一。

3.高校思想政治理论课教学的活动模式。

实践活动教学能够把高校思想政治理论课的第一课堂与第二课堂、理论教学与实践教学相连接,当把中国特色社会主义理论体系蕴涵在实践活动中时,这些活动资源不仅具有价值导向性,即旗帜鲜明地提倡什么、允许什么、限制什么和反对什么,而且把这种价值导向渗透到大学生日常化、具体化和生活化的活动之中,成为价值导向和大学生自我教育相结合的有效形式。中宣部、中央文明办印发《培育和践行社会主义核心价值观行动方案》提出15项重点活动项目,如爱国主义教育活动、群众性精神文明创建活动、学雷锋志愿服务活动、诚信建设制度化、节俭养德全民节约行动、民族团结进步创建活动、文明旅游活动、全民科学素质行动、扶贫济困活动、爱国卫生运动、文明办网文明上网活动。在高校思想政治理论课实践活动教学中,需要根据课程教学内容和大学生群体的具体特点把这些主题活动转化为他们喜闻乐见、积极参与的活动载体,否则将流于形式。例如,根据大学生的专业背景设计社会主义核心价值观的不同主题活动,艺术专业的大学生侧重于用形象化的方式,历史专业的大学生侧重于"读史"的方式,法学专业的大学生侧重于用"辩"的方式,把大学生的专业知识与主题活动相结合。其次,需要把传统节日资源、历史文化资源与活动资源相结合,开发活动资源的"现场教学"。这在于,各种传统节日资源、历史文化资源蕴涵着社会主义核心价值观的主旨,既为主题活动营造情境又直接成为主题活动的内容,从而能够实现高校思想政治理论课从课堂内到课堂外的延伸,把课堂讲授与在场体验相结合。延安精神、井冈山精神的现场教学就是把学员带到延安、井冈山10多个革命旧址,在历史的发生地进行讲解员讲解、专家点评和现场案例剖析,让学员亲身感受这些历史事件的发生,从而强化对延安精神、井冈山精神的认同。再如,运用信息的数字化储存能把故事的叙述者和听故事的人转变为虚拟的在场体验,H5作品《爬雪山、过草地,VR体验苦难长征路》便是运用VR技术还原长征精神的具体情境,红色文化全媒体传播工程更是将融媒体、全媒体运用于红色文化的具体情境构建之中。

(三)高校思想政治理论课着眼于教师角色转变和教学能力提升

高校思想政治理论课教师是推动教材向教学转化、开发高校思想政治理论课课程资源、提高高校思想政治理论课教学效果的主导者和实施者,他们的角色定位、能力提升成为高校思想政治理论课创新发展的聚焦点之一。

1.高校思想政治理论课教师从信息"汇总者"转向"把关人"。

在互联网和媒介化的时代中,高校思想政治理论课教师首先需要具备从大众传播媒介获得有效信息并与思想政治理论课的教学主题和内容相衔接的能力。网络传播使信息传播的速度和容量呈现几何增长,它运用光纤通信技术和卫星通信技术把信息全部转化为由"比特"构成的数字化形式,从而提高信息容量和传播速度。一条细如发丝的光纤可以同时供5760路电话使用,能够每秒传输400兆比特的信息,大英图书馆藏书的电子版用1TB的硬盘就能装下。知识大爆炸中对知识几何增长的描述同样适用于新媒介中的信息增长容量和速度:"当今世界平均每天发表1万余篇论文,平均35秒有一篇问世。各种书籍每年增加25万种。……1976年的大学毕业生到1980年已有50%的知识陈旧了。"[①]思想政治理论课教师面临的困境不再是如何获得信息,而是如何选择信息并有效转化在思想政治理论课教学中。这在于,大众传播中的各种信息蕴涵着多元化的价值观和意识形态,有些信息用生态、反思历史、还原历史等话语对资本

[①] 田夫等编著:《科学学教程》,北京:科学出版社,1983年。

主义价值观、历史虚无主义思潮、民主社会主义思潮、新自由主义等进行包装,在看似价值中立的信息中蕴涵着资本主义意识形态的引导,从而对社会主义意识形态和主流历史观产生冲击,并经过微信、微博等分众媒介传播产生叠加效应。对于这些纷繁复杂的信息,思想政治理论课教师首先需要进行甄别和判断,发挥"把关人"的功能。美国社会心理学家库尔特·卢因在《群体生活的渠道》中提出"把关人"理论,他强调:在群体传播过程中只有符合群体规范或把关人价值标准的信息内容才能进入传播渠道。这一社会群体信息传播的"把关人"模式同样适用于思想政治理论课的信息选择,思想政治理论课教师需要具备选择信息的"慧眼",对各种不同性质和形态的信息进行价值判断,解读信息形态背后的价值取向和立场。有的信息能与思想政治理论课教学主题和内容形成合力共振,把思想政治理论课的教学内容转化在生动形象的信息之中。有的信息则抵消或弱化思想政治理论课的目标、内容,造成个体对社会主导价值观的怀疑和淡化。而如果蕴涵这些信息的视频、资料等进入思想政治理论课教学之中,将与各种非马克思主义和反马克思主义的社会思潮形成"共谋"。

2.高校思想政治理论课教师从教材知识的"复述者"转向真与美的"创造者"。

高校思想政治理论课教材是用理论话语洗练表述中国特色社会主义理论的内容,而把这些知识体系转化为大学生们对马克思主义的信仰和对中国特色社会主义的信心,这需要高校思想政治理论课教师从知识的简单复述者转变为真与美的创造者,即经由教师对理论知识的理解、加工,用艺术化的话语方式和内容表现中国特色社会主义理论体系。一是话语内容追求"真",把教材知识转化为聚焦与大学生现实生活相关联的热点和难点。当大学生提出"中国特色社会主义理论体系对于我的生活有什么用""人生之路为什么越走越难"的追问之时,我们需要回答的是如何用这些理论解决大学生在日常生活中面临的具体困惑,引导大学生树立政治信仰、道德信仰、生活信仰。例如"摔倒的老人扶不扶?""青春别被颜值裹挟""舌尖上的安全问题""宁在宝马里哭,不在自行车上笑"的价值错乱。马克思主义经典作家在《德意志意识形态》中把"历史、生活、社会实践"的关系理解为"人们为了能够创造历史,必须能够生活。但是为了生活,首先就需要吃喝住穿以及其他一些东西"[①],唯有如此,才能让大学生理解和体验"批判的武器"的批判力,把中国特色社会主义理论体系落小、落细和落实。二是话语表达追求"美"。如果高校思想政治理论课教师的话语内容求"真"指的是理论彻底性,话语表达的求"美"则指向审美性。高校思想政治理论课教师"理论说服"的刻板效应容易导致大学生产生理论与生活之间、教师与学生之间的疏离感,无法激发大学生的情感认同,而用生动形象的教学语言、"起承转合"教学艺术、大众化的教学载体能够引发大学生的审美体验,使思想政治教育与美育有机融合。习近平总书记在《文艺工作座谈会上的讲话》所强调的"以充沛的激情、生动的笔触、优美的旋律、感人的形象创作生产出人民喜闻乐见的优秀作品"同样适用于高校思想政治理论课教师话语表达的审美。在这一过程中,一是高校思想政治理论课教师话语表达的形象化,通过模拟、描述、比喻等方式引发大学生对中国特色社会主义理论的感性认识和情感共鸣,如故事讲述法、文化体验法。中宣部组织评选的"一部好的戏剧作品,一部好的电视剧(或电影)作品,一部好的图书,一部好的理论文章,一首好歌"指向的就是精神产品的形象化。二是高校思想政治理论课教师话语表达的艺术性,通过语言、语调、节奏、速度等把"说什么"转化为主旋律与艺术性相统一的课程,从这个意义上,高校思想政治理论课教师是导演、画家和词曲创作人,需要按照美的规律把高校思想政治理论课建设成为大学生真心喜欢的课程资源。

[①] 《马克思恩格斯选集》第1卷,北京:人民出版社,1995年,第70页。

第二章

中国共产党领导下的
高校思想政治理论课
发展回溯

社会主义学校承担着培养什么人、怎样培养人、为谁培养人的重要功能。自中国共产党领导下的第一所高校陕北公学建立以来,思想政治理论课进入学校视野,承担马克思主义理论教育、马克思主义理论大众化、凝聚社会共识、社会革命和建设人才培养等功能。伴随时代主题变迁和中国共产党中心任务转换,高校思想政治理论课向前发展,对这一历程进行回溯,以为新时代高校思想政治理论课创新发展提供历史视野。

一、高校思想政治理论课在社会革命斗争中的开启

中国共产党在新民主主义革命时期自主创办高等教育机构,结合革命斗争任务和革命实际需要,围绕士兵和干部培养、马克思主义理论著作和教学资料编写、教员队伍建设等开启探索高校思想政治理论课的实践之路。

(一)培养投身中国社会革命实际工作的士兵和干部

"五四运动"之后,中国共产党开办高校并运用思想政治理论课为中国社会革命培养大批具有较高理论素养和战斗能力的士兵和干部。

1.用专门的理论教育课程提升青年知识分子和革命人才的理论素养和政治觉悟。中国共产党成立以前,以李大钊为代表的马克思主义者在北京大学史学系、政治学系等科系开设"唯物史观""社会主义与社会运动""史学思想史""工人的国际运动"课程或讲座,用马克思主义理论教育塑造中国青年知识分子救国救民的理想信念。抗日战争时期,中国共产党创办中国人民抗日军事政治大学(简称"抗大"),分期开班讲授马列主义和军事理论,经过短时间教育和训练培养具有马克思主义信仰和理论素养的革命队伍:"无论是怎样幼稚的青年,无论是曾被歪曲理论和欺骗宣传所迷惑、所蒙蔽的青年,只要在抗大学习过几个月(仅仅是几个月),接触了马列主义的真理,经过了斗争生活的锻炼,就会觉醒过来,就会老

练起来,而成为优秀的抗日干部,坚强的革命志士。"①正是通过专门的马克思主义理论课程的培养,大多数革命人才的思想观念和政治信念得到改造。正如毕业于抗大第五期、先后在军队和根据地工作的刘大年回忆道:"爱国心使我决定奔赴延安。到陕北以后,读到的第一本马克思主义原著是《共产党宣言》……从此在自己头脑里打开了一个闻所未闻的新天地。盲目崇拜孔学的观念,不知不觉烟消云散了。"②1945年之后,各解放区创办众多"抗大"式学校。例如,华北大学运用马克思主义理论教育和政治思想教育改造学生思想,培养学生的革命情怀和政治觉悟。经过短期教育训练,部分学校"1/3学员加入了中国新民主主义青年团,有2%左右的先进分子加入了中国共产党"③。在中国共产党的领导和分配下,大部分学员成为革命先锋队中的一员,投身于解放战争和解放区建设。

2.开办高等教育机构并设置政治理论课。土地革命战争时期,中国共产党在各个根据地建立起以干部学校为主的新型教育组织,并围绕马列主义、党的建设、社会革命基本问题等开设政治理论课。在中央苏区,设立马克思共产主义学校、苏维埃大学、中央教育干部学校、中央列宁师范学校等高校。地方苏维埃政府也开办苏维埃干部教育学校,例如,江西省苏维埃干部学校的政治课围绕"反'围剿'战争和工农群众的任务,苏维埃土地问题,劳动问题,经济问题,红军问题,地方武装和妇女问题"④等内容展开。抗日战争时期,中国共产党创建包括抗大、陕北公学、鲁迅艺术学院、马列学院、中国女子大学,以及后来合并而成的华北联合大学等在内的60多所干部学校。这些干部学校设置政治课程,以培养具有较高文化素养和理论水平,能够适应抗战需要的政治、军事、群众运动等各方面的干部及专业人才。以陕北公学为例,在"实行国防教育,培养抗战干

---

① 中国人民解放军国防大学:《中国人民抗日军事政治大学史》,北京:国防大学出版社,2000年,第339页。
② 刘大年:《刘大年史学论文选集》,北京:人民出版社,1987年,第602页。
③ 谈松华:《中国高等学校思想政治教育史纲》,北京:高等教育出版社,1992年,第40页。
④ 余伯流、凌步机:《中央苏区史》,南昌:江西人民出版社,2001年,第797—798页。

部"①教育方针和"七分政治、三分军事"办学方针的指导下,开展以社会科学概论、抗日民族统一战线、中国革命运动史为核心的短期课程和民众工作、抗日游击战争等教学训练。陕北公学所培养的大批具有共产主义理想、具备前线工作能力的革命干部大多数走向各个根据地,为团结各阶层的抗战力量以及抗战最终胜利做出巨大贡献。

在这一时期,中国共产党始终将高校作为人才培养的主要阵地,用以马克思列宁主义、中国革命实践、反帝反封建任务等为核心内容的思想政治理论课教育、引导和动员革命青年,使之成为实现民族独立和人民解放革命斗争的先锋力量。

(二)翻译外文著作并编写资料作为教材使用

在这一时期,中国共产党翻译马克思主义经典原著,将党的革命纲领、革命实践等编写进政治理论课的教学参考资料,有效推动马克思主义的传播以及党的革命理论和主张的宣传。

1.将马克思主义著作运用于政治理论课的讲授中。中国共产党成立以前,尽管尚未开设政治理论课,但已经开始翻译马克思主义著作并广泛印制传播。1920年,以邓中夏、罗章龙、刘仁静等为代表的北京大学青年学生组建马克思学说研究会,致力于翻译马克思主义原著,以推动马克思主义的传播和发展。恽代英翻译的《阶级斗争》,李汉俊翻译《马克思资本论入门》,李达翻译的《马克思经济学说》,以及研究会成员翻译的《资本论》第一卷,是全国各地青年知识分子了解和接受马克思主义的重要载体。中国共产党成立后,采取多种形式创办高等学校,开设政治理论课,并以马克思主义著作为基础传播马克思主义、宣传党的革命方针政策。例如,上海大学(1922年)社会学系要求学生学习马克思主义和社会建设相关问题,在课堂讲授中主要参考恩格斯的《家庭、私有制和国家的起源》、摩尔根的《古代社会》、列宁的《帝国主义论》(英文本)、《资本论》等经

---

① 新华月报:《永远的丰碑》(十五),北京:人民出版社,2007年,第86页。

典原著。在革命根据地的新型高校中,中国共产党设置与马列主义、党的基本问题、革命工作相关的政治课程,并将马克思主义原著运用于课堂之中。例如,陕北公学的高级班中的"马列主义"课程涉及《共产党宣言》《马克思主义三个来源和三个组成部分》《社会主义从空想到科学的发展》等著作,成仿吾和徐冰翻译的《共产党宣言》是主要参阅书目;"政治经济学"课程将《资本论》第一卷作为讲授的参考。在中国革命的各个时期,中国共产党积极组织高校及教员利用马克思主义原著或开展著作翻译工作,在政治理论课中有效传播马克思主义,以培养学生的正确观点和理想信念。

2.结合中国革命运动实际和革命实践编写教学资料。中国共产党在领导无产阶级和社会大众进行社会革命的过程中探索了一条把马克思主义基本原理与中国具体实际相结合之路,凝聚成马克思主义中国化的理论与实践,这成为各高校政治理论课教材内容的重要来源。例如,中国工农红军大学基于苏维埃建设实际,组织编写《红军读本》《社会发展史》《中国革命和中国共产党》《党的建设》,以及马克思主义理论知识作为政治课教材。在抗大的课堂中,罗瑞卿编写的《抗战军队中的政治工作》是学习部队政治工作经验的重要教材。1941年,《中共中央关于延安干部学校的决定》指出:"除正确地教授马列主义的理论之外,同时必须增加中国历史与中国情况及党的历史与党的政策的教育,使学生既学得理论,又学得实际,并把二者生动的联系起来。"[1]因此,中国共产党组织编写一系列关于中国共产党党史和中国历史的教材,张闻天编写的《中国现代革命运动史》、范文澜编写的《中国通史简编》、陈昌浩编写的《近代世界革命史》等,均作为学校历史课的教材使用。1948年,由华北联合大学和北方大学合并而来的华北大学正式成立,教务处编写的《平分土地文献》《大后方的一般概论》《知识分子改造问题》《土地改革与整党》等60多种教材,为政治训练部讲授马克思主义基本理论、新民主主义革命运动史、中国共产党建

---

[1]《中共中央关于延安干部学校的决定》,《解放日报》1941年12月20日,第1版。

设问题、中国革命相关问题等内容提供重要参考。这些教材是教员对革命工作的经验总结和理论研究成果,或根据中国共产党的文件和政策,结合当下革命战争中的实际情况、真实素材进行编写,具有真实性和实践性。

表2-1　新民主主义革命时期部分译著

译者	书名	出版时间
李汉俊	《马克思资本论入门》	1920年
李达	《马克思经济学说》	1920年
恽代英	《阶级斗争》	1921年
艾思奇	《哲学选辑》	1936年
成仿吾、徐冰	《共产党宣言》	1938年
联共(布)中央特设委员会	《联共(布)党史简明教程》	1938年

表2-2　新民主主义革命时期部分思想政治理论课教材

编写者	书名	出版时间
李达	《马克思主义名词解释》	1922年
吴亮平	《辩证法唯物论与唯物史观》	1930年
李达	《社会学大纲》	1935年
张闻天	《中国现代革命运动史》	1937年
罗瑞卿	《抗战军队中的政治工作》	1938年
何干之、徐懋庸	《社会科学基础教程》	1938年
艾思奇、吴亮平	《唯物史观》	1938年
陈昌浩	《近代世界革命史》	1940年
范文澜等	《中国通史简编》	1949年

(三)中国共产党的主要领导干部担任政治理论课教员

新民主主义革命时期,中国共产党要求部分党内领导干部担任教员、组织进步人士讲授政治理论课,这在一定程度上缓解教员队伍数量不足的问题。更重要的是能够把马克思列宁主义基本理论、国内外形势、重大政治事件等转化在课堂和课程之中,把马克思主义基本原理讲清楚、讲透彻。

1.党内领导干部兼职政治理论课教员参与教学。中国共产党初创时期,在黄埔军校中,毛泽东、刘少奇、吴玉章、苏兆征、鲁迅等人常常被邀请进入课堂,讲授革命的形势、任务与政策。1931年,中央军事政治学校成立,刘伯承、叶剑英、周以栗先后兼任政治委员和政治部主任。1932年更名为中国工农红军学校后,吴亮平、危拱之、刘畴西、张如心、欧阳钦、刘西平、黄火青、伍修权等人担任专职或兼职政治课教员。随后,为适应革命斗争需要,中国共产党相继创办苏维埃大学和马克思共产主义大学,为革命事业中各个部门培养中高级干部。在这两所高校中,中央领导干部常常兼职讲授重要课程,例如,毛泽东等人在苏维埃大学讲授相关业务知识;在马克思共产主义大学的高级训练班中,任弼时和邓颖超讲授中共党史,毛泽东讲授苏维埃运动史,陈云讲授职工运动史,顾作霖讲授少共史,董必武讲授世界历史和西方革命史,徐特立讲授地理常识,周恩来、朱德和刘伯承讲授军事课等。中国共产党领导干部兼职讲授政治理论课,对于补充教员队伍、缓解革命战争时期的教学压力具有重要作用。

2.通过报告或演讲等形式宣传中国共产党的革命理论与实践经验。新民主主义革命时期,中国共产党领导干部讲授政治理论课的形式多样,主要为报告或演讲。例如,中国共产党成立初期,任弼时和萧楚女在上海大学社会学系"报告青年运动情况,讲国际问题,做时事报告"[1]。抗日战争时期,陕甘宁边区创办高等学校积极开设政治课和军事课,在高级领导干部培养的最高军事学府——抗大,刘少奇作过《共产主义事业是人类历史上空前伟大而艰难的事业》的演讲,毛泽东讲授过马克思主义哲学,并专门撰写《辩证法唯物论》讲授提纲。抗日战争全面爆发后,中国共产党组织成立陕北公学开设政治课程,旨在对学员开展革命的政治教育,中央领导干部经常为学员作报告,毛泽东同志讲过"《中国宪政运动》和《青年

---

[1] 谈松华:《中国高等学校思想政治教育史纲》,北京:高等教育出版社,1992年,第27页。

运动的方向》；周恩来同志讲过《大后方的抗日形势》和《平江惨案情况》；朱德同志讲过《敌后战场的开辟和发展》和《根据地经济》；张闻天同志讲过《新民主主义文化》等"[①]，任弼时、李富春、王若飞等人也在陕北公学作过演讲。而后，中国共产党组织创办延安马列学院，通过学习和研究马列主义提升党员和干部的理论水平，毛泽东、周恩来、朱德、陈云等中央领导干部在马列学院作过报告，其中，刘少奇作过《论共产党员的修养》的报告。中国共产党领导干部的报告或演讲及时宣传党的理论、方针、政策以及革命战争中的经验和教训，有效提升学员的政治理论素养和革命知识水平。

表2-3 新民主主义革命时期部分政治理论课教员及其讲授科目

教员	讲授科目	所属学校
瞿秋白	社会学	上海大学社会学系
蔡和森	社会发展史	
张太雷	帝国主义论	
安体诚、李季	马克思主义政治经济学	
施存统	社会问题（工人、农民、妇女、青年）	
恽代英	帝国主义侵华史	
邓中夏	工人运动	
任弼时、萧楚女	青年运动情况、国际问题（报告）	
毛泽东	苏维埃运动史	马克思共产主义学校高级训练班
任弼时、邓颖超	中共党史	
陈云	职工运动史	
顾作霖	少共史	
董必武	世界历史和西方革命史	
周恩来、朱德、刘伯承	军事课	
徐特立	地理常识	

---

① 成仿吾：《战火中的大学——从陕北公学到人民大学的回顾》，北京：人民出版社，2014年，第31页。

续表

教员	讲授科目	所属学校
毛泽东	中国革命战争的战略问题、辩证法唯物论	中国人民抗日军事政治大学
朱德	中国近代革命运动史	
张闻天	中国问题	
董必武	中国现代革命史	
李凡夫	社会科学概论	陕北公学
何干之	抗日民族统一战线	
李凡夫、李培之	马列主义	
艾思奇、陈唯实	辩证唯物主义	
毛泽东	中国宪政运动、青年运动的方向(报告)	
张闻天	论青年的修养、新民主主义文化(报告)	
周恩来	大后方的抗日形势(报告)	
朱德	敌后战场的开辟和发展、根据地经济(报告)	
刘少奇	论共产党员的修养(报告)	马列学院
吴亮平	马克思主义基本问题、联共党史	
艾思奇	哲学	
康生	党的建设	

二、高校思想政治理论课的"老三门"确立与演进

新中国成立后,社会主义大学是中国社会建设的重要内容,承担改变"一穷二白"现状和培养社会主义人才的功能,高校思想政治理论课的课程设置、学时安排、地位作用进一步调整。

（一）围绕马克思主义理论教育调整高校思想政治理论课课程

为适应社会主义革命和建设实际,党和国家出台高校思想政治理论课相关文件,基于马克思主义理论教育对高校思想政治理论课进行调整与改造,逐步从"老三门"演变为"新四门"。

1."老三门"的初步设置。1949年,华北人民政府高等教育委员会颁布的《华北专科以上学校一九四九年度公共必修课过渡时期实施暂行办法》首次对高校思想政治理论课作出规定,指出各年级均需开设"辩证唯物论与历史唯物论"(包括"社会发展史")、"新民主主义论"(包括"近代中国革命运动史")、"政治经济学"三门政治课。1951年9月10日,针对高校在实施的过程中,并未按规定开设"辩证唯物论""历史唯物论",而仅开设"社会发展史",以及政治课中思想政治教育的问题,教育部发布《关于华北区各高等学校1951年度上学期进行"辩证唯物论与历史唯物论"等课教学工作的指示》,提出思想政治理论课需"加强马克思列宁主义、毛泽东思想的教育"[①],同时,为避免和纠正政治课与业务课对立的错误认识,提出取消"政治课"这一名称,将"社会发展史"改为"辩证唯物论与历史唯物论",与"新民主主义论""政治经济学"一并作为独立课程开设,这一规定突出强调马克思列宁主义、毛泽东思想及其与中国实际的联系。1952年10月7日,教育部发布《关于全国高等学校马克思列宁主义、毛泽东思想课程的指示》,对三门课程的开设院系、次序、学期等进行详细规定,使高校思想政治理论课课程设置更加科学。

2."老三门"到"新四门"的发展。1953年,结合中国共产党在过渡时期的总路线,教育部提出将"新民主主义论"改为"中国革命史",并要求各有条件的高校在二年级开设"马列主义基础",由此,高校思想政治理论课由"老三门"增加为四门课程。为继续加强马列主义教育,1956年9月9日,教育部下发《关于高等学校政治理论课程的规定(试行方案)》,进一步规定这四门课程("马列主义基础""中国革命史""政治经济学""辩证唯物主义与历史唯物主义")的具体安排。完成国民经济恢复和改造任务,进入全面建设社会主义的历史阶段以后,为提升学生的社会主义觉悟,解决高校教育质量下滑、学生马列主义基础理论知识匮乏的现实问题,高等教

---

① 教育部社会科学司:《普通高校思想政治理论课文献选编(1949—2008)》,北京:中国人民大学出版社,2008年,第9页。

育部、教育部发布《关于在全国高等学校开设社会主义教育课程的指示》《改进高等学校共同政治理论课程教学的意见》,规定开设"社会主义教育"课程,在各年制学校和专业设置马克思列宁主义基础理论课程,对马克思列宁主义、毛泽东著作篇目作出规定,引导学生将马克思列宁主义基本原则运用于观察和处理实际问题。高校思想政治理论课课程体系在借鉴苏联的马克思主义理论体系基础上,结合中国革命和建设实际初步形成。

新中国成立后,高校思想政治理论课逐步构建起以毛泽东思想为核心,围绕马克思主义理论教育和社会主义教育,服务于培养社会主义新人的课程体系。

表2-4　新中国成立初期高校思想政治理论课相关文件

年份	时间	文件名称
1949年	10月8日	华北专科以上学校一九四九年度公共必修课过渡时期实施暂行办法
1950年	7月28日	教育部关于实施高等学校课程改革的决定
	10月4日	教育部关于华北区各高等学校本学期政治课教学计划的几点指示
	10月4日	教育部关于全国高等学校暑期政治课教学讨论会情况及下学期政治课应注意事项的通报
1951年	7月24日	教育部对各大行政区分别召开暑期高等学校政治课讨论会的指示
	9月10日	教育部关于华北区各高等学校1951年度上学期进行"辩证唯物论与历史唯物论"等课教学工作的指示
1952年	9月1日	中共中央关于培养高等、中等学校马克思列宁主义理论师资的指示
	10月7日	教育部关于全国高等学校马克思列宁主义、毛泽东思想课程的指示
	11月8日	教育部关于华北区高等学校1952年暑期"新民主主义论"教学讨论会情况的通报
1953年	2月7日	高等教育部关于确定马列主义基础自1953年度起为各类型高等学校及专修科(二年以上)二年级必修课程的通知

续表

年份	时间	文件名称
1953年	6月17日	高等教育部关于改"新民主主义论"为"中国革命史"及"中国革命史"的教学目的和重点的通知
1954年	7月1日	高等教育部关于工、农、医二年制专修科二年级开设政治理论课程的通知
1955年	2月24日	高等教育部、文化部关于出版高等学校政治理论课程教学大纲的几项规定的通知
1956年	8月20日	高等教育部关于高等学校政治理论课考试评分问题的意见
	9月9日	高等教育部关于高等学校政治理论课程的规定(试行方案)
1957年	12月10日	高等教育部、教育部关于在全国高等学校开设社会主义教育课程的指示
1961年	7月24日	教育部关于1961—1962学年度上学期高等学校共同政治理论课安排的几点意见
1962年	5月26日	教育部关于高等学校共同政治理论课教学安排的几点意见
1963年	8月9日	教育部试行"关于高等学校研究生政治理论课的规定"(草案)的通知
1964年	10月11日	中共中央宣传部、高等教育部党组、教育部临时党组关于改进高等学校、中等学校政治理论课的意见

(二)高校思想政治理论课的课程和学时建设

依据社会主义革命和建设时期的主要任务,高校思想政治理论课结合学校性质和学生特点,对课程和学时进行差异化安排,主要经历两次变动与调整。

1.高校思想政治理论课"52方案"。这一方案主要是针对综合性大学、师范学院、专门学院和专科学校不同层次高校思想政治理论课的规定。1952年教育部发布的《关于高等学校马克思列宁主义、毛泽东思想课程的指示》("52方案")对全国高校思想政治理论课的开设范围、教学课时、参考书目等作出详细规定,综合性大学和师范学院开设"新民主主义论""政治经济学""辩证唯物论与历史唯物论"三门课程,共计336学时;理工农医专门学院和专科学校(三年制)开设"新民主主义论""政治经济学"两门课程,共计236学时;专科学校(二年制)以及专修科(一年和二年)只开设100学时的"新民主主义论"课程(表2-5)。这一方案既保证高校均设置思想政治理论课,又兼顾各自人才培养的不同要求和倾向。

表2-5 "52方案"高校思想政治理论课课程设置及学时分配

学校类型	新民主主义论	政治经济学	辩证唯物论与历史唯物论	合计
综合性大学、师范学院	100	136	100	336
理工农医专门学院	100	136	—	236
三年制专科学校	100	136	—	236
二年制专科学校	100	—	—	100
二年专修科	100	—	—	100
一年专修科	100	—	—	100

资料来源:1952年10月7日《教育部关于全国高等学校马克思列宁主义、毛泽东思想课程的指示》

注:1953年6月17日下发文件《高等教育部关于改"新民主主义论"为"中国革命史"及"中国革命史"的教学目的和重点的通知》,此后,"新民主主义论"课程改为"中国革命史"。

1953年2月7日,高等教育部发布的《关于确定马列主义基础自1953年度起为各类型高等学校及专修科(二年以上)二年级必修课程的通知》针对"52方案"中"马列主义基础"课开设要求作出调整和改进,提出"各类型高等学校及专修科(一年的专修科除外)自1953年度起,有条件者即在二年级开设马列主义基础,政治经济学改为三年以上各类型高等学校的三年级必修课程"[①],这次调整使各个年级的思想政治理论课课程安排和学时规划更加清晰。此后,在1954年7月1日下发的《高等教育部关于工、农、医二年制专修科二年级开设政治理论课程的通知》中,高等教育部考虑到专修科的不同类型,重新规定工、农、医科的二年制专修科于

---

① 教育部社会科学司:《普通高校思想政治理论课文献选编(1949—2008)》,北京:中国人民大学出版社,2008年,第15页。

1954—1955学年起,停止开设"马列主义基础",而改为"社会主义经济建设",进一步凸显思想政治理论课的针对性。

基于"52方案",1956年9月,高等教育部颁布的《关于高等学校政治理论课程的规定(试行方案)》对各高校不同院系、专业、年级的思想政治理论课进行详细规定,各高校依一、二、三、四年级次序开设"马列主义基础""中国革命史""政治经济学""辩证唯物主义与历史唯物主义",并针对各类型高校的院系专业作出不同学时安排。《规定》中指出高校可以根据专业课程设置和师资条件适当调整开课顺序,在尽量兼顾四门政治理论课的基础上,依据自身情况分配课时。同时,应在学完课程内容后安排考试与考查,个别科系可以根据其他考试安排等具体情况,自行决定考核时间,体现出高校思想政治理论课安排的灵活性。

2.高校思想政治理论课"61方案"。这一方案对高校思想政治理论课课程设置进行整合与分配。为解决思想政治理论课课程和教学内容不够稳定,尚无参考教材的问题,1961年教育部发布《改进高校共同政治理论课程教学的意见》("61方案"),对教学任务、课程开设、教材编写等作出详细规定,并按照不同学制的学校和专业,对高校共同政治理论课的课程设置以及学习时间提出要求。即,文科各专业设置"中共党史""马克思列宁主义基础""政治经济学""哲学"四门课程,学时不超过课堂教学总学时的20%;理、工、农各专业和艺术、体育院校设置"中共党史"和"马克思列宁主义概论",学时不超过课堂教学总学时的10%;专科学校仅设置"马克思列宁主义概论",各个专业和年级要将"形势和任务"课作为必修课程开设(表2-6)。教育部统一选择教材供各高校采用,但各地高校可以在中央批准和备案后,自行选用教材,以备思想政治理论课教学之需。

伴随着新中国成立后的社会主义建设进程,中国共产党既对高校思想政治理论课作出统筹规定和调整优化,又兼顾各类型、各层次高校的差异化发展需要,将普遍性与特殊性相统一,构建起相对灵活的课程体系。

表2-6 "61方案"高校思想政治理论课课程设置及学时分配

专业类别	中共党史	马克思列宁主义	政治经济学	哲学	学时
文科各专业	√	√	√	√	≤课堂教学总学时20%
理、工、农各专业和艺术、体育院校	√	√			≤课堂教学总学时10%
专科学校		√			

资料来源：1961年4月8日《改进高校共同政治理论课程教学的意见》

（三）高校思想政治理论课列入研究生招考和培养环节

新中国成立后，由于社会发展和国民经济恢复需要大批高层次人才，政务院（1954年9月后改为国务院）提出在高校中设立"研究部或研究所"[①]，并与"中国科学院及其他研究机构配合，培养高等学校的师资和科学研究人才"[②]，初步提出研究生培养问题。随后，《高等学校培养研究生暂行办法（草案）》的颁布表明研究生教育被纳入高等教育事业之中，在这一过程中，思想政治理论课也逐步成为研究生招生和培养工作的关键环节。

1.思想政治理论课列入研究生考试必考科目。社会主义学校培养的是德才兼备的社会主义建设者和接班人，马克思主义理想信仰贯穿于人才培养始终。因此，思想政治理论课被列为研究生考试的科目之一。1957年发布的《高等教育部关于1957年高等学校招收四年制研究生的规定》提出由原单位和招生学校实行严格的政治审查，保证研究生具有正确政治立场。在入学考试的政治科目方面，需要"在四门政治课中任选一门，考试题目除选考课程中的基本理论知识以外，还必须着重考试当前反

[①] 何东昌：《中华人民共和国重要教育文献（1949—1975）》，海口：海南出版社，1998年，第45页。
[②] 何东昌：《中华人民共和国重要教育文献（1949—1975）》，海口：海南出版社，1998年，第106页。

右派斗争的政治上思想上的各种实际问题"[1],以此考察报考人员的政治素养和业务能力。1959年7月21日,教育部发文再次强调招收政治上"忠诚可靠,思想进步,作风正派"[2]的研究生,并颁布《1959年高等学校研究生选拔考试办法》,规定政治课考试科目为哲学、社会主义或社会主义和共产主义、政治经济学、中国革命史中任意一门的基本理论知识,试题范围必须涉及国内外政治斗争中的重大问题。1962年,教育部基于招生专业的大类划分和不同性质,将研究生入学考试中的政治理论课分为甲、乙两类,以差异化考试方式保证研究生招生的质量。

2.思想政治理论课纳入研究生培养的课程体系之中。新中国成立以后,高校不仅在研究生招生中作出尝试和调整,强调思想政治理论课的重要性,同时也通过发布文件和方案,将思想政治理论课列入研究生培养中不可或缺的一环,进而培养德才兼备的研究生。一方面,对研究生思想政治理论课学习内容作出规定。1962年9月20日发布的《教育部关于加强在校研究生的培养和调整工作的通知》对在校研究生的学业培养提出最低要求,即"至少必须学习一门政治课(主要是哲学,也可以是其他政治课)",并且提出政治课"要求应该比大学阶段所学的内容深广一些,不应该只是补学大学阶段的课程,并通过考试"[3],突出强调研究生培养阶段思想政治理论课教育教学的深度。另一方面,在学时和考试方面提出要求。1963年,教育部发布《高等学校培养研究生工作暂行条例(草案)》为提升研究生培养教育的规范性提供保障,其中要求所有研究生必须通过政治理论课考试,时限为入学后两年内。同年7月,教育部对研究生专业培养方案的制定提出要求,并发布《关于高等学校制定理工农医各专业研究生

---

[1] 何东昌:《中华人民共和国重要教育文献(1949—1975)》,海口:海南出版社,1998年,第778-779页。

[2] 何东昌:《中华人民共和国重要教育文献(1949—1975)》,海口:海南出版社,1998年,第914页。

[3] 何东昌:《中华人民共和国重要教育文献(1949—1975)》,海口:海南出版社,1998年,第1123页。

培养方案的几项原则规定(草案)》,规定研究生培养需要坚持正确的政治方向、重视思想政治教育,在这一前提下,保证研究生理论学习和科学研究的时间投入。该规定作出160~200小时的政治理论课学习时间、入学一年半内通过考试以及每周开展思想政治教育报告的严格要求,凸显思想政治理论课在研究生培养过程中的重要性。

三、高校思想政治理论课的"85方案"与改革探索

在改革开放和社会主义现代化建设新时期,高校思想政治理论课围绕这一时期的经济社会发展任务,在确立"两课"课程体系、出版统编教材、提升教师能力等方面探索前行。

(一)恢复马列主义理论课并确立思想品德课

改革开放初期,党和国家开始对各项工作进行恢复重整,高校思想政治教育的重要地位得以进一步确立。

1.马列主义理论课的重新开设与思想品德课的确立。随着改革开放的不断深入,中国共产党从社会发展要求和人才培养实际出发,积极推动高校思想政治理论课改革完善。1980年4月,《关于加强高等学校学生思想政治工作的意见》指出要通过开设马列主义理论课以改进和加强马列主义基本理论教育,在这一文件的指导下,教育部于同年7月印发《改进和加强高等学校马列主义课的试行办法》,标志着马列主义课重新进入高校课程建设中,对思想品德课的探索也随之展开。1984年9月,在教育部提出逐步开设共产主义思想品德课要求的基础之上,《关于高等学校开设共产主义思想品德课的若干规定》进一步将共产主义思想品德课的任务规定为"对学生进行共产主义人生观和共产主义道德教育"[①]。基于已经开设的马列主义课和共产主义思想品德课,中共中央于1985年8月发布

---

① 教育部社会科学司:《普通高校思想政治理论课文献选编(1949—2008)》,北京:中国人民大学出版社,2008年,第100页。

《关于改革学校思想品德和政治理论课程教学的通知》("85方案"),将思想品德课上升为高校思想政治理论课的重要组成部分,此后,高校思想政治理论课改革围绕着马列主义课和思想品德课而进行。1986年,国家教育委员会将新的马克思主义理论课确立为"中国革命史论""中国社会主义建设""马克思主义原理""世界政治经济和国际关系"。次年,国家教育委员会发布《关于高等学校思想教育课程建设的意见》规定高校设置"形势与政策"和"法律基础"两门必修课程,"大学生思想修养""人生哲理"和"职业道德"三门选择性开设课程。自此之后,高校思想政治理论课由"马克思主义理论课"和"思想品德课"组成,"两课"课程体系基本形成并迈入规范化建设阶段。

2."两课"课程改革进程的加快推进。在改革开放和社会主义现代化建设、社会主义市场经济发展的背景下,"两课"课程体系伴随着社会发展和理论创新而不断得到优化。1993年颁布的《关于新形势下加强和改进高等学校党的建设和思想政治工作的若干意见》强调"两课"是学生思想政治教育的主渠道和社会主义学校的本质特征之一,需要进一步加强和改进"两课"教育。对此,国家教育委员会在1995年10月发布的《关于高校马克思主义理论课和思想品德课教学改革的若干意见》中再次强调提出以当代马克思主义作为"两课"的中心内容,使教学改革与新形势下社会发展要求相适应。同年11月,《中国普通高等学校德育大纲(试行)》对本科"两课"课程设置进行规定,其中马克思主义理论课应设置马克思主义基本原理课程、有中国特色社会主义建设课程、中国革命史课程,思想品德课应设置思想道德修养课程、法律基础课程、形势与政策课程,并提出文科应开设"世界政治经济与国际关系"。党的十五大召开以后,高校思想政治理论课将邓小平理论融入其中,把"有中国特色社会主义建设"调整为"邓小平理论概论",以适应中国特色社会主义建设实践和体现马克思主义中国化的最新成果。

在改革开放起步阶段,高校思想政治理论课的重要地位进一步厘清,课程设置从分散逐步走向集中,由政治理论课演变为马克思主义理论课和思想品德课的"两课"体系,承担起高校思想政治教育的重任。

(二)组织专家集中编写出版全国通用教材

高校思想政治理论课改革发展的过程中,教材建设随之逐步展开,在党和国家的整体规划和部署下,适用于全国范围高校的思想政治理论课教材相继出版并投入使用。

1.高校思想政治理论课教材规范化建设。改革开放初期,高校思想政治理论课教材均由各校自行编写,存在着大同小异,质量不高的问题。因此,国家相关部门颁布文件,对高校思想政治理论课教材编写工作进行统一领导和部署。例如,1986年3月20日国家教育委员会发布文件对《中国革命史》《中国社会主义建设》《马克思主义原理》教材编写进度进行总体规划,以提高思想政治理论课教材的权威性和科学性;1988年,国家教育委员会发布《关于编写出版普通高等学校马克思主义理论课(公共课)教材的暂行管理办法》,提出"马克思主义理论课的全国通用教材,仅限国家教育委员会直接组织编写、审定的教材和由国家教育委员会向全国推荐使用的教材"[1],为提高高校思想政治理论课教材的质量提供方向性指导。在编写和修订马克思主义理论课教材期间,国家教育委员会多次发布文件对教材质量进行把关,例如,《关于加强和改进高等学校马克思主义理论教育的若干意见》针对教材编写分散、质量不高的问题,作出"采取果断措施予以纠正""对质量较差的教材应明令停止使用"等规定,提出将"尽快对原有的教学大纲和统编教材进行修订,并组织编写尚未统编的教材,以及逐步组织编写供教师使用的带有指导性和资料性的教学参考书和资料书"[2];《关于加强高等学校思想政治教育课程教材建设

---

[1] 《中华人民共和国学校思想政治理论课重要文献选编》(上册),北京:人民出版社,2022年,第715页。

[2] 教育部社会科学司:《普通高校思想政治理论课文献选编(1949—2008)》,北京:中国人民大学出版社,2008年,第140页。

的管理的意见》中明确强调教材编写的重要性,提出"要严格教材审批制度,制止多头编写教材等现象"[①],推动高校思想政治理论课教材建设的规范化、科学化。

2.组织专家编写并出版全国通用版教材。中宣部、教育部在《关于加强和改进高等院校马列主义理论教育的若干规定》中提出建立具有中国特色的教材体系,积极地组织力量编写新教材之后,1985年,中共中央发布《关于改革学校思想品德和政治理论课程教学的通知》,明确提出成立教材编审委员会,编写"适应社会主义现代化建设需要的、具有较高水平的新教材"[②],以供全国范围的高校使用。依据文件要求和教学改革需要,国家教育委员会政教司组织编写《"马克思主义原理"教学要点》《中国革命史教学大纲》《"中国社会主义建设"教学要点》《世界政治经济与国际关系教学要点》试用本及其全国通用本。此后,在教学大纲和教学要点基础上,国家教育委员会统编的教材陆续出版,建立起以国家为主导的统编教材体系(表2-7)。党的十四大以后,为贯彻落实建设有中国特色社会主义理论,国家教育委员会规定在高校中开设该课程,并组织编写《建设有中国特色社会主义理论读本(试用本)》,由高等教育出版社于1996年出版发行。此外,在国家教育委员会思想政治工作司的统筹规划和管理下,一批高校专家组成思想政治教育专业课程教材编写委员会,编纂出版第一套全国通用版教材并投入使用,逐步建立起较为系统完备的教材体系。

"85方案"实施以后,国家教育委员会建立统筹规划、统一编写的教材管理制度,在这一制度支持下,高校思想政治理论课教材建设持续推进,在改革中不断优化,逐步构筑起全国通用教材体系,有力支撑高校思想政治理论课向前发展。

---

① 《中华人民共和国学校思想政治理论课重要文献选编》(上册),北京:人民出版社,2022年,第801页。
② 教育部社会科学司:《普通高校思想政治理论课文献选编(1949—2008)》,北京:中国人民大学出版社,2008年,第108页。

表2-7 "85方案"颁布后部分高校思想政治理论课教材

名称	出版时间	出版社	适用范围
《中国社会主义建设(试用本)》	1986年	辽宁人民出版社	全国通用教材
《中国社会主义建设》	1988年	辽宁人民出版社	全国通用教材
《马克思主义原理(试用本)》	1988年	高等教育出版社	全国通用教材
《当代世界政治经济与国际关系概论》	1989年	高等教育出版社	全国通用教材
《法律基础教程》	1991年	高等教育出版社	全国通用教材
《中国革命史》	1993年	高等教育出版社	全国通用教材
《世界政治经济与国际关系》	1994年	经济科学出版社	全国通用教材
《建设有中国特色社会主义理论读本(试用本)》	1996年	高等教育出版社	全国通用教材

(三)开办讲习会和进修班提高教师业务能力

随着思想政治理论课地位的重新确立,恢复并建立健全马克思主义理论队伍和思想政治工作队伍成为高校思想政治教育改革发展的任务之一。1979年相关资料显示,高校政治理论课教师共13458人,其中"多数是近几年毕业的工农兵学员,理论水平低,文化科学知识差"[①]。对此,教育部提出举办讲习会和短期进修班,以培养和提高思想政治理论课教师的教学水平。

1.通过讲习会提升高校思想政治理论课教师的理论素养。国家教育委员会、中共中央多次发文强调加强"两课"教师队伍建设、提升教师水平的重要性。1980年教育部发布《改进和加强高等学校马列主义课的试行办法》,提出通过举办暑期讲习会、理论讨论会、教学经验交流会、巡回辅导等方式,以此补充学习各方面新知识,提高教师的理论水平。1986年3月颁布的《关于在高等学校进一步贯彻〈中共中央关于改革学校思想品德和政治理论课程教学的通知〉的意见》要求各省市和高校制订进修计划,举办专题讲座、假期讲习班、组织社会调查等,帮助教师扩大知识面。在

---

① 教育部社会科学司:《普通高校思想政治理论课文献选编(1949—2008)》,北京:中国人民大学出版社,2008年,第77页。

中央政策的指导下,全国各省市和高校以多种形式对高校思想政治理论课教师进行培训。例如,吉林省于1983年8月举办为期九天的高校思想品德课教师暑期讲习会,邀请专家学者开展爱国主义、学生思想政治教育、大学生特点及其思想品德形成过程等专题讲授;广东省高教局于1986年7月2日在暨南大学组织举办全省高校政治理论课教师暑期讲习班,为教师讲授《中国革命史》和《中国社会主义建设》教材和教学中的难点、重点,帮助教师深入了解政治理论课改革的内容,学习和掌握教学理论观点与教学资料。通过集中培训和学习,有效拓展高校思想政治理论课教师的理论视野和知识广度。

2.开办短期进修班强化高校思想政治理论课教师的业务能力。针对高校马克思主义理论课教师队伍存在的问题,国家教育委员会提出逐步建立马克思主义理论师资培养基地的意见,由中国人民大学、北京大学、复旦大学、东北师范大学等高校牵头筹建基地,并通过设置本科专业、第二学士学位班、研究生班、教师进修班等,培训马克思主义理论教师。对此,1991年、1995年,国家教育委员会先后颁布了《关于加强和改进高等学校马克思主义理论教育的若干意见》《关于高校马克思主义理论课和思想品德课教学改革的若干意见》,细化教师培训形式以提高培养培训的针对性和有效性。在这一过程中,中国人民大学马列教师进修学院积极承担教师培训进修的任务,于1996年举办以同等学力申请硕士学位的教师进修班,招收马克思主义原理、中国社会主义建设、中国革命史专业的教师。同时,面向本科毕业,在高校从事3年以上马克思主义理论课教学,有一定的教学经验和科研基础的教师开展提升学历层次的培养工作。培养过程分为在校脱产学习学位课程和在职研修、撰写硕士学位论文两个阶段,完成两个阶段学习任务后即可申请硕士学位。这也为更好提升思想政治理论课教师的业务能力提供重要的平台支撑。

四、高校思想政治理论课的"98方案"与调适发展

面对改革开放深入发展,经济社会格局加速演变的状况,高校思想政治理论课不断适应新形势下大学生思想政治教育的需要,在课程体系的层次性、教学方式的实践性和育人体系的渐进性着力推进建设。

(一)构建"专—本—硕—博"多层次课程体系

改革开放以后,党和国家高度重视研究生思想政治理论课课程设置以及层次衔接问题,逐步构建起"专—本—硕—博"的课程体系。

1.研究生思想政治理论课递进式设置的初步探索。改革开放以后,国家相关部门多次召开会议,就基于本科思想政治理论课开设研究生思想政治理论课展开讨论,以提升研究生思想政治教育的质量。1991年,国家教育委员会思想政治工作司、高等教育司召开全国研究生思想政治教育工作座谈会,提出要在本科教育的基础上,通过马克思主义政治理论课"继续对研究生进行马列主义、毛泽东思想教育,帮助研究生掌握马克思主义的基本立场、观点、方法,特别是树立阶级观点、劳动观点、群众观点、辩证唯物主义和历史唯物主义观点"[1]。在之后的几年中,中共中央、国家教育委员会等多部门颁布文件,提出通过马克思主义理论课教学对高校研究生进行政治理论教育,其中便涉及思想政治理论课的层次性和渐进性。例如,《关于加强和改进高等学校马克思主义理论教育的若干意见》指出高校的硕士和博士研究生马克思主义理论教学,要"进一步充实教学内容,加强马克思主义原著的学习"[2];《关于高校马克思主义理论课和思想品德课教学改革的若干意见》提出硕士和博士研究生的思想理论教育应有更高要求,要根据学生特点,结合所学专业,开好课程并保证

---

[1]《中华人民共和国学校思想政治理论课重要文献选编》(上册),北京:人民出版社,2022年,第767页。
[2] 教育部社会科学司:《普通高校思想政治理论课文献选编(1949—2008)》,北京:中国人民大学出版社,2008年,第140页。

相应学时,并强调"逐步形成结构合理、功能互补的'两课'课程体系"[①]。实际上,这里的"课程体系"已经将研究生和专科生、本科生课程包含在内。

2."98方案"整体设置"专—本—硕—博"一体的"两课"课程体系。1998年6月10日,中宣部、教育部印发《关于普通高等学校"两课"课程设置的规定及其实施工作的意见》("98方案"),对本、专科生、研究生的思想政治理论课课程设置、学时安排、学习内容作出明确规定,提出在二年制专科设置"马克思主义哲学原理""邓小平理论概论"两门马克思主义理论课,三年制专科多开设一门"毛泽东思想概论";在本科层面开设"马克思主义哲学原理""马克思主义政治经济学原理""毛泽东思想概论""邓小平理论概论"四门马克思主义理论课,文科增设"当代世界经济与政治";专科及本科高校均开设"思想道德修养""法律基础"两门思想品德课;硕士研究生层面开设"科学社会主义理论与实践""自然辩证法概论"(理工类)和"马克思主义经典著作选读"(文科类);博士研究生层面开设"现代科学技术革命与马克思主义"(理工类)和"马克思主义与当代社会思潮"(文科类)。同时,规定各层次各科类开设"形势与政策"课并列入教学计划和学籍管理之中。(表2-8)这一方案的课程设置既相互联系,又在各层次高校中有所侧重,注重"各部分课程的衔接"以及"结构合理,功能互补,减少重复"[②]的问题,其中部分课程设置沿用至今。至此,"专—本—硕—博"一体、较为稳定和完善的"两课"体系得以构建,体现出党和国家对思想政治理论课协同建设的关注。

为适应新形势下加强和改进高校思想政治理论课的要求,党和国家遵循大学生成长成才规律和高校思想政治理论课建设规律,将专科、本科、研究生层次的人才培养目标纳入考量,构建相互贯通和有效协调的

---

① 教育部社会科学司:《普通高校思想政治理论课文献选编(1949—2008)》,北京:中国人民大学出版社,2008年,第159页。

② 教育部社会科学司:《普通高校思想政治理论课文献选编(1949—2008)》,北京:中国人民大学出版社,2008年,第183页。

"两课"课程体系。这既是高校思想政治理论课的递进式发展,也是本硕博贯通式人才培养模式的探索。

表2-8 "98方案"高校思想政治理论课课程体系及学时分配

层次	马克思主义理论课	思想品德课	形势与政策	
二年制专科	马克思主义哲学原理(36学时)	思想道德修养(40学时) 法律基础(28学时)		
	邓小平理论概论(64学时)			
三年制专科	马克思主义哲学原理(50学时)			"邓小平理论概论"于2003年调整为"邓小平理论和'三个代表'重要思想概论"
	毛泽东思想概论(40学时)			
	邓小平理论概论(60学时)			
本科	马克思主义哲学原理(54学时)	思想道德修养(51学时) 法律基础(34学时)	各层次均开设,平均每周1学时	
	马克思主义政治经济学原理(理工类40学时,文科类36学时)			
	毛泽东思想概论(理工类36学时,文科类54学时)			
	邓小平理论概论(70学时)			
	当代世界经济与政治(文科类,36学时)			
硕士	科学社会主义理论与实践(36学时)	—		—
	自然辩证法概论(理工类,54学时)			
	马克思主义经典著作选读(文科类,72学时)			
博士	现代科学技术革命与马克思主义(理工类,54学时)	—		—
	马克思主义与当代社会思潮(文科类,54学时)			

(二)社会实践成为高校思想政治理论课的重要组成内容

社会实践是高校思想政治教育的重要方式,在提升学生思想政治素质、促进大学生成长成才中发挥着重要作用,受到党和国家以及各个高校的高度重视。

1.党和国家重视发挥社会实践在高校思想政治理论课中的作用。社会实践的重要性在文件要求中得到凸显,并与高校思想政治教育相互融合、相互补充,逐步成为大学生教育教学的关键环节和高校思想政治理论课的重要组成部分。中宣部、教育部于1998年发布的《关于普通高等学校开设〈邓小平理论概论〉课的通知》,指出要努力改进教学方法,从理论与实际的结合上进行讲授,组织学生参观调查是辅助性的教学形式之一。2003年2月,教育部下发《关于进一步深化"三个代表"重要思想"三进"工作的通知》,提出着重抓好"读(原著)、听(专题报告)、讲(系统讲授)、谈(讨论交流)、看(录像)、走(社会实践)、写(调查报告、读书心得、学术论文)等教学环节,特别要重视发挥社会实践教育的作用和现代教育技术的作用,力争在教学方法和手段上有新的突破"[1],进一步强调社会实践在"两课"教学中的特殊地位。此外,社会实践在研究生教育和培养中也发挥着重要作用,教育部2000年颁布《关于加强和改进研究生德育工作的若干意见》,将社会实践的作用提到"研究生德育工作的重要环节"[2]这一高度,并提出将社会实践活动纳入教育教学计划。

2.探索社会实践融入高校思想政治理论课的教学新形式。为改进高校思想政治理论课教学方式,各高校将实践教学纳入教学环节中进行管理,规定学时、学分,在双休日或寒暑假组织劳动生产、志愿服务、救灾防疫、勤工助学、科技文化卫生"三下乡"等多样化社会实践活动,并与社团活动、校园文化相结合。例如,重庆科技大学依托"两课"教学实践阵地——学生社团"毛泽东邓小平理论学习研究地",开展6次大学生论坛自由演讲活动,2次社会调查实践活动,1次全校性的青年志愿者服务活动,4次组织会员到烈士墓、红岩村等地的参观访问。江西科技师范大学制定《"两课"实践教学指导教师管理办法》《学生社会实践队伍管理办

---

[1] 教育部社会科学司:《普通高校思想政治理论课文献选编(1949—2008)》,北京:中国人民大学出版社,2008年,第195页。
[2] 《中华人民共和国学校思想政治理论课重要文献选编》(下册),北京:人民出版社,2022年,第975页。

法》,将教师的教学指导、工作量核算,以及学生的社会实践、实践成绩和学分管理纳入管理。2002—2004年,积极开展科技、文化、卫生、法律等方面的宣传、咨询、援助、社会调查等的实践活动,组织全校"237个班级共7400余名学生利用寒暑假进行革命传统、基层党建、城市建设、精神文明、抗击'非典'、'三农'问题等方面的调查研究"[①]。此外,部分高校利用重大节日和纪念日等,开展主题教育和社会实践活动,将思想政治理论课课堂与大学生日常生活结合起来,如北京工业大学于2002年抗美援朝出国作战50周年纪念之际,组织学生参观军事博物馆,近距离接触武器、实物、珍贵图片,以增强"两课"的吸引力,提升学生实践能力和思想政治素质。

社会实践作为深化学生的理论知识、实现知行合一的桥梁和纽带,逐步成为高校思想政治理论课的组成内容。这既是对思想政治理论课教学方式的突破和延伸,也是提升思想政治理论课有效性的重要途径。

(三)整体规划大中小学相衔接的德育体系

基于各学段学生思想政治素质形成发展规律和教育教学特点,中共中央、教育部等对大中小学相衔接的德育体系进行统筹规划和宏观指导,积极探索思想政治理论课改革新方向。

1.对学校德育体系作出总体规划。1994年8月,中共中央颁布《关于进一步加强和改进学校德育工作的若干意见》,明确提出"整体规划学校的德育体系",由于青少年学生思想品德的形成,科学的世界观、人生观、价值观和理想信念的形成是一个过程,具有一定规律。因此,需要科学规划"各种教育内容的深浅和侧重点,要针对不同年龄及学习阶段的理解和接受能力有所不同,逐步提高。各教育阶段的德育课程、教学大纲、教材、读物,教育和管理方法,学生思想品德表现的评定标准及方式等要据此加

---

① 王斌、刘晓雄:《以学生为本统筹高校"两课"实践教学改革与发展》,《江西科技师范学院学报》2004年第4期,第108页。

强整体衔接,防止简单重复或脱节"[1]。此外,还针对小、中、大学由浅入深地开展爱国主义教育作出规定。进入21世纪,为解决大中小学各阶段目标不够准确、内容不尽合理、简单重复交叉和脱节问题,教育部颁布《关于整体规划大中小学德育体系的意见》,提出"遵循学校德育工作规律和青少年学生成长成才规律",推动"大中小学德育纵向衔接、横向贯通、螺旋上升"[2],并基于不同教育阶段学生身心特点、思想实际和理解接受能力,对小学、中学、大学的德育目标、内容、课程、活动、渠道等作出明确安排,形成德育课程"由低到高、由浅入深、循环上升、有机统一的体系"[3]。更加突出大中小学德育内部要素的整体性、系统性和连续性,使德育体系从经验走向科学。

2.分层次对大中小学德育提出要求。为细化大中小学德育体系的目标和任务,1993年3月、1995年2月和11月,国家教育委员会先后颁布《小学德育纲要》《中学德育大纲》和《中国普通高等学校德育大纲(试行)》三个文件,其中分别提到要"根据小学生的年龄特点,遵循小学生生理心理发展的基本规律,运用生动感人的题材和形象化的方式对学生进行教育","要针对不同年级学生的知识水平和理解能力,分清层次,由浅入深,由近及远,从具体到抽象,循环反复,不断加深"[4],"从中学生的实际出发,遵循青少年的身心发展规律,分层次地确定德育工作的目标和内容"[5],"高等学校德育内容是学校教育内容的组成部分,是中学德育内容的深化

---

[1]《中华人民共和国学校思想政治理论课重要文献选编》(上册),北京:人民出版社,2022年,第832页。
[2]《中华人民共和国学校思想政治理论课重要文献选编》(下册),北京:人民出版社,2022年,第1177页。
[3]《中华人民共和国学校思想政治理论课重要文献选编》(上册),北京:人民出版社,2022年,第1180页。
[4]《中华人民共和国学校思想政治理论课重要文献选编》(下册),北京:人民出版社,2022年,第811页。
[5]《中华人民共和国学校思想政治理论课重要文献选编》(上册),北京:人民出版社,2022年,第844页。

和延伸,要针对高校学生及各学习阶段的特点安排德育内容"[1],这些规定涉及循序渐进开展德育工作的理念和思路。三个大纲还强调小学的思想品德课、中学的思想政治课,以及高校的马克思主义理论课和思想品德课,是对学生进行德育的重要途径。在此基础上,各地的各级各类学校积极进行尝试性探索,构建大中小学德育一体化格局。以深圳市为例,1996年下半年,深圳市教育局推出"大中小学德育一体化方案",探索改革开放条件下青少年德育工作的新途径和新方法,在德育目标方面,提出要基于学生身心发展特点,在培养一代"四有"新人的总目标之下,确立既相对独立、又渐进提高的阶段性目标;在德育内容方面,学科课程、活动课程和隐性课程应随着年级的升高而逐步增加、逐级放量等。

新形势下推进大中小学德育体系一体化,是推动教育事业发展的重要任务之一。党和国家遵循学生思想品德形成规律和社会发展要求,基于德育工作总目标,从纵向衔接、层层递进的视角,不仅科学规划小学、中学、大学的具体德育目标、内容、途径、方法等,还强调各学习阶段思想政治理论课的德育作用,为大中小学思想政治理论课一体化的提出和建设奠定理论和实践基础。

五、高校思想政治理论课的"05方案"与深化创新

在全面建设小康社会和中国特色社会主义新时代,思想政治工作不断加强,高校思想政治理论课受到党和国家高度重视,在教材的新样态、教师素质的新要求,以及教学形态的新表现方面进一步发展。

(一)高校思想政治理论课教材呈现立体式和数字化新样态

随着高校思想政治理论课的改革深化,教材建设也进入创新发展阶段,呈现出立体式和数字化的新兴样态。

---

[1] 《中华人民共和国学校思想政治理论课重要文献选编》(上册),北京:人民出版社,2022年,第864页。

1.高校思想政治理论课立体式教材体系逐步搭建完善。2004年9月,中共中央、国务院发布《关于进一步加强和改进大学生思想政治教育的意见》(16号文件),提出要"按照充分体现当代马克思主义最新成果的要求"[1],全面加强思想政治理论课的教材建设。为落实16号文件精神,《关于进一步加强和改进高等学校思想政治理论课的意见》("05方案")出台,规定"马克思主义基本原理""毛泽东思想、邓小平理论和'三个代表'重要思想概论""中国近现代史纲要""思想道德修养与法律基础"为四年制本科的四门必修思想政治理论课,并提出将高校思想政治理论课教学大纲和教材编写纳入马克思主义理论研究和建设工程。同时,为适应教学需要,应"组织编写和制作'精彩一课'、'教学热点难点解析'、多媒体课件等行之有效的辅助教材系列"[2]。因此,马克思主义理论研究和建设工程的教材建设项目于2006年启动,由中宣部、教育部牵头成立高校思想政治理论课教材编写领导小组和教材编审委员会,高校思想政治理论课教材的编写和出版逐步规范化。在这一组织的领导下,2006年秋季,四本"马克思主义理论研究和建设工程重点教材"由高等教育出版社出版,供全国高校统一使用,辅助教材的建设工作也同步推进,教师参考书、学生辅学读本、教学案例、疑难问题解析等于2006年至2011年间先后出版(表2-9)。此外,教育部社科司在全国范围内征集评选思想政治理论课"精彩一课""精彩案例""精彩教案"等,2008年共评选出43部教学示范片,2009年共评选出125份"精彩多媒体课件",有力推进辅助教材建设工作。在党和国家顶层设计、高校协调配合之下,形成了包括基本教材、配套教材、多媒体课件和电子音像类教材等在内的立体式教材体系。

2.高校思想政治理论课教材体系的数字化建设。"05方案"颁布实施以来,结合马克思主义中国化理论发展和高校思想政治理论课改革创新,

---

[1] 教育部社会科学司:《普通高校思想政治理论课文献选编(1949—2008)》,北京:中国人民大学出版社,2008年,第204页。

[2] 教育部社会科学司:《普通高校思想政治理论课文献选编(1949—2008)》,北京:中国人民大学出版社,2008年,第215-216页。

中宣部、教育部分别于2008年、2010年、2013年、2015年、2018年、2021年和2023年对"马克思主义理论研究和建设工程重点教材"进行修订。随着数字技术的广泛应用,高校思想政治理论课教材的样态随之变化,电子化、数字化成为重要的发展方向,例如,在2021版和2023版高校思想政治理论课教材中,章节内容中附带若干二维码,用先进数字技术连接文字知识点与数字资源,将新内容和新材料及时补充进教材之中,进而提升教材的吸引力,增进学生的课堂参与度和获得感。部分高校在国家统编思想政治理论课教材的基础上,结合课程特点和教学需要,融入音视频、动漫、音乐、歌曲等元素,丰富教材内容的表达和呈现方式。当前,互联网、大数据、人工智能、云计算等前沿技术为高校思想政治理论课教材数字化转型带来广阔的空间,"学习通""优慕课""云课堂""智慧树"等App和新型学习终端也为高校思想政治理论课教材提供智能化平台。

教材作为高校思想政治理论课教学的重要依托,由单一式向立体式、由纸质化向数字化、由静态向动态交互逐步延伸,以推动高校思想政治理论课质量的整体提升。

表2-9 "05方案"高校思想政治理论课"马工程"教材及部分配套教材

教材类别	书名	出版社	出版时间
基本教材	《马克思主义基本原理概论》(2008年修订版)	高等教育出版社	2008年
	《马克思主义基本原理概论》(2010年修订版)	高等教育出版社	2010年
	《马克思主义基本原理概论》(2013年修订版)	高等教育出版社	2013年
	《马克思主义基本原理概论》(2015年修订版)	高等教育出版社	2015年
	《马克思主义基本原理概论》(2018年修订版)	高等教育出版社	2018年
	《马克思主义基本原理》(2021年版)	高等教育出版社	2021年
	《马克思主义基本原理》(2023年版)	高等教育出版社	2023年

续表

教材类别	书名	出版社	出版时间
基本教材	《毛泽东思想、邓小平理论和"三个代表"重要思想概论》	高等教育出版社	2007年
	《毛泽东思想和中国特色社会主义理论体系概论》(2010年修订版)	高等教育出版社	2010年
	《毛泽东思想和中国特色社会主义理论体系概论》(2013年修订版)	高等教育出版社	2013年
	《毛泽东思想和中国特色社会主义理论体系概论》(2015年修订版)	高等教育出版社	2015年
	《毛泽东思想和中国特色社会主义理论体系概论》(2018年版)	高等教育出版社	2018年
	《毛泽东思想和中国特色社会主义理论体系概论》(2021年版)	高等教育出版社	2021年
	《毛泽东思想和中国特色社会主义理论体系概论》(2023年版)	高等教育出版社	2023年
	《中国近现代史纲要》(2008年修订版)	高等教育出版社	2008年
	《中国近现代史纲要》(2010年修订版)	高等教育出版社	2010年
	《中国近现代史纲要》(2013年修订版)	高等教育出版社	2013年
	《中国近现代史纲要》(2015年修订版)	高等教育出版社	2015年
	《中国近现代史纲要》(2018年版)	高等教育出版社	2018年
	《中国近现代史纲要》(2021年版)	高等教育出版社	2021年
	《中国近现代史纲要》(2023年版)	高等教育出版社	2023年
	《思想道德修养与法律基础》(2008年修订版)	高等教育出版社	2008年
	《思想道德修养与法律基础》(2010年修订版)	高等教育出版社	2010年
	《思想道德修养与法律基础》(2013年修订版)	高等教育出版社	2013年
	《思想道德修养与法律基础》(2015年修订版)	高等教育出版社	2015年
	《思想道德修养与法律基础》(2018年版)	高等教育出版社	2018年

续表

教材类别	书名	出版社	出版时间
基本教材	《思想道德与法治》(2021年版)	高等教育出版社	2021年
	《思想道德与法治》(2023年版)	高等教育出版社	2023年
	《习近平新时代中国特色社会主义思想概论》	高等教育出版社	2023年
配套教材	《"马克思主义基本原理概论"课疑难问题解析》	高等教育出版社	2007年
	《〈马克思主义基本原理概论〉教师参考书》	高等教育出版社	2008年
	《马克思主义基本原理概论〉学生辅学读本》	高等教育出版社	2011年
	《"毛泽东思想、邓小平理论和'三个代表'重要思想概论"课教学案例解析》	高等教育出版社	2008年
	《〈毛泽东思想、邓小平理论和"三个代表"重要思想概论〉学生辅学读本》	高等教育出版社	2008年
	《〈中国近现代史纲要〉教师参考书》	高等教育出版社	2008年
	《〈中国近现代史纲要〉学生辅学读本》	高等教育出版社	2008年
	《"中国近现代史纲要"课教学案例》	高等教育出版社	2010年
	《〈思想道德修养与法律基础〉教师参考书》	高等教育出版社	2008年
	《〈思想道德修养与法律基础〉学生辅学读本》	高等教育出版社	2008年
	《"思想道德修养与法律基础"课疑难问题解析》	高等教育出版社	2008年

（二）高校思想政治理论课教师素质"四有""六要"的要求

思想政治理论课是落实立德树人根本任务的关键课程，思想政治理论课教师则是办好思想政治理论课的关键所在。党和国家高度重视高校思想政治理论课教师在教学和育人中的主体作用，对高校思想政治理论课教师的素质提出"四有""六要"要求。

1.思想政治理论课教师素质"四有"要求的提出与发展。党的十八大以后,高校思想政治理论课教师队伍的发展迎来良好契机,为进一步对教师素质提出要求,教育部于2013年发布高校思想政治理论课教师队伍培养5年规划,提出"数百名""数千名""数万名"的总体目标,并指出要加强师德建设、提高教师业务水平、提高理论素养、强化科研能力。2014年9月,习近平总书记在同北京师范大学师生代表座谈时的讲话中对教师提出"四有"要求,即"有理想信念,有道德情操,有扎实学识,有仁爱之心"[1],从整体上对包括高校思想政治理论课教师在内的广大教师群体的基本素质作出规定。次年,中宣部、教育部颁发《普通高校思想政治理论课建设体系创新计划》将提高高校思想政治理论课教师队伍整体素质的任务确立为"理想信念坚定、师德高尚、理论功底扎实、教学效果良好"[2]。总体而言,党和国家围绕政治方向、师德师风、业务能力等方面,对高校思想政治理论课教师的素质提出要求,各地各高校也遵循"四有"好老师标准持续开展教师队伍素质提升行动,例如:"中山大学为每一个思政课老师配备助教;东北大学聘请专家学者、先进模范人物担任思政课特聘教授;广东外语外贸大学暑期社会实践活动由思政课教师带队"[3];等等。

2.思想政治理论课教师素质"六要"要求的酝酿与践行。2019年3月18日,习近平总书记在学校思想政治理论课教师座谈会上指出,"办好思想政治理论课关键在教师,关键在发挥教师的积极性、主动性、创造性"[4],充分说明高校思想政治理论课教师的重要作用,并对教师提出政治要强,情怀要深,思维要新,视野要广,人格要正,自律要严的综合要求。在此基

---

[1] 习近平:《做党和人民满意的好老师:同北京师范大学师生代表座谈时的讲话》,北京:人民出版社,2014年,第4-9页。
[2] 《中华人民共和国学校思想政治理论课重要文献选编》(下册),北京:人民出版社,2022年,第1387页。
[3] 赵婀娜、张烁:《立德树人有道,春风化雨无声——党的十八大以来高校思想政治工作综述》,《人民日报》2016年12月7日,第1版。
[4] 张烁、谢环驰:《习近平主持召开学校思想政治理论课教师座谈会强调 用新时代中国特色社会主义思想铸魂育人 贯彻党的教育方针落实立德树人根本任务》,《人民日报》2019年3月19日,第1版。

础上,教育部发布《普通高等学校思想政治理论课教师队伍培养规划(2019—2023年)》,中共中央办公厅、国务院办公厅发布《关于深化新时代学校思想政治理论课改革创新的若干意见》,中共教育部党组发布《"新时代高校思想政治理论课创优行动"工作方案》,教育部发布《新时代高等学校思想政治理论课教师队伍建设规定》,结合高校思想政治理论课教师的"六要"目标提出相应意见,对高校思想政治理论课教师提升整体素质、专业知识和理论水平作出指导。在党和国家的支持下,高校思想政治理论课教师的素质得到整体提升,据2021年调查数据,24159名专职思想政治理论课教师中"中共党员的占比为91.15%,比2020年提高了3.15%"[①];运用慕课、多媒体形象化教学、手机互动软件、腾讯会议等信息化手段开展教学的教师人数有所上升。此外,教育部评选"高校思想政治理论课教师年度影响力人物"和"全国高校思政课名师工作室",开展"全国高校思想政治理论课教学展示活动"等,成为提升高校思想政治理论课教师素质的重要方式。

表2-10 "05方案"颁布后高校思想政治理论课教师相关文件

颁布时间	文件名称	关于思想政治理论课教师要求的表述
2005年2月	《关于进一步加强和改进高等学校思想政治理论课的意见》	提高马克思主义理论素养,提高科研能力和教学水平,做坚定的马克思主义者,做教书育人的表率,做大学生健康成长的指导者和引路人。 坚持正确的政治方向,加强思想道德修养,增强社会责任感,不断完善知识结构,提高教育教学能力。
2007年4月	《关于组织高校思想政治理论课骨干教师研修的意见》	高校思想政治理论课教师是马克思主义理论和党的路线、方针、政策的宣讲者,社会主义核心价值体系的传播者。

---

① 艾四林、吴潜涛:《高校马克思主义理论学科发展报告(2021)》,北京:人民出版社,2023年,第18页。

续表

颁布时间	文件名称	关于思想政治理论课教师要求的表述
2008年9月	《关于进一步加强高等学校思想政治理论课教师队伍建设的意见》	思想政治理论课教师是高等学校教师队伍的一支重要力量,是党的理论、路线、方针、政策的宣讲者,是大学生健康成长的指导者和引路人。 牢固树立坚定的理想信念,不断提高为思想政治理论教育事业服务的责任感和使命感;努力学习、刻苦钻研,不断增强马克思主义理论素养和人文社会科学知识基础;深入实践,了解学生,提高教学艺术和教学能力;注重道德修养,提升精神境界,做教书育人的典范。 努力建设一支政治坚定、业务精湛、师德高尚、结构合理的教师队伍。
2013年6月	《普通高等学校思想政治理论课教师队伍培养规划(2013—2017年)》	努力造就数百名政治坚定、理论功底扎实、善于联系实际、具有较高教学水平和科研能力的领军人物、中青年学术带头人;培养数千名思想政治理论素质高、业务精湛、具有发展潜力的教学一线骨干教师;建设数万名坚持正确方向、师德高尚、业务熟练、结构合理的专业化教师队伍,为加强和改进大学生思想政治教育,培养德智体美全面发展的中国特色社会主义事业合格建设者和可靠接班人作出贡献。
2015年7月	《普通高校思想政治理论课建设体系创新计划》	建设一支理想信念坚定、师德高尚、理论功底扎实、教学效果良好的高水平思想政治理论课教师队伍,形成专兼结合、结构合理的教学人才体系。

续表

颁布时间	文件名称	关于思想政治理论课教师要求的表述
2019年4月	《普通高等学校思想政治理论课教师队伍培养规划（2019—2023年）》	建设一支专职为主、专兼结合、数量充足、素质优良的高校思想政治理论课教师队伍。 教育引导广大思政课教师……传播知识、传播思想、传播真理，塑造灵魂、塑造生命、塑造新人，努力成为马克思主义理论教育家。 使新时代思政课教师理想信念更坚定、马克思主义理论功底更扎实、教书育人水平整体提升，切实做到政治要强、情怀要深、思维要新、视野要广、自律要严、人格要正。
2019年8月	《关于深化新时代学校思想政治理论课改革创新的若干意见》	建设一支政治强、情怀深、思维新、视野广、自律严、人格正的思政课教师队伍。
2019年9月	《"新时代高校思想政治理论课创优行动"工作方案》	抓好师资创优，引导思政课教师政治要强、情怀要深、思维要新、视野要广、自律要严、人格要正，建设一支专职为主、专兼结合、数量充足、素质优良的思政课教师队伍。
2020年1月	《新时代高等学校思想政治理论课教师队伍建设规定》	思政课教师是指承担高等学校思政课教育教学和研究职责的专兼职教师，是高等学校教师队伍中承担开展马克思主义理论教育、用习近平新时代中国特色社会主义思想铸魂育人的中坚力量。 思政课教师的首要岗位职责是讲好思政课。 做到信仰坚定、学识渊博、理论功底深厚，努力做到政治强、情怀深、思维新、视野广、自律严、人格正，自觉用习近平新时代中国特色社会主义思想武装头脑，做学习和实践马克思主义的典范，做为学为人的表率。

(三)高校思想政治理论课课堂形态向现代化和实践化发展

数字技术和信息系统的应用既重塑人的信息接收方式,又引发学校教育的变革升级。在现代科技的驱动下,高校思想政治理论课课堂形态得以改变,实现信息化、网络化和实践化转型。

1.高校思想政治理论课教学方式的现代化。"05方案"中提出通过推进多媒体和网络技术的广泛应用,以实现教学手段的现代化发展,这为高校思想政治理论课教学方式方法的改进和创新指明方向。随着互联网、计算机等技术的兴起和发展,声音、图像、影视和文字融合到课堂教学之中,微博、微信、网络平台的普遍应用使高校思想政治理论课教学手段得到优化、教学空间得到拓展、教学内容得到丰富,衍生出网络示范课程、视频公开课程、在线开放课程等课程形态。例如,慕课在线课程学习平台打破时间和空间的限制,使思想政治理论课教学由传统线下模式延伸至线上运行,增强教学的即时性和互动性。清华大学的"学堂在线"、上海交通大学的"好大学在线"、中国东西部高校课程共享联盟、上海高校课程资源共享管理中心、优课联盟、学银在线等具有代表性的慕课平台,已经成为高校思想政治理论课在线教学的重要组成部分。除此之外,大数据、人工智能、VR、AR等数字技术的出现和迭代,推动高校思想政治理论课信息化、智能化和现代化发展。在利用新兴技术实现传统与现代、线上与线下、现实与虚拟、静态与动态相互融合方面,各地高校纷纷作出尝试和努力。例如,北京理工大学搭建"虚拟仿真思政课体验教学中心",创造性地将虚拟现实技术与思想政治理论课课堂相结合,用智能交互、全息投影和沉浸式教学代替传统讲授,使学生在虚拟仿真的环境中收获知识和情感体验;清华大学开设"思想道德与法治"虚拟仿真实验课,运用全景技术重构"中国天眼"之父南仁东的虚拟形象,叙述"天眼"建造的二十余载历程。以虚拟仿真技术为支撑,高校思想政治理论课从"引导式"教学向"互动式""体验式"教学转变,亲和力、吸引力和感染力得到有效提升。

2.高校思想政治理论课的实践化趋势日益凸显。2005年,《关于进一步加强和改进高等学校思想政治理论课的意见》对实践教学的目标、学时、形式等作出规定,提出把"社会调查、志愿服务、公益活动、专业课实习等"[①]与实践教学相结合。2015年,教育部发布《高等学校思想政治理论课建设标准》进一步要求将"实践教学纳入教学计划,统筹思想政治理论课各门课的实践教学、落实学分(本科2学分,专科1学分)"[②],并建立相对稳定的校外实践教学基地。各高校结合文件要求和各门课程教学需要,陆续印发《高校思想政治理论课实践教学大纲》,进一步规范实践教学的实施和运行,并借助多样化实践教学形式,将思想政治理论课课堂与社会实践充分结合。例如,苏州大学马克思主义学院将思想政治理论课课堂"搬进园林、博物馆,搬到改革开放的前沿阵地"[③],在社会课堂中讲授"行走的思政课";四川大学发挥"江姐纪念馆、川大烈士纪念碑亭、川大英烈碑、历史文化长廊等红色文化宣传展示平台的育人功能"[④],将其作为思想政治理论课的重要载体。2021年,习近平总书记提出"大思政课"后,实践教学的重要性更加突出,教育部及有关部门设置453个以博物馆、纪念馆、示范基地为核心的实践教学基地,为高校思想政治理论课实践教学提供平台支撑。

高校思想政治理论课课堂教学是大学生思想政治教育的主渠道,而网络课堂和社会课堂则是重要育人阵地。现代信息技术和社会发展需求推动高校思想政治理论课教学形态的迭代优化,在改革创新中逐步朝着现代化和实践化方向前进。

---

① 《中华人民共和国学校思想政治理论课重要文献选编》(下册),北京:人民出版社,2022年,第1158页。
② 《中华人民共和国学校思想政治理论课重要文献选编》(下册),北京:人民出版社,2022年,第1398页。
③ 叶真:《我省积极推进思政课教育教学改革创新——凝神入心,思政课有了"打开"新方式》,《新华日报》2024年3月17日,第1版。
④ 谢玲、高吉:《开展沉浸式教学 打造思政课亮点》,《光明日报》2024年07月17日,第3版。

第三章

新时代高校思想政治理论课发展的政策分析

高校思想政治理论课政策是国家教育行政部门为实现高校思想政治理论课课程目标,制定和颁布的反映国家教育方针的行动依据和准则。围绕新时代高校思想政治理论课内涵式发展,党和国家制定系列政策文件对高校思想政治理论课建设的理念、原则等进行顶层设计。党的十八大以来,高校思想政治理论课政策以守正创新为主线,引导高校思想政治理论课在课程、教学、教材、教师队伍等方面发展。聚焦新时代高校思想政治理论课发展的政策文本分析,通过定量与定性相结合的方式呈现高校思想政治理论课政策的属性与内容,以为新时代高校思想政治理论课建设提供基本遵循。

一、新时代高校思想政治理论课发展的政策样本选择

党和国家制定的高校思想政治理论课建设的相关政策是新时代实施教育强国战略、全面贯彻党的教育方针的根本体现,以回答好思想政治理论课这一立德树人根本任务的关键课程的建设问题。

(一)新时代高校思想政治理论课发展政策样本的来源

在中华人民共和国中央人民政府、中华人民共和国教育部等官方网站上以"高校思想政治理论课""马克思主义学院建设""大中小学""'大思政'课""课程改革""思想政治工作"等为关键词,检索与新时代高校思想政治理论课相关的政策文本并确定研究样本。因此,该研究的政策样本主要来源于中共中央、国务院,以及教育部的官方网站。

(二)新时代高校思想政治理论课发展政策样本的筛选原则

在检索到的相关样本中,遵循以下原则进行人工筛选:政策发布时间上选择2012—2024年间与高校思想政治理论课发展相关的政策文本;政策发布主体上选取中共中央直属工作机构或国务院各部门联合或独立发布的与新时代高校思想政治理论课发展相关的政策;政策类型选择上主

要涉及三种类型：一是与新时代高校思想政治理论课有关的纲领性文件，发挥着重要指导作用，如《关于加强和改进新形势下高校思想政治工作的意见》《高校思想政治工作质量提升工程实施纲要》《教育部等八部门关于加快构建高校思想政治工作体系的意见》等；二是直接指导新时代高校思想政治理论课发展的具体文件，如《高等学校思想政治理论课建设标准（2021年本）》《关于进一步加强高校马克思主义理论学科建设的意见》等，这些文件对新时代高校思想政治理论课的教学工作和学科建设等方面进行了详细规定；三是保障新时代高校思想政治理论课开展的相关文件，如《普通高等学校马克思主义学院建设标准（2023年版）》《教育部办公厅关于推进实施高校思想政治理论课特聘教授制度的通知》《新时代高等学校思想政治理论课教师队伍建设规定》等。研究样本不包括诸如"组织开展某活动的通知""召开某主题工作会议的通知"等不与新时代高校思想政治理论课发展直接相关的文本。

（三）新时代高校思想政治理论课发展政策样本的筛选结果

通过在中华人民共和国中央人民政府、中华人民共和国教育部等官方网站上检索和筛选后，共得到2012—2024年间与新时代高校思想政治理论课紧密相关的通知、令、意见等政策文本55份（表3-1），合计22.1万余字作为本文的研究对象。

表3-1　新时代高校思想政治理论课发展的政策文本

序号	时间(年)	政策名
1	2012	教育部办公厅关于研究生思想政治理论课新课程方案实施工作安排的通知
2	2012	教育部办公厅关于做好研究生思想政治理论课教学大纲使用工作的通知
3	2012	关于进一步加强高校马克思主义理论学科建设的意见
4	2013	教育部办公厅关于建立首批全国高校思想政治理论课教师社会实践研修基地的通知

续表

序号	时间(年)	政策名
5	2013	教育部关于印发《普通高等学校思想政治理论课教师队伍培养规划(2013—2017年)》的通知
6	2014	教育部关于印发《完善中华优秀传统文化教育指导纲要》的通知
7	2014	教育部关于全面深化课程改革落实立德树人根本任务的意见
8	2014	关于印发《高校思想政治理论课骨干教师国内高级访问学者资助项目实施办法》的通知
9	2015	中共中央办公厅、国务院办公厅印发《关于进一步加强和改进新形势下高校宣传思想工作的意见》
10	2015	中央宣传部 教育部关于印发《普通高校思想政治理论课建设体系创新计划》的通知
11	2015	教育部关于印发《高等学校思想政治理论课建设标准》的通知
12	2016	教育部办公厅关于推进实施高校思想政治理论课特聘教授制度的通知
13	2016	教育部关于成立2016—2020年高等学校思想政治理论课教学指导委员会的通知
14	2016	教育部关于印发《高等学校思想政治理论课教学指导委员会章程》的通知
15	2017	中共中央 国务院印发《关于加强和改进新形势下高校思想政治工作的意见》
16	2017	教育部办公厅关于开展2017年高校思想政治理论课教学质量年专项工作的通知
17	2017	教育部关于印发《高等学校马克思主义学院建设标准(2017年本)》的通知
18	2017	中共教育部党组关于印发《高校思想政治工作质量提升工程实施纲要》的通知
19	2018	中共中央 国务院关于全面深化新时代教师队伍建设改革的意见
20	2018	教育部办公厅关于实施2018年"高校思想政治理论课教师队伍后备人才培养专项支持计划"的通知
21	2018	教育部关于加强大中小学国家安全教育的实施意见
22	2018	教育部办公厅关于开展高校思想政治理论课教师队伍建设专项工作的通知

续表

序号	时间（年）	政策名
23	2018	教育部关于印发《新时代高校思想政治理论课教学工作基本要求》的通知
24	2018	教育部关于加强新时代高校"形势与政策"课建设的若干意见
25	2018	教育部办公厅关于公布全国高校思想政治理论课教师研修基地名单的通知
26	2018	教育部关于加快建设高水平本科教育全面提高人才培养能力的意见
27	2018	教育部办公厅关于公布第一批全国普通高校中华优秀传统文化传承基地名单的通知
28	2019	教育部关于印发《普通高等学校思想政治理论课教师队伍培养规划（2019—2023年）》的通知
29	2019	教育部关于印发《普通高等学校马克思主义学院建设标准（2019年本）》的通知
30	2019	中共中央办公厅 国务院办公厅印发《关于深化新时代学校思想政治理论课改革创新的若干意见》
31	2019	中共教育部党组关于印发《"新时代高校思想政治理论课创优行动"工作方案》的通知
32	2019	教育部办公厅关于公布2019年全国普通高校中华优秀传统文化传承基地名单的通知
33	2019	教育部等七部门印发《关于加强和改进新时代师德师风建设的意见》的通知
34	2020	教育部办公厅关于公布教育部师德师风建设基地名单的通知
35	2020	新时代高等学校思想政治理论课教师队伍建设规定
36	2020	中共中央 国务院关于全面加强新时代大中小学劳动教育的意见
37	2020	教育部等八部门关于加快构建高校思想政治工作体系的意见
38	2020	教育部关于印发《高等学校课程思政建设指导纲要》的通知
39	2020	教育部关于印发《大中小学劳动教育指导纲要（试行）》的通知
40	2020	教育部办公厅关于公布2020年全国普通高校中华优秀传统文化传承基地名单的通知
41	2020	教育部关于印发《大中小学国家安全教育指导纲要》的通知
42	2020	教育部办公厅关于增设一批高校思想政治理论课教师研学（修）基地的通知

续表

序号	时间(年)	政策名
43	2020	教育部办公厅关于成立教育部大中小学思政课一体化建设指导委员会的通知
44	2020	教育部关于成立全国师德师风建设专家委员会的通知
45	2020	教育部等六部门关于加强新时代高校教师队伍建设改革的指导意见
46	2021	教育部关于公布课程思政示范项目名单的通知
47	2021	中共中央办公厅印发《关于加强新时代马克思主义学院建设的意见》
48	2021	国家教材委员会关于印发《"党的领导"相关内容进大中小学课程教材指南》的通知
49	2021	教育部办公厅关于印发《教育部大中小学思政课一体化建设指导委员会章程》的通知
50	2021	教育部关于印发《高等学校思想政治理论课建设标准(2021年本)》的通知
51	2022	教育部关于印发《新时代马克思主义理论研究和建设工程教育部重点教材建设推进方案》的通知
52	2022	教育部等十部门关于印发《全面推进"大思政课"建设的工作方案》的通知
53	2022	教育部办公厅等八部门关于公布"大思政课"实践教学基地名单的通知
54	2022	教育部办公厅关于开展大中小学思政课一体化共同体建设的通知
55	2023	教育部关于印发《普通高等学校马克思主义学院建设标准(2023年版)》的通知

二、新时代高校思想政治理论课发展的政策属性分析

通过对政策文本的数量、发布主体,以及文本高频词进行分析,可以从定量角度分析新时代高校思想政治理论课发展政策的发布趋势、发布主体,以及政策重心。

（一）新时代高校思想政治理论课发展政策文本的数量分析

总体来看，新时代以来我国出台的高校思想政治理论课政策数量呈现上升趋势（图3-1）。2012—2016年平均发布的政策量在3篇左右，2017—2020年政策发布量快速增长，到2020年达到峰值（12篇），2021年及以后政策发布量总体趋缓。

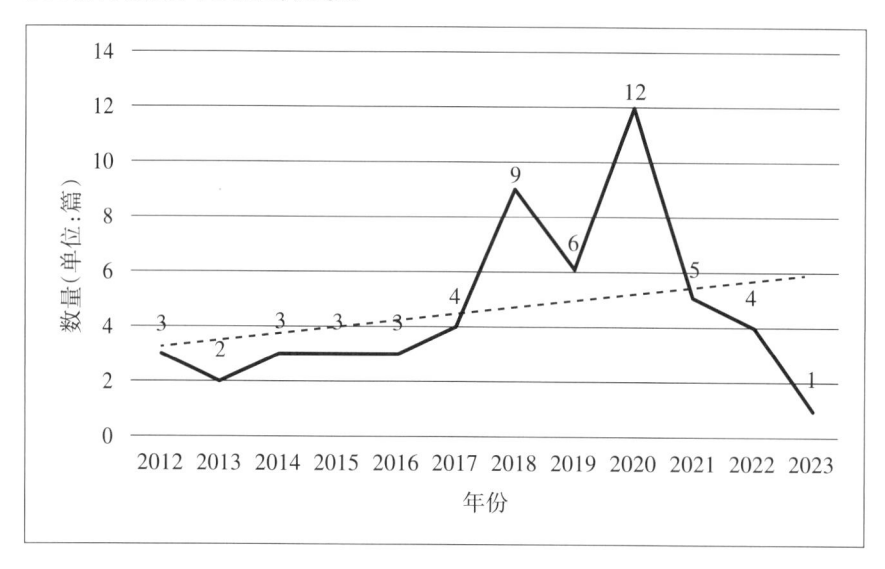

图3-1 新时代高校思想政治理论课发展政策文本历年发布数量图

1.2012年—2016年高校思想政治理论课政策数量持续上升。这一时期政策主要从较为宏观层面对高校思想政治理论课建设、高校思想政治理论课教师队伍培养等方面提出了要求。2012年，为提升高校思想政治理论课教育教学质量，国务院学位委员会提出《关于进一步加强高校马克思主义理论学科建设的意见》，明确指出学科研究要为思想政治理论课教育教学服务，用学科建设成果服务思想政治理论课建设。同年，教育部办公厅就研究生思想政治理论课新课程方案实施工作作出通知，从教学大纲的征订和使用方面对研究生思想政治理论课教学作出要求。2013年，为改善高校思想政治理论课教学状况，健全思想政治理论课教师培养培训体系，教育部印发《普通高等学校思想政治理论课教师队伍培养规划

（2013—2017年）》，明确高校思想政治理论课教师队伍建设的目标、培养途径和措施。在2015年中共中央办公厅、国务院办公厅印发的《关于进一步加强和改进新形势下高校宣传思想工作的意见》的指导下，中央宣传部、教育部印发《普通高校思想政治理论课建设体系创新计划》，整体推进高校思想政治理论课教材、教师、教学等方面的综合改革，在此文件的指导下，教育部通过推进实施高校思想政治理论课特聘教师制度、成立高等学校思想政治理论课教学指导委员会、制定《教育部高等学校思想政治理论课教学指导委员会章程》来加强对高校思想政治理论课的宏观指导与管理，以提高高校思想政治理论课的教学质量和水平。此外，2015年教育部修订《高等学校思想政治理论课建设标准》，在原有2011年印发的《高等学校思想政治理论课建设标准（暂行）》基础上，细化了高校思想政治理论课的工作机制、课堂教学、教师选配等方面的具体要求。

2.2017年—2020年高校思想政治理论课政策数量快速增加。这一时期，在中共中央、国务院印发的《关于加强和改进新形势下高校思想政治工作的意见》、中共教育部党组印发的《高校思想政治工作质量提升工程实施纲要》，以及《教育部等八部门关于加快构建高校思想政治工作体系的意见》等文件的指导下，国家层面出台的相关政策从具体操作层面对高校思想政治理论课教学质量、高校马克思主义学院建设、高校思想政治理论课教师队伍建设等方面作出详细规定。围绕提升高校思想政治理论课教学质量，教育部将2017年定为"高校思政课教学质量年"，制定专项工作总体方案，从"开展思政课建设大调研""增强学生思政课获得感""构建高校思政课建设大格局"等方面，对学科建设、教材建设和教学方法改革等工作作出具体部署。2018年，教育部印发《新时代高校思想政治理论课教学工作基本要求》，从严格落实学分、合理安排教务、实行集体备课等十六个方面对高校思想政治理论课教学工作提出具体要求。围绕高校马克思主义学院建设，教育部研制《高等学校马克思主义学院建设标准（2017年本）》，以及《普通高等学校马克思主义学院建设标准（2019年本)》。围绕高校思想政治理论课教师队伍建设，2018年1月《中共中央 国务院关于全面深化新时代教师队伍建设改革的意见》出台，成为指导新时代高校思想政治理论课教师队伍建设的依据，同年4月，为提升高校思想政治理论课教师综合素质和专业化水平，教育部组织开展"高校思想政治理论课教师队伍建设专项工作"，制定《2018年高校思想政治理论课教师队伍建设专项工作总体方案》，从高校思想政治理论课教师队伍建设规划、培养举措、教学工作指导、建设保障等方面作出总体安排。此后，教育部印发《普通高等学校思想政治理论课教师队伍培养规划（2019—2023年）》就高校思想政治理论课教师培养的途径和措施作出详细要求，实施"高校思想政治理论课教师队伍后备人才培养专项支持计划"，公布一批全国高校思想政治理论课教师研修基地。2020年，教育部出台《新时代高等学校思想政治理论课教师队伍建设规定》，从职责与要求、配备与选聘、培养与培训、考核与评价、保障与管理等方面对高校思想政治理论课教师队伍建设作出细致规定。在此时期，师德师风建设在高校教师队伍建设中的重要位置逐渐凸显，2019年教育部等七部门印发《关于加强和改进新时代师德师风建设的意见》，随后公布十个教育部师德师风建设基地，成立了全国师德师风建设专家委员会，2020年教育部等六部门在《关于加强新时代高校教师队伍建设改革的指导意见》中也着重强调高校教师队伍师德的涵养与考评。

这一时期，高校思想政治理论课建设呈现出主题聚焦，围绕"课程思政""大中小学一体化建设""大思政课"等主题的政策相继出台。"课程思政"方面，2019年，中共中央办公厅、国务院办公厅印发《关于深化新时代学校思想政治理论课改革创新的若干意见》，大力推进思想政治理论课改革创新，在此意见的指导下，2020年，教育部印发《高等学校课程思政建设指导纲要》提出全面推进高校课程思政建设，把思想政治教育贯穿人才培养体系。"大中小学一体化建设"方面，2020年《中共中央 国务院关于全面加强新时代大中小学劳动教育的意见》系统构建大中小学各学段劳动教育的必修课程、明确各学段劳动教育的内容和要求,随后,教育部印发《大中小学劳动教育指导纲要(试行)》进一步明确各学段劳动教育的要求、途径、环节和评价方式;同年9月,教育部印发《大中小学国家安全教育指导纲要》指导大中小学系统、规范、科学地开展国家安全教育;同年12月,为加强对不同学段思想政治理论课建设的分类指导,推动新阶段学校思想政治理论课高质量发展,教育部办公厅成立"大中小学思政课一体化建设指导委员会",对大中小学思想政治理论课一体化建设进行指导、研判。其后,为深入推动全国大中小学开展思想政治理论课一体化理论研究和实践探索,教育部办公厅组织开展大中小思想政治理论课一体化共同体建设,公布了32个共同体组建情况。"大思政课"方面,教育部等十部门联合印发的《全面推进"大思政课"建设的工作方案》成为指导新时代"大思政课"建设的根本遵循,教育部办公厅等八部门联合设立了一批包括"科学精神""工业文化""美丽中国""抗击疫情"等专题在内的实践教学基地,以推动构建"大思政课"工作格局。

3.2021年—至今高校思想政治理论课政策向纵深发展。这一时期加强新时代马克思主义学院建设、推动高校思想政治理论课建设内涵式发展成为重点。加强新时代马克思主义学院建设方面,2021年9月,中共中央办公厅印发《关于加强新时代马克思主义学院建设的意见》指出要通过加强马克思主义理论学科建设、大力推进思想政治理论课改革创新、强化课程体系和教材体系建设以及加强教师队伍建设等方面推动马克思主义学院内涵式发展;2023年教育部印发《普通高等学校马克思主义学院建设标准(2023年版)》成为新时代高校马克思主义学院建设的最新标准。此外,教育部印发的《高等学校思想政治理论课建设标准(2021年本)》成为这一时期指导高校思想政治理论课建设的直接依据。推动高校思想政治理论课建设内涵式发展是推动我国高等教育内涵式发展的重要部分,高校思想政治理论课建设内涵式发展旨在系统推进高校思想政治理论课教材建设、马克思主义理论学科建设,以及高校思想政治理论课教师队伍建设,使之形成综合效应,共同推进新时代高校思想政治理论课守正创新。教材建设上,2022年,教育部印发《新时代马克思主义理论研究和建设工程教育部重点教材建设推进方案》明确"马工程重点教材"建设的基本要求、重点任务、方式及实施安排。学科建设上,《关于深化新时代学校思想政治理论课改革创新的若干意见》明确指出要进一步建强马克思主义理论学科,强调要充分发挥马克思主义理论学科的领航作用,大力推进中国特色社会主义学科体系建设,同时,根据需求逐步增加马克思主义理论学科博士学位授权点。队伍建设上,要"着力打造一支信仰坚定、理论功底扎实、数量充足、结构优化的高素质教师队伍,切实增强使命感、认同感、获得感"[①]。

新时代以来,高校思想政治理论课政策数量经历了在平稳中上升、快速增加的过程,高校思想政治理论课政策不断向纵深发展。可以预见,新时代高校思想政治理论课相关政策的发布量增加是未来一段时间的主要趋势,随着高校思想政治理论课实践活动的开展,以及政策重心的调整,相关政策会继续出现上升趋势。

(二)新时代高校思想政治理论课发展政策文本发布的主体分析

通过对新时代高校思想政治理论课政策发布主体的分析,可以看出,教育部是新时代高校思想政治理论课政策制定和发布的主要主体,在政策的形成中起着关键作用,共参与发布相关政策47项,占政策样本总数的85.45%,其中独立发布政策41项,联合发布政策6项。从高校思想政治理论课政策发布的形式上看,独立发布的政策有44项,占政策样本总数的80%,联合发布的政策有11项,占政策样本总数的20%。

---

① 中共中央办公厅印发《关于加强新时代马克思主义学院建设的意见》,2021年9月21日。

利用可视化软件CiteSpace.6.3.R1对政策发布主体进行分析,可以直观展示政策发布主体间联系程度。将收集到的政策样本数据进行转换后,在CiteSpace.6.3.R1中设置时间跨度为2012—2024,时间切片为1年,节点类型为作者,其他参数为默认设置,得到一张含有38个节点、117条连线、密度为0.1664的政策发布主体共现网络知识图谱。分析发现,教育部办公厅、教育部、中共中央办公厅等机构是政策发布的主体,体现出高校思想政治理论课建设的牵头主体和工作合力:"教育部、中宣部等部门要牵头抓思政课建设。相关部门要增强工作合力"[1]。此外,由图可以看出节点之间的连线数量较少,这表明各主体间的合作比较分散,联合程度不高。

(三)新时代高校思想政治理论课发展政策文本的高频词分析

高频词能够反映政策文本的重心,借助NVivo 12软件对收集到的政策文本进行词频统计分析,可以提取研究样本中的高频词语,直观展示政策的关注点。在NVivo 12软件中导入研究样本,借助软件的词频查询功能,设置"检索最小长度为2",合并相关同义词(如将"规划""设计"等合并到"计划"中),共得到55份政策文本中排名前50的高频词表(表3-2)。

表3-2　新时代高校思想政治理论课发展政策文本中排名前50的高频词表

排序	词语	计数	排序	词语	计数
1	工作	2471	26	建立	493
2	教育	2060	27	推动	489
3	教师	1667	28	发展	486
4	建设	1431	29	中国	484
5	教学	1400	30	领导	484
6	指导	1380	31	实施	472
7	思想	1313	32	内容	462

---

[1] 习近平:《思政课是落实立德树人根本任务的关键课程》,北京:人民出版社,2020年,第28页。

续表

排序	词语	计数	排序	词语	计数
8	政治	1143	33	教材	449
9	实践	1142	34	开展	444
10	高校	1141	35	学校	421
11	组织	1021	36	社会主义	420
12	加强	838	37	教育部	412
13	学科	767	38	文化	403
14	体系	742	39	时代	358
15	研究	705	40	基地	351
16	理论	690	41	特色	347
17	理论课	670	42	社会	341
18	计划	662	43	队伍	337
19	课程	625	44	精神	332
20	马克思主义	617	45	安全	330
21	学生	598	46	评价	322
22	国家	578	47	大学	319
23	提高	560	48	创新	308
24	专业	509	49	优秀	307
25	水平	497	50	高等学校	298

分析政策文本的高频词表可以发现新时代高校思想政治理论课政策导向集中。在22.1万余字的研究样本中,排名前50的高频词总计74149字,占研究样本总字数的33.47%。其中排名前11的词语提及超过1000次;排名前24的词语被提及超过500次;排名25~50的词语均提及超过200次。由此可以看出,新时代高校思想政治理论课政策导向较为集中,重点关注教师队伍建设、学科建设、实践教育等方面。

对高频词语云图(图3-2)进行具体分析,可以更深入了解新时代高校思想政治理论课的关注重心。"马克思主义""中国""社会主义""特色"等高频词反映出马克思主义、中国特色社会主义思想始终是新时代高校思想政治理论课政策的指导思想;"教师""学生""队伍"等高频词反映出教师群体和学生群体是新时代高校思想政治理论课政策关注的重点群体;"实践""实施""基地"等高频词反映出新时代高校思想政治理论课政策的实践导向突出;"建设""时代""创新"等高频词反映出新时代高校思想政治理论课政策的创新导向。

图3-2　新时代高校思想政治理论课发展政策文本高频词语云图

三、新时代高校思想政治理论课发展的政策内容分析

我们以55份新时代高校思想政治理论课政策文本作为研究样本,对关键词与高频词进行抽取、分类归纳和整理凝练,按照组织管理政策、教学管理政策、队伍管理政策和学科建设政策呈现新时代高校思想政治理论课发展的政策主题和内容。

(一)新时代高校思想政治理论课发展的组织管理政策

组织管理政策主要围绕高校思想政治理论课的组织管理者作出规

定,涉及高校党委如何发挥领导作用、学校各部门应如何发挥协同作用、如何做好高校马克思主义学院建设工作、高校思想政治理论课的专项经费应如何使用等问题(表3-3)。

表3-3 新时代高校思想政治理论课发展"组织管理政策"文本分析逻辑关系

文本内容描述及其参考点数	参考点合计数	一级编码	二级编码
1.高校党委书记是思想政治理论课建设的第一责任人,党委书记、校长和分管校领导要切实负起政治责任和领导责任(7)	7	领导主体	领导体制
1.带头学习贯彻党中央思想、同党中央保持高度一致(3) 2.在学校发展规划、经费投入、公共资源使用中优先保障思想政治理论课建设(3) 3.在人才培养、科研立项、评优表彰、职务评聘等方面优先支持思想政治理论课教师(3)	9	领导责任	
1.把思想政治理论课建设列入学校事业发展规划(4) 2.制定符合思想政治理论课建设和马克思主义理论学科发展规划(3)	7	工作规划	工作机制
1.校党委(常委)会议、校长办公会每学期至少召开一次专题会议研究思政课建设工作;高校思政课建设第一责任人每年到思想政治理论课教研部召开现场办公会一次(2) 2.深入课堂听课,为学生讲授思政课(2) 3.校级各党政部门和思政课教学科研机构各负其责,相互配合,落实思政课建设各方面政策和措施(3)	7	工作要求	
1.构建以马克思主义为指导的中国特色哲学社会科学,建设具有强大凝聚力和引领力的社会主义意识形态,进一步丰富和发展当代中国马克思主义,21世纪马克思主义,对于彰显中国大学社会主义底色,引导青年学生牢固树立共产主义远大理想和中国特色社会主义共同理想,培养一代又一代社会主义建设者和接班人(1)	1	建设意义	机构建设
1.修订《普通高等学校马克思主义学院建设标准》(3)	3	建设标准	
1.扎实推动马克思主义学院内涵式发展(6) 2.强化马克思主义学院建设政策支撑机制(5) 3.加强党对马克思主义学院建设的领导(5)	16	建设要求	

续表

文本内容描述及其参考点数	参考点合计数	一级编码	二级编码
1.各高校要加大思想政治理论课建设专项经费投入,并随学校经费的增长逐年增加(3)	9	经费投入	专项经费
2.科院校按本硕博全部在校生总数每生每年不低于20元的标准,专科院校按在校生总数每生每年不低于15元的标准列支教师学术交流、实践研修等培养培训费用(4)			
3.本科院校按在校生总数每生每年不低于40元,专科院校每生每年不低于30元的标准提取专项经费(2)			
1.用于支持教师学术交流、实践研修等培养培训(6)	12	经费使用	
2.专项经费安排使用明确,专款专用(6)			

注:表中小括号内的数字为55份政策文本中涉及描述内容的样本数,即参考点数,下同

1.领导体制。高校思想政治理论课领导体制在于以制度化形式规定高校思想政治理论课的领导主体、领导权限及领导方式等,对于保证高校思想政治理论课有序发展具有重要意义。《普通高校思想政治理论课建设体系创新计划》《关于深化新时代学校思想政治理论课改革创新的若干意见》等多个政策文件中均明确提及高校思想政治理论课的领导主体及领导责任。高校思想政治理论课的领导主体是高校党委书记、校长,他们作为高校思想政治理论课建设的"第一责任人",肩负政治责任和领导责任。其职责在于,一是在思想、政治、行动上同党中央保持高度一致,自觉学习贯彻党中央的新思想、新理念;二是在学校发展规划、经费投入、资源使用等方面支持高校思想政治理论课建设;三是在人才培养、科研立项等方面优先支持高校思想政治理论课教师队伍。以高校党委书记、校长作为高校思想政治理论课建设的领导主体既有利于整合校内外各种资源推动高校思想政治理论课改革创新,也有利于营造尊重思想政治理论课教师、重视思想政治理论课教学的良好氛围。

2.工作机制。高校思想政治理论课工作机制指高校思想政治理论课

程序、规则等方面的有机联系与有效运转。《高等学校思想政治理论课建设标准》《"新时代高校思想政治理论课创优行动"工作方案》等文件对高校思想政治理论课的工作机制作出明确规定。一方面，明确提出要制定工作规划，学校层面要把思想政治理论课建设规划纳入学校事业发展规划中；学院层面要制定符合思想政治理论课建设和马克思主义理论学科发展的科学规划。另一方面，在工作要求上做了要求，指出校党委会议、校长办公会每学期至少组织召开一次思想政治理论课建设专题工作会议；校党委书记、校长每年至少到思想政治理论课教研部门召开一次现场办公会，主动走进课堂听课，每学期为学生讲授思想政治理论课；校级各部门、科研机构要相互配合，做好高校思想政治理论课建设的保障工作。

3. 机构建设。机构建设为高校思想政治理论课建设提供保障，马克思主义学院是高校思想政治理论课的二级组织机构，加强马克思主义学院建设是推动高校思想政治理论课发展的重要举措。新时代以来，教育部于2017年、2019年、2023年先后三次修订马克思主义学院的建设标准，从组织领导与管理、思政课教学、教师队伍建设等6个一级指标、领导责任、机构设置、工作机制等19个二级指标，以及与之相对应的61个三级指标对马克思主义学院的建设作出详细规定。2016年来，教育部先后公布四批全国重点马克思主义学院，当前我国已有43所全国重点马克思主义学院，2所全国重点马克思主义学院培育单位，在高校思想政治理论课建设方面发挥着重要作用。2021年9月，中共中央办公厅印发的《关于加强新时代马克思主义学院建设的意见》提出要从加强学科建设、推进思政课改革创新、强化课程体系和教材体系建设、提高思政课教师队伍素质、提高人才培养质量等方面推动马克思主义学院内涵式发展。

4. 专项经费。专项经费是高校思想政治理论课建设的资金保障，新时代以来，党和国家在各类政策文件中多次提及高校思想政治理论课专项经费问题。在经费投入上，2015年7月中央宣传部、教育部在其印发的《普通高校思想政治理论课建设体系创新计划》中明确指出，各高校要加大思政课建设专项经费投入,规定"本科院校按本硕博全部在校生总数每生每年不低于20元的标准,专科院校按在校生总数每生每年不低于15元的标准"[①]投入经费。2019年,教育部在其印发的《普通高等学校马克思主义学院建设标准(2023年本)》中将此金额提升一倍,此外,还指出要随着学校经费的增长逐年增加高校思想政治理论课专项经费的投入。在经费使用上,明确规定此专项经费应用于教师学术交流、实践研修,强调经费安排使用明确,做到专款专用。

(二)新时代高校思想政治理论课发展的教学管理政策

教学管理政策主要围绕高校思想政治理论课的教学作出规定,涉及管理制度、课程设置、教材建设、教学方式、教学改革等多方面(表3-4)。

表3-4 新时代高校思想政治理论课发展"教学管理政策"文本分析逻辑关系

文本内容描述及其参考点数	参考点合计数	一级编码	二级编码
1.实施教师听课互评互学制度,开展高校思想政治理论课教学观摩活动(10)	10	备课听课制度	管理制度
1.思政课教师岗前培训与试讲制度(5)	5	新教师试讲制度	
1.修订《高校思想政治理论课建设标准》(2)	10	教学质量监控制度	
2.认真执行各项管理规章制度,检查、评价制度(8)			
1.按照本、专科生思想政治理论课"05方案",研究生思想政治理论课"10方案",以及《教育部关于加强新时代高校"形势与政策"课建设的若干意见》开课(3)	3	开课	课程设置
1.落实课程学分及对应学时,不挪用或减少课堂教学学时(5)	5	学时学分	
1.积极创造条件开设本科生和研究生层次思想政治理论课选修课(6)	12	课程体系设置	

---

① 中央宣传部 教育部关于印发《普通高校思想政治理论课建设体系创新计划》的通知(教社科〔2015〕2号),2015年7月27日。

续表

文本内容描述及其参考点数	参考点合计数	一级编码	二级编码
2.各高校要重点围绕习近平新时代中国特色社会主义思想、党史、新中国史、改革开放史、社会主义发展史、宪法法律、中华优秀传统文化等设定课程模块,开设系列选择性必修课程(6)	12	课程体系设置	课程设置
1.整体规划思政课课程目标,循序渐进、螺旋上升地开设思政课,引导学生立德成人、立志成才(1)	1	课程目标	
1.遵循学生认知规律设计课程内容(1)	1	课程内容	
1.思想政治理论课各门课程应有序衔接,原则上本科生先学习"基础"课、"纲要"课,再学习"原理"课、"概论"课;专科生先学习"基础"课,再学习"概论"课;本专科生每学期必修"形势与政策"课(1)	1	课程衔接	
1.编写充分反映马克思主义中国化最新成果、教师好用学生爱读的系列教材(10)	10	教材编写	教材建设
1.组织编写与本专科思想政治理论课统编教材相配套的教师参考书、疑难问题解析、教学案例解析、学生辅学读本等教学用书,更好地促进统编教材的使用(3)	5	教学用书	
2.各地各高校,特别是民族地区可以组织编写符合实际需要的思想政治理论课教学参考用书(2)			
1.推进马克思主义理论研究和建设工程教材、思想政治理论课统编教材编写修订(6)	6	教材修订	
1.使用马克思主义理论研究和建设工程重点教材思想政治理论课最新版本统编教材(6)	10	教材使用	
2."形势与政策"课要根据教育部下发的教育教学要点组织教学,选用中宣部和教育部组织制作的《时事报告(大学生版)》和《时事》DVD作为学生学习辅导资料(4)			
1.形成老中青年相结合、学科背景相补充的梯队(3)	5	编写队伍建设	
2.鼓励和支持专业造诣高、教学经验丰富的专家学者参与教材编写,提高教材编写质量(2)			
1.合理设置教学规模,推行中班教学,班级规模原则上不超过100人(6)	6	班级规模	课堂教学

续表

文本内容描述及其参考点数	参考点合计数	一级编码	二级编码
1.合理安排教学时间,不挪用或减少课堂教学学时(5) 2.原则上晚间和周末不安排思想政治理论课必修课(3)	8	教学时间	课堂教学
1.强化课堂教学纪律(4)	4	管理办法	
1.创新教学方法和手段(25) 2.通过教学改革促进学习革命,积极推广小班化教学、混合式教学、翻转课堂(1)	26	课堂教学创新	
1.本科2学分,专科1学分(4) 2.深入推进实践教学改革,分类制订实践教学标准,适度增加实践教学比重,原则上哲学社会科学类专业实践教学不少于总学分(学时)的15%,理工农医类专业不少于25%。(1)	5	学分	实践教学
1.建设实践教学基地(5)	5	教学基地	
1.既可通过参加教师统一组织的实践教学获得相应学分,也可通过提交与思想政治理论课学习相关的实践成果申请获得相应学分(1)	1	考核方式	
1.有序推进大中小学中华优秀传统教育一体化(1) 2.有序推进大中小学国家安全教育一体化(2) 3.有序推进大中小学劳动教育一体化(2) 4.大中小学思政课一体化建设指导委员会(2) 5.大中小学思政课一体化建设共同体建设(1)	8	大中小学思政课建设一体化	改革创新
1.高等学校课程思政建设指导纲要(1) 2.课程思政示范项目名单(1)	2	高校课程思政建设	
1.全面推进"大思政课"建设的工作方案(1) 2."大思政课"实践教学基地名单(2)	3	"大思政课"建设	
1.建立健全科学全面准确的考试考核评价体系,注重过程考核和教学效果考核(2)	2	改革考试评价方式	
1.高校思想政治理论课建设体系创新(1)	1	推进课程体系创新	

1.教学管理制度。高校思想政治理论课的教学管理制度是为强化思政课教学管理、稳定教学秩序、提升教学质量而制定的相关规章、制度、细则等,是教学管理系统的重要组成部分,也是实现教学管理科学化、规范化的基础。《普通高校思想政治理论课建设体系创新计划》《高等学校思想政治理论课建设标准》等政策中首先强调健全各项教学管理制度,包括新任思想政治理论课教师岗前培训与试讲制度、集体备课制度、听课制度,以及集中命题等制度,其中在集体备课制度中强调要健全大中小学思想政治理论课教师一体化备课机制以及网络集体备课制度,以提高备课质量,提升思想政治理论课教师的能力和水平。除此之外,还强调要健全教学质量监控制度,以学生的获得感作为评价导向,结合教师自评、学生评价、同行评价、督导评价和社会评价对教师的教学质量作出综合性评价。

2.课程设置。高校思想政治理论课课程设置指高校对思想政治理论课的设立和安排,主要包括课程结构、课程内容,以及课程计划等。在原有开课要求以及落实课程学时、学分的基础上,新时代高校思想政治理论课政策更加强调课程体系的建设,一方面,为适应马克思主义中国化时代化的发展状况,增设"习近平新时代中国特色社会主义思想概论"一课。另一方面,将"选修课""选择性必修课"等专业课建设纳入高校思想政治理论课体系建设之中,强调要围绕习近平新时代中国特色社会主义思想、四史、中华优秀传统文化等模块开设系列选择性必修课程,积极创造条件开设本科生和研究生层次的思想政治理论选修课,以此着力加强高校思想政治理论课课程群建构。此外,在课程目标设计上,强调从整体上规划思想政治理论课课程目标,循序渐进、螺旋上升地开设思想政治理论课,引导学生立德、立志;在课程内容上,指出要遵循学生的认知规律设计课程内容;在课程衔接上,强调思想政治理论课各门课程之间应有序链接,按照顺序开课。

3.教材建设。教材是高校思想政治理论课顺利开展的重要基础和依据。2022年,教育部印发《新时代马克思主义理论研究和建设工程教育部重点教材建设推进方案》明确指出马工程重点教材是党的思想政治理论建设的基础,加强马工程重点教材建设事关党对教材工作的全面领导、有利于加快构建中国特色哲学社会科学教材体系,具有重要而深远的历史意义。相关政策文件从教材编写、修订、使用等方面对高校思想政治理论课的教材建设提出具体要求。在教材编写上,一方面要编写马克思主义理论学科学生的核心课程教材。另一方面,还要编写与思想政治理论课教材相配套的教师参考用书、学生辅学读本等教学用书,各高校,特别是民族地区的高校可以组织编写与实际相符合的参考用书,以此促进统编教材的使用。在教材修订上,多次强调要根据时代发展情况、教学需要来推进马工程教材、思想政治理论课教材的修订。在教材使用上,明确指出高校思想政治理论课要使用马克思主义理论研究和建设工程重点教材思想政治理论课最新版本统编教材,"形势与政策"课要根据教育部下发的教学要点组织教学。在编写队伍建设上,鼓励和支持教学经验丰富、专业造诣高的专家学者参与教材编写,补充不同学科、不同年龄的专家学者进入编写队伍,形成老中青相结合、学科背景相补充的教材编写队伍。

4.课堂教学。课堂教学作为"第一课堂",是高校思想政治理论课实现理论讲授和"讲道理"的本质的主要形式。课堂教学规模上,各政策文件强调要合理设置教学规模,班级规模原则上不超过100人,推行中班教学、小班研讨的教学模式。教学时间上指出为避免教师周课时安排过于集中,原则上周末和晚间不安排思想政治理论课必修课;不得挪用或减少课堂教学学时,尤其是在网络教学方式不断兴起的当下,教育部印发的《新时代高校思想政治理论课教学工作基本要求》一文中明确指出"网络教学作为思想政治理论课辅助手段,不得挤占课堂教学时数"[1],要确保高

---

[1] 教育部关于印发《新时代高校思想政治理论课教学工作基本要求》的通知(教社科〔2018〕2号),2018年4月12日。

校思想政治理论课课堂教学的时间。此外,相关政策文件还强调要从创新课堂教学方法,以及探索小班化教学、混合式教学、翻转课堂等形式上积极推动课堂教学创新。

5.实践教学。实践教学作为"第二课堂",是高校思想政治理论课教学的重要组成部分,它体现出理论性与实践性相统一的思想政治理论课建设原则。2015年,中央宣传部、教育部印发的《普通高校思想政治理论课建设体系创新计划》明确提出要强化实践教学,建设与思想政治理论课课堂教学相互促进的第二课堂教学体系;2017年,中共中央、国务院印发的《关于加强和改进新形势下高校思想政治工作的意见》强调要提高实践教学比重,《高校思想政治工作质量提升工程实施纲要》指出要扎实推动实践育人;《高等学校思想政治理论课建设标准》《普通高等学校马克思主义学院建设标准》等政策明确要求要从学分设置、基地建设、规范考核方式等方面加强高校思想政治理论课的实践教学工作。相关政策一是对高校思想政治理论课的实践教学学分作出明确规定,即从本科思想政治理论课现有学分中划出2个学分、从专科思想政治理论课及现有学分中划出1个学分,用于开展本专科思想政治理论课实践教学。二是规划建设一批实践教学基地,包括"全国普通高校中华优秀传统文化传承基地""劳动教育基地""'大思政课'实践教学基地"等。三是考核方式上,《新时代高校思想政治理论课教学工作基本要求》明确指出,参加教师组织的实践教学和提交与思想政治理论课学习相关的实践成果都可以获得相应学分。

6.改革创新。改革创新是推动新时代高校思想政治理论课建设内涵式发展的内在要求,相关政策强调从以下几方面推进新时代高校思想政治理论课改革创新:一是推动大中小学思政课建设一体化。2014年,教育部印发的《完善中华优秀传统文化教育指导纲要》指出要分学段有序推进中华优秀传统文化教育;2020年,为加强对不同学段思想政治理论课建设的统筹指导,教育部成立大中小学思政课一体化建设指导委员会,同年,教育部印发的《大中小学国家安全教育指导纲要》《大中小学劳动教育指导纲要(试行)》等制定了不同学段教育活动的主要目标、主要内容、实施途径及保障措施。2021年,教育部印发《教育部大中小学思政课一体化建设指导委员会章程》对该指导委员会的组织、任务、工作方式进行更细致的规定。2022年,为因地制宜、充分调动各省积极性推动大中小学思政课一体化建设,教育部组织开展大中小学思政课一体化共同体建设,指出以两年为一个周期在省级层面打造一批理论与实践相结合的创新性研究型工作平台。二是推进高校课程思政建设。2020年,为把思想政治教育贯穿人才培养体系,发挥好高校每门课程的育人作用,教育部印发《高等学校课程思政建设指导纲要》指出全面推进课程思政建设是落实立德树人根本任务的战略举措,是提高人才培养质量的重要任务,明确课程思政建设的目标要求、内容重点、教学体系等重要内容。次年,教育部公布课程思政示范课程699门、课程思政教学名师和团队699个、课程思政教学研究示范中心30个用于加强课程思政建设。三是推动"大思政课"建设。2022年,教育部等十部门联合印发《全面推进"大思政课"建设的工作方案》指出要从改革创新主渠道教学、善用社会大课堂、搭建大资源平台、构建大师资体系等方面加强新时代"大思政课"建设,同时,为加快构建"大思政课"工作格局,教育部等八部门还联合公布了一批"大思政课"实践教学基地名单。此外,在思政课教学改革创新方面,相关政策还强调要改革考试评价方式、推进课程体系创新。

(三)新时代高校思想政治理论课发展的队伍管理政策

队伍管理政策围绕高校思想政治理论课的实施者作出要求,涉及高校思想政治理论课教师的政治方向、师德师风、选配、培养培训等多方面内容(表3-5)。

表3-5　新时代高校思想政治理论课发展"队伍管理政策"文本分析逻辑关系

文本内容描述及其参考点数	参考点合计数	一级编码	二级编码
1.思想政治理论课教师应坚持正确的政治方向,有扎实的马克思主义理论基础,在事关政治原则、政治立场和政治方向的问题上与党中央保持一致(4)	7	政治要求	政治方向
2.按照政治要强、情怀要深、思维要新、视野要广、自律要严、人格要正的素养要求,建设一支专职为主、专兼结合、数量充足、素质优良的思想政治理论课教师队伍(3)		"六要"	
1.思想政治理论教师具有良好的思想品德、职业道德、责任意识和敬业精神,无学术不端、教学违纪现象(2)	2	总体要求	师德师风
1.实施师德师风建设工程,健全师德建设长效机制,推动师德建设常态化长效化(2)	8	建设措施	
2.全面加强教师队伍思想政治工作(1)			
3.大力提升教师职业道德素养(1)			
4.着力营造全社会尊师重教氛围(1)			
5.推进师德师风建设任务落到实处(1)			
6.教育部与高校合作建设师德师风建设基地(1)			
7.成立师德师风建设专家委员会(1)			
1.坚持把师德师风作为教师素质评价的第一标准,实施师德"一票否决"(4)	9	监督	
2.依法依规加大对各类违反师德和学术不端行为查处力度,及时纠正不良倾向和问题(3)			
3.建立思政课教师师德师风常态化教育和监管制度(1)			
4.建立思政课教师退出机制,对出现政治立场倾向问题、师德师风问题、不适合继续从事思政课教学的人员,第一时间退出思政课教师队伍(1)			
1.把政治立场作为教师聘用的首要标准,严把教师聘用政治关(3)	12	选配标准	教师选配

续表

文本内容描述及其参考点数	参考点合计数	一级编码	二级编码
2.兼职教师具有硕士研究生以上学历(专科院校兼职教师具有本科以上学历)和相关专业背景,按学校有关规定考核合格(4)	12	选配标准	教师选配
3.思政课教师原则上是中共党员、应具有马克思主义理论相关学科背景(5)			
1.实行不合格思想政治理论课教师退出机制(3)	5	选配管理	
2.建立新进教师宣誓和专任教师定期网络注册制度(1)			
3.高校思想政治工作队伍和党务工作队伍具有教师和管理人员双重身份,要纳入高校人才队伍建设总体规划(1)			
1.高校要严格按照师生比不低于1∶350的比例核定专职思政课教师岗位,在编制内配足,且不得挪作他用(8)	14	师资配备	
2.选聘高水平专家担任特聘教授,统筹好地方党政领导干部、企事业单位负责人、社科理论界专家、各行业先进模范以及院士、专业课骨干教师等上思政课讲台,推动形成思政课教师、辅导员队伍深度融合的工作机制(6)			
1.专题理论培训(2)	9	专题轮训	培养培训
2.专题实践研修(7)			
1.思政课教师队伍后备人才培养专项计划(9)	28	示范培训	
2.骨干教师研修项目(9)			
3.思政课教师在职攻读博士项目(5)			
4.思政课教师省校协作培训项目(3)			
5.思政课教师校际协作项目(2)			
1.全国高校思政课教学科研团队"择优支持"项目(4)	12	项目资助	
2.全国高校"思政课教师名师工作室"项目(3)			
3.全国高校优秀中青年思政课教师"择优资助"项目(2)			

续表

文本内容描述及其参考点数	参考点合计数	一级编码	二级编码
4.全国高校思政课教学方法改革"择优推广"项目(2)	12	项目资助	培养培训
5.全国高校思政课教学研究项目(1)			
1.全国高校思政课示范教学展示活动(2)	3	宣传推广	
2.全国高校思政课教师队伍建设先进经验宣传(1)			
1.学校在专业技术职务(职称)评聘工作中,要单独设立马克思主义理论类别,校级专业技术职务(职称)评聘委员会要有同比例的马克思主义理论学科专家(4)	8	评聘计划	职务(职称)评聘
2.思想政治理论课专业技术职务高级岗位比例不低于学校重点学科高级岗位设置的平均水平,且不得挪作他用(4)			
1.制定实施符合思想政治理论课教师职业特点的职务职称评聘标准,提高教学和教学研究占比(5)	11	评聘标准	
2.坚持以思政课教学为核心的科研导向,强化对思政课教学实绩和思想政治工作实践的基本要求,进一步提高教学和教学研究占比,坚决克服唯文凭、唯论文、唯帽子等问题(2)			
3.丰富科研成果认定形式,要将思政课教师在中央和地方主要媒体发表的理论文章纳入学术成果范畴(4)			
1.思想政治理论课教师的岗位津贴和课时补助等纳入学校内部分配体系筹考虑(4)	4	津贴补助	经济待遇
1.思想政治理论课教师工作量、课酬计算标准与其他专业课教师一致(3)	3	工作量计算标准	
1.教师的实际平均收入不低于本校教师的平均水平(3)	4	实际收入	
2.相应核增学校绩效工资总量(1)			
1.本科院校按在校生总数每生每年不低于40元,专科院校按每生每年不低于30元的标准提取专项经费,用于思政课教师的学术交流、实践研修等,并逐步加大支持力度(2)	3	经费激励	

续表

文本内容描述及其参考点数	参考点合计数	一级编码	二级编码
2.主管教育部门和高等学校应当加强宣传、引导,并采取设立奖励基金等方式支持高等学校思政课教师队伍建设,以各种方式定期对优秀思政课教师和马克思主义理论学科学生给予奖励(1)	3	经费激励	经济待遇
1.积极选树思想政治理论课教师、教学科研二级机构先进典型,推选年度影响力人物、教学名师、教学能手和优秀团队(1)	3	完善宣传表彰机制	宣传表彰
2.探索建立思想政治理论课荣誉教师制度,宣传长期从事思想政治理论课教学的一线优秀教师先进事迹(1)			
3.各地各高校要完善思想政治理论课建设激励办法,逐步形成国家、地方和高校三级激励机制(1)			
1.在"万人计划""长江学者奖励计划""四个一批"等人才项目中加大对思政课教师队伍的倾斜支持力度(3)	6	表彰比例设定	
2.全国教育系统先进个人表彰中的思政课教师比例或名额作出规定(1)			
3.在学校各类教师表彰体系中为思想政治理论课教师确定一定比例,进行统一表彰(2)			
1.将思政课教师纳入高层次人才队伍建设(3)	11	宣传表彰措施	
2.推出一批思政课教师先进典型(3)			
3.中央和地方主流媒体的政论、时政节目要积极推出优秀思政课教师传播理论成果,展示综合素质,增强社会影响力(4)			
4.推动重点建设一批思政课方面的学术期刊,支持思政课教师发表研究成果(1)			

1.教师的政治方向与师德师风。思想政治理论课教师是高校马克思主义理论学科队伍的主体,是高校思想政治理论课的重要实施者,思想政治理论课教师的政治素养与师德师风直接关系高校思想政治理论课的成效。在政治方向方面,高校思想政治理论课教师队伍管理政策指出高校

思想政治理论课教师应坚持正确的政治方向,评聘和考核思想政治理论课教师时,政治标准应放在首位,要着力建设一支政治强、情怀深、思维新、视野广、自律严、人格正的高校思想政治理论课教师队伍;师德师风方面,《高等学校思想政治理论课建设标准(2021年本)》对高校思想政治理论课教师师德师风的总体要求为"思想政治理论课教师具有良好的思想品德、职业道德、责任意识和敬业精神,无学术不端、教学违纪现象"[①],2018年,《中共中央 国务院关于全面深化新时代教师队伍建设改革的意见》指出要弘扬高尚师德,实施师德师风建设工程,《教育部关于加快建设高水平本科教育全面提高人才培养能力的意见》指出要加强高校教师师德师风建设,把师德师风作为教师素质评价的第一标准;2019年,教育部等七部门联合印发《关于加强和改进新时代师德师风建设的意见》对新时代师德师风建设提出总体要求和建设措施,随后公布包括北京师范大学、东北师范大学等十所高校在内的教育部师德师风建设基地、成立全国师德师风建设委员会以探索有效的师德师风建设模式,提高师德师风建设科学性。随着时代的发展,对高校思想政治理论课教师师德师风的监督考核越来越严格,各政策文件均强调要加大对失德教师的惩戒力度。

2.教师选配。依据一定标准选择、配备好高校思想政治理论课教师队伍,是保障思想政治理论课教学质量的重要前提。正如习近平总书记在学校思想政治理论课教师座谈会上强调的"办好思政课关键在教师"[②]。其一,在选配标准上,政治立场是高校思想政治理论课教师聘用的首要标准,学历上一般要求新任专职教师具有硕士研究生以上学历且有马克思主义理论学科相关专业背景,政治面貌上原则上要求新任教师是中共党员。其二,在选配管理上,通过建立新进教师宣誓和专任教师定期网络注

---

① 教育部关于印发《高等学校思想政治理论课建设标准(2021年本)》的通知(教社科〔2021〕2号),2021年11月30日。
② 习近平:《思政课是落实立德树人根本任务的关键课程》,北京:人民出版社,2020年,第25页。

册制度、实行不合格思想政治理论课教师退出机制、把高校思政工作队伍纳入高校人才管理队伍建设总规划等举措来加强对高校思想政治理论课教师的管理。其三,在师资配备上,明确指出高校要严格按照不低于1:350的比例在编制内配备专职思想政治理论课教师岗位,同时选聘高水平专家担任特聘教授,统筹好地方党政领导干部、企事业单位负责人、社科理论界专家、各行业先进模范以及院士、专业课骨干教师等上思政课讲台,推动形成思政课教师、辅导员队伍深度融合的工作机制。

3.教师培养培训。针对高校思想政治理论课教师开展系统培训工作,有利于提升高校思想政治理论课教师的职业素养和能力。为此,教育部先后印发《普通高等学校思想政治理论课教师队伍培养规划(2013—2017年)》《普通高等学校思想政治理论课教师队伍培养规划(2019—2023年)》《新时代高等学校思想政治理论课教师队伍建设规定》等一系列文件来指导高校思想政治理论课教师队伍的培养和建设工作,培养途径和措施主要包括以下四方面:一是包括马克思主义经典著作专题培训、学习贯彻习近平新时代中国特色社会主义思想专题培训、"习近平新时代中国特色社会主义思想的生动实践"专题实践研修等在内的专题轮训;二是由高校思想政治理论课教师队伍后备人才培养专项支持计划、骨干教师研修项目、思政课教师在职攻读博士项目、思政课教师省校协作培训项目、思政课教师校际协作项目等组成的示范培训;三是包括全国高校思想政治理论课教学科研团队"择优支持"项目、全国高校"思政课教师名师工作室"项目、全国高校优秀中青年思政课教师"择优资助"项目等在内的项目资助;四是展开全国高校思想政治理论课示范教学展示活动、全国高校思想政治理论课教师队伍建设先进经验宣传等加强高校思想政治理论课教师的宣传推广。

4.职务(职称)评聘。职务(职称)的评聘工作事关高校思想政治理论课教师的发展前景,健全的职务(职称)评聘体系有利于增强思想政治理论课教师的获得感与满足感。《关于深化新时代学校思想政治理论课改革创新的若干意见》《"新时代高校思想政治理论课创优行动"工作方案》等文件强调在职称(职务)评定上要单独设立马克思主义理论类别,高校思想政治理论课教师高级专业技术职务(职称)岗位比例不低于学校平均水平,且不能挪作他用。在评聘标准上,强调教学和研究在评聘标准上的占比,丰富思想政治理论课教师科研成果的认定形式,指出思政课教师参加中央和国家机关举办的教学类活动所获奖项,参与省部级以上重要工作的鉴定证明,在中央主流媒体、地方主要党报党刊发表的理论文章,在中央和国家机关主管的马克思主义理论类学术期刊发表的论文成果,被省部级以上部门采纳的决策咨询报告,产生重要影响的网络优秀作品等,应作为专业技术职务(职称)评定的核心成果,要克服在职务(职称)评聘中产生"唯文凭、唯论文、唯帽子"等问题。

5.经济待遇。保障思想政治理论课教师的经济待遇是增强思想政治理论课教师工作积极性主动性的重要举措。2015年,中央宣传部、教育部印发《普通高校思想政治理论课建设体系创新计划》明确指出要"努力提高思想政治理论课教师待遇,确保教师收入不低于本校教师平均水平。优化思想政治理论课二级机构办公环境,配备必要的现代化办公设施,提供充分的教学科研资料,加强信息化建设"[①],相关政策文件就高校思想政治理论课教师的岗位津贴、工作量计算标准、实际收入、专项经费支持等作出明确规定。《高等学校思想政治理论课建设标准(2021年本)》指出高校思想政治理论课教师的岗位津贴和课程补助要纳入学校内部分配系统统筹考虑,思想政治理论课教师的工作量、课酬计算标准应与其他专业课教师一致,保障思想政治理论课教师的实际平均收入不低于本校教师的平均水平,并相应核增学校绩效工作总量;除此之外,本科专科院校应按照在校学生总人数相应比例提取用于思想政治理论课教师学术交流、实践研修的比例,以加强对思想政治理论课教师的支持力度。

---

① 中央宣传部教育部关于印发《普通高校思想政治理论课建设体系创新计划》的通知(教社科〔2015〕2号),2015年7月27日。

6.宣传表彰。加强对优秀高校思想政治理论课教师的宣传表彰有利于发扬先进群体和个人的示范作用,建好思想政治理论课教师共同体。首先,相关政策强调要完善宣传表彰机制,通过探索思想政治理论课荣誉教师制度、选树思想政治理论课教师先进典型、完善思想政治理论课建设激励办法,形成国家、地方和高校对思想政治理论课建设以及思想政治理论课教师队伍建设的三级激励机制。其次,在高校思想政治理论课教师表彰比例的设定上,国家级荣誉称号"万人计划""长江学者奖励计划"等人才项目中要加大对思政课教师队伍的倾斜力度,全国教育系统先进个人表彰中要对思政课教师的占比或名额作出规定,学校层面的表彰中也应为思政课教师确定一定的比例,进行统一表彰。最后,通过将思想政治理论课教师纳入高层次人才队伍建设、推选思想政治理论课教师先进典型、加强报道和传播优秀思想政治理论课教师理论成果、建设一批思想政治理论课方面的学术期刊以支持思想政治理论课教师发表研究成果等措施加强对优秀高校思想政治理论课教师的宣传和表彰,增强其职业认同感、荣誉感和责任感。

(四)新时代高校思想政治理论课发展学科建设政策

学科建设政策主要从高校思想政治理论课实施的保障方面作出要求,即如何通过马克思主义理论学科建设更好为高校思想政治理论课提供支撑等问题(表3-6)。马克思主义理论学科是推动思想政治理论课内涵式发展的重要支撑,它发挥着思想政治理论课理论阐释、人才培养、科学研究、社会服务、队伍建设等功能。有关政策围绕马克思主义理论的学科设置、科学研究以及马克思主义理论学科人才培养工作作出规定。

表3-6　新时代高校思想政治理论课发展"学科建设政策"文本分析逻辑关系

文本内容描述及其参考点数	参考点合计数	一级编码	二级编码
1.严格依据二级学科设置相关规定,科学设置马克思主义理论学科所属二级学科(3) 2.明确二级学科带头人,思政课专职教师有明确的二级学科归属和研究方向。发挥学科带头人在学科建设中的作用,凝练学科研究方向(3)	6	二级学科设置	学科设置
1.马克思主义理论学科点设在思想政治理论课教学科研机构,首要任务是为思想政治理论课教育教学服务(3) 2.要自觉地把学科研究方向凝聚到为思想政治理论课教育教学服务上来(2)	5	研究方向	科学研究
1.加强马克思主义学科群建设,加强跨学科研究,充分发挥马克思主义理论学科引领作用。从整体上研究马克思主义基本原理和科学体系,深入研究马克思主义中国化时代化理论成果,重点研究习近平新时代中国特色社会主义思想,着力深化党的创新理论体系化研究、学理化阐释。紧紧围绕坚持和发展中国特色社会主义,深入研究中国式现代化的重大理论和实践问题。紧紧围绕推动新时代党的创新理论入脑入心,深入研究思政课教学重点难点问题和教学方法改革创新(4)	4	研究领域	
1.坚持教学引导科研、科研支撑教学的学术导向,研究成果服务育人目标,消除教学、科研"两张皮"现象。开展科研成果评优奖励,加大对中青年教师的科研支持力度(6) 2.设立思想政治理论课教育教学研究专项课题。创造条件支持思想政治理论课教师申报各级各类课题,参评各种科研成果奖等,鼓励教师围绕教材和教学中的重点、难点问题发表论文、出版专著。在校报、校刊设置思想政治理论课教研科研专栏(2)	8	科研支持	
1.有条件的学校统筹推进马克思主义理论学科本硕博一体化人才培养。科学制定马克思主义理论本科专业人才培养方案,明确培养目标、完善课程体系、加强过程管理。积极承担"国家关键领域战略人才储备招生计划"培养任务。人才培养方案符合教育部、国务院学位委员会关于本学科专业本科、硕士、博士学位基本要求,开设核心课程(4)	4	本硕博一体化人才培养	人才培养

续表

文本内容描述及其参考点数	参考点合计数	一级编码	二级编码
2.研究生入学考试、课程设置与教学、中期考核、科研训练、学位论文开题和答辩等环节管理规范,保证研究生培养质量(3)	3	研究生培养	
3.导师遴选和日常管理严格,保证导师对研究生的指导时间(3)	3	导师指导	
4.支持思政课专职教师攻读马克思主义理论学科博士学位。有条件的学校积极承担"思政课教师在职攻读马克思主义理论博士学位专项计划"培养任务(3)	3	思政课专职教师培养	

1.学科设置。科学设置马克思主义理论学科所属二级学科对推进党的思想理论建设、巩固马克思主义在高校教育教学中的指导地位、加强高校思想政治理论课建设、培养思想政治教育工作队伍具有重要作用。"05方案"以来,在原有"马克思主义基本原理""马克思主义发展史""马克思主义中国化研究""国外马克思主义研究""思想政治教育"5个二级学科的基础上,经过2008年增设"中国近现代史基本问题研究",以及2018年增设"党的建设"二级学科两轮调整,当前,马克思主义理论一级学科共有7个所属二级学科。教育部印发的《普通高等学校马克思主义学院建设标准(2023年版)》《高等学校思想政治理论课建设标准(2021年本)》等明确指出要严格依据二级学科设置相关规定,科学设置马克思主义理论学科所属二级学科,同时,明确二级学科带头人、思想政治理论课专职教师的二级学科归属和研究方向。

2.科学研究。马克思主义理论学科的研究方向与研究领域等与高校思想政治理论课建设紧密相关。研究方向上,2012年,国务院学位委员会《关于进一步加强高校马克思主义理论学科建设的意见》明确指出:"要自觉地把学科研究方向凝聚到为思想政治理论课教育教学服务上来,并将其中的重大问题纳入学科建设规划,使思想政治理论课建设与学科专业建设的教学、科研、人才培养和管理紧密结合,统筹规划、整体部署、统一实施。用学科专业建设成果服务于思想政治理论课建设,不断提高教育教学的实效性,增强说服力、感染力和亲和力。"[1]此后,"马克思主义理论学科点设在思想政治理论课教学科研机构,首要任务是为思想政治理论课教育教学服务"[2]成为教育部颁布的《普通高校思想政治理论课建设标准》的重要指标。2018年,教育部下发的《新时代高校思想政治理论课教学工作基本要求》明确规定:"要引导思想政治理论课教师围绕马克思主义理论一级学科所属相应二级学科开展科学研究,凝练形成与所教课程紧密相关的科研方向,深入研究课程教学重点难点问题和教学方法改革创新。"[3]研究领域上,相关政策指出马克思主义理论学科应从整体上研究马克思主义基本原理和科学体系,通过研究马克思主义一方面为党的思想理论建设服务,另一方面为加强思想政治理论课建设服务。科研支持方面,一是要坚持教学引导科研、科研支撑教学的学术导向,强调科研成果服务育人目标;二是要开展科研成果评优奖励,加大对中青年教师的支持力度;三是积极创造条件支持思想政治理论课教师申报各类课题、出版学术著作等。

3. 人才培养。加强马克思主义理论学科人才培养是确保新时代我国意识形态安全、提升高校思想政治理论课教学质量的迫切需要。其一,要加快建设本硕博一体化马克思主义理论人才培养体系。就实践探索来看,马克思主义理论学科对本科、硕士、博士三阶段一体化人才培养体系的探索始于2018年,处于初步探索阶段,因此,要加快建设本硕博一体化马克思主义人才培养体系,为马克思主义理论学科、高校思想政治理论课教育教学工作培养高素质后备人才。其二,要确保马克思主义理论学科

---

[1] 《关于进一步加强高校马克思主义理论学科建设的意见》(学位〔2012〕17号),2012年6月6日。
[2] 教育部关于印发《高等学校思想政治理论课建设标准(2021年本)》的通知(教社科〔2021〕2号),2021年12月2日。
[3] 教育部关于印发《新时代高校思想政治理论课教学工作基本要求》的通知(教社科〔2018〕2号),2018年4月12日。

研究生人才培养质量。马克思主义理论学科的研究生是推进学科建设、提升高校思想政治理论课教育教学质量的重要力量,要在研究生入学考试、课程设置与教学、中期考核、学位论文开题和答辩等各环节中加强管理,规范研究生导师的遴选和管理工作,保证导师对研究生的指导时间,提升研究生培养质量。其三,要加强对思想政治理论课专职教师的培养。在现有思想政治理论课教师队伍基本处于硕士研究生学历的基础上,支持思想政治理论课专职教师攻读马克思主义理论学科博士学位,进一步提升思想政治理论课教师教育教学的专业素质与能力。

第四章

高校思想政治理论课的
基本规律

高校思想政治理论课改革创新的核心是把握好思政课讲道理的本质,把道理讲深讲透讲活。这需要把握好思政课运行规律、思政课建设"八个相统一"规律,推动思想政治理论课内涵式发展。

一、高校思想政治理论课运行规律

高校思想政治理论课的运行,是思政课教师按照一定的课程体系和课程标准开展教学活动,促进学生产生内在的思想矛盾运动的过程。遵循高校思想政治理论课运行规律,是提升高校思想政治理论课质量的关键因素之一。

(一)教师和学生在高校思想政治理论课运行中的主体性

高校思想政治理论课的有效运行,首先依赖于思政课教师及其组织的教学实践活动。其中,教师是施教主体,学生是受教主体,缺少教师或学生任何一方的主体性参与,高校思想政治理论课教学实践活动都无法展开,高校思想政治理论课运行都会受阻。

1.高校思想政治理论课运行中教师的主体性。思政课教学是教师和学生共同参与的教学实践活动,发挥教师和学生在思政课运行中的主体性,对于思政课实现有效教学及确保思政课有序运行至关重要。其中,教师在思政课教学实践活动中是施教主体,担负传授课程知识、组织教学活动和引领学生成长等多重职责。正是在履行上述多重职责的教学实践活动中,教师在思政课运行中的主体性得以呈现。

第一,作为课程知识传授者,思政课教师的主体性表现为提升自身理论水平和业务能力的积极性和主动性。思政课教师自身的理论水平和业务能力,是思政课教师担负起课程知识传授职责的基石。一方面,积极主动地提升自身理论水平是思政课教师主体性的具体表现。高校思想政治理论课作为落实立德树人根本任务的关键课程,承载着对学生进行系统的马克思主义理论知识灌输和党的创新理论教育的主要职责。所谓教育者必先接受教育,思政课教师必须具备扎实的马克思主义理论知识,同时,紧跟时代步伐,主动学习党的创新理论成果,掌握最新的国家政策、社会动态和学术研究成果,不断更新知识结构,以确保思政课教学内容的时效性和准确性。另一方面,积极主动地提升自身业务能力是思政课教师主体性的具体表现。思政课教师在夯实马克思主义理论功底的同时,还必须具备扎实的业务能力。具体而言,思政课教师的业务能力不仅包括扎实的专业知识,还涉及教学技能、教学研究能力和课程设计能力等方面。为此,思政课教师可以通过参与教学研讨、集体备课、教学观摩、教学科研等活动,以精湛的专业能力不断强化和拓展学生对课程知识的理解深度和广度。

第二,作为教学活动组织者,思政课教师的主体性表现为动态调整教学内容及整体把控教学进程的能动性和创造性。首先,教师在教学内容加工设计中发挥主体性。高校思政课教学内容是伴随时代发展和中国特色社会主义实践进程而动态调整和持续更新的,需要思政课教师及时推动党的创新理论成果在教学实践中的运用,保障思政课教学内容具有时效性。为此,思政课教师需要充分发挥主体性,根据时代发展和学生需求,不断更新教学内容,将党的最新理论成果及最新社会热点和时政热点融入教学中,以此深化理论阐释,使思政课教学内容既有深度又有广度。正是在对教学内容进行调整加工和精心设计、推动教学内容与时俱进的过程中,思政课教师充分彰显出其作为教学组织者的主体性。其次,教师在促进教材话语向教学话语、教学话语向学生认同的话语转化中发挥主体性。思政课教师要在保障教学科学性和规范性的前提下,将教材中的理论知识和信息以更加生动活泼、贴近学生实际的方式呈现出来,这需要运用中国共产党领导全体人民进行社会建设的实践成果予以转化,用深入浅出、生动活泼的授课方式调动学生的学习兴趣,帮助学生深入理解思政课道理,从而将教材中的理论话语、学术话语和政策话语转换为更贴近学生实际、更易于学生理解和接受的教学话语,在促进思政课教材话语向教学话语转化中彰显主体性。最后,教师在管理教学实施进程中发挥主体性。根据课程开展的实际情况,思政课教师需要发挥主体性,合理安排教学环节、把控教学进度和教学活动的具体形式,并依据学生的反馈和评估及时调整教学策略,对教学行为进行规范和约束,确保思政课教学实施进程的顺利开展。

第三,作为学生成长引领者,思政课教师的主体性表现为始终以立德树人为根本宗旨的目的性。"思政课教学是一个承载知识流动、价值传递和信仰塑造的复杂过程"[1],这决定了思政课教师的主体性不仅体现在课程知识传授和教学活动组织方面,更体现在对学生的价值引领和思想启迪方面,要求思政课教师始终以立德树人为根本宗旨,在准确定位思政课教学总目标和具体目标中彰显教师主体性。一方面,高校思想政治理论课以促进学生全面发展及其思想政治素质提升为课程总目标。思政课是马克思主义意识形态教育的主渠道,具有规范性和权威性,要求思政课教师严格执行国家课程方案和课程标准开展课程教学,严格遵循《高等学校课程思政建设指导纲要》中所指明的思政课主线,即"以爱党、爱国、爱社会主义、爱人民、爱集体为主线"[2]。另一方面,在立德树人根本宗旨之下制定具体思政课教学目标。对照《关于深化新时代学校思想政治理论课改革创新的若干意见》中为各教学阶段思政课所整体规划的课程目标,思政课教师需要结合其所负责思政课所处教学阶段和所属课程类别,制定出更加符合教学实际的具体教学目标。

由此,思政课教师的主体性,不仅体现在教师的理论水平专业知识和技能上,更体现在教师的价值观、教育理念和人格魅力上。思政课教师的主体性是其在教学中发挥主导作用、实现教育预期目标的关键。在思政课教学过程中,思政课教师要以"遵循思想政治工作规律,遵循教书育人

---

[1] 阎国华、闫晨:《高校思政课获得感的师生互促视角探究》,《思想理论教育导刊》2022年第6期。
[2] 艾四林、吴潜涛:《高校马克思主义理论学科发展报告(2020)》,北京:人民出版社,2022年,第17页。

规律,遵循学生成长规律"①为基础,通过不断提升教师素养、创新教学活动、强化价值引领等途径充分发挥教师主体性,从而有效促进学生全面发展,培养出有理想、敢担当、能吃苦、肯奋斗的新时代好青年。

2.高校思想政治理论课运行中学生的主体性。学生是思政课教学实践活动中的受教主体,一切思政课教学的开展最终目的在于提升学生思想政治素质和促进学生全面发展。可见,学生是开展思政课教学活动的出发点和落脚点,是思政课运行的"开端"和"终端"。作为思政课内容接受者和思政课活动参与者,学生的主体性贯穿思政课运行全过程,主要表现为自我驱动的自觉性和主动性学习、自主建构的自主性和反思性学习。

其一,作为思政课内容接受者,学生的主体性表现为自我驱动的自主性和主动性学习。自我驱动是指个体内部产生的推动自己向前发展的力量,它来源于个体的需要,是促使个体采取行动以满足自身发展需要的内驱力。一方面,学生对思政课内容的接受行为,遵循"需要—动机—行为"的行为生成规律,彰显出自主驱动的学习自觉性和主动性。人的需要是人的内在规定性,是推动人形成学习行为的内驱力。正如马克思所指出的,"就单个人来说,他的行动的一切动力,都一定要通过他的头脑,一定要转变为他意志的动机,才能使他行动起来。"②思政课是为了满足学生成长成才需要而创设,以提升学生思想政治素质和推动学生全面发展为价值归宿。学生在自身成长成才的内在需要驱动下,得以形成对思政课内容的学习兴趣和学习动机,从而生成对思政课内容的接受意愿和接受行为。另一方面,作为思政课内容接受者,学生是具有独立的思想意识和主观能动性的个体,不仅能够接受和理解所学的思想观念,还具备对所接受的思想观念进行分析、判断、选择和转化的能力,从而形成对所接受思想观念的知识内化和价值认同。在此基础上,学生才能够坚定自身的奋斗目标,并在追求更高层次人生价值和精神境界的过程中展现出自我驱动

---

① 习近平:《论党的宣传思想工作》,北京:中央文献出版社,2020年,第277页。
② 《马克思恩格斯选集》(第四卷),北京:人民出版社,2012年,第258页。

能力。这种自我驱动能力是学生在认识到个人发展与国家民族命运的紧密联系后,自觉将个人理想融入国家和民族的伟大事业中的表现。在自我驱动的学习过程中,学生作为思政课内容的接受者,实现从"要我学"向"我要学"的转变。

其二,作为思政课活动参与者,学生主体性表现为自主建构的自主性学习和反思性学习。建构主义学习理论认为,知识的获得是一个主动的过程,学习者不是信息的被动的接受者,而是知识获得过程的主动参与者。具体到思政课教学实施过程中,学生作为具备一定的知识储备和独立思考能力的主体,能够主动参与思政课活动,在一定的思想政治教育情境中,在与环境的互动和思政课教师的教育引导之下,根据自己的经验和认知方式,对接收到的思想政治教育信息进行加工、处理和解释,并在反思中调整学习策略和提升学习效果,进行自主性学习和反思性学习。在此过程中,学生是在积极主动参与思政课活动中自主建构知识体系和价值观的主体。正如苏联教育家苏霍姆林斯基所言:"真正的教育,始于教育和自我教育的统一。"[1]自主建构是学生作为思政课受教主体,能够进行自主性学习和反思性学习的核心因素,它将"教"和"自教"融为一体,强调在思政课教师教育引导下,学生通过自主探索构建知识体系,通过自我教育和自我改造提升思想境界、理论水平和道德素质,充分彰显出学生参与思政课活动的主体性。

综上,在高校思想政治理论课教学活动中,学生主体性的发挥对于提高思政课教学质量和培养学生综合素质的至关重要。为此,思政课教师需要从传统的"讲授者"转变为"指导者"和"引领者",以学生的发展需求为出发点和归宿点,尊重学生的主体性和个性化发展。同时,思政课教师需要深入了解学生的兴趣、特长和成长需求,激发学生的内在动力和创新性思维,引导学生积极参与课堂讨论,主动进行独立思考和自主学习,创造各种有利条件以激发和培养学生在思政课教学实践活动中的自我驱动

---

[1] 肖甦主编译:《苏霍姆林斯基教育智慧格言》,北京:人民教育出版社,2014年,第350页。

能力和自主建构能力,确保学生主体性在思政课教学中落到实处,成为提高思政课的实效性和吸引力、促进学生成长成才的建设性因素。

3.教师"用心教"与学生"用心悟"良性互动。思政课教学实践活动是教师施教和学生受教相互作用、相互影响的过程,教师和学生主体间的交流互动是思政课实现有效教学、促成思政课教学目标达成的关键,它强调以教师"用心教"与学生"用心悟"的良性互动,打造出沟通心灵、启智润心、激扬斗志的思政课。

第一,教师和学生在高校思想政治理论课运行中构成主体与主体之间的交往互动关系,这是教师"用心教"与学生"用心悟"良性互动的内在依据。同为参与思政课运行中的主体,教师和学生之间构成了主体间的交往互动关系。一方面,教师和学生在主体间的交往互动关系中扮演不同角色。教师在其中扮演着引导者和主导者的角色,负责安排教学内容、调控教学节奏、引导学生学习和反思,通过自身的政治素养和教学能力来影响学生。学生则是学习主体,在教师的教育引导下主动参与学习过程,通过思考、讨论和实践活动来吸收知识、形成观点、提升能力。通过主体间有效的交往互动,教师能够及时了解学生的学习需求和思想动态,调整教学策略,而学生则能够在教师的引导下形成正确的世界观、人生观和价值观。另一方面,教师和学生之间的交往互动主要以精神交往互动为主。思政课教师与学生之间的交往互动,不仅仅限于知识的传递,更重要的是价值观的塑造和思想的启迪,是涵盖心理沟通、情感交流、思想碰撞等多个层面的精神交往互动。在这种精神交往互动中,教师通过关心学生的成长、关注学生的困惑和问题,增进与学生之间的情感联系,同时也帮助学生更好地理解教师的教学意图和期望。学生则通过与教师的交往互动,不仅获得知识,还能够在情感上得到支持和鼓励,形成积极的学习态度和价值观。可见,这种精神交往互动既能够激发学生的学习兴趣和创造力,也能够提高教师的教学效果和职业满足感,是教师和学生双方受益并建立良好师生关系的基础,能够增进师生的互信、理解和尊重,进而促进思政课教学效果的优化。

第二，教师"用心教"和学生"用心悟"是相互依存、相辅相成的。从哲学观点分析，教是外因，是条件，学是内因，是依据。在思政课运行中，只有将教师"用心教"外因与学生"用心悟"内因相结合，才能形成教与学的良性互动，促进思政课教学目标的顺利达成。其一，虽然教师"用心教"能够为学生"用心悟"提供方向和支持，但外因要通过内因起作用，在思政课运行中，教师是教育主导者，负责在学生提出问题和疑惑时提供有价值的帮助和启发性引导，鼓励学生充分发挥主体性，把个人的知识和经验纳入思政课运行中，从而在内因与外因共同作用下打造师生主体共存的教学共同体，形成教与学的良性互动。其二，学生主体性的发挥需要教师"用心教"的引导示范，而教师主体性的发挥则有赖于学生"用心悟"的反馈支持。一方面，思政课教师应通过观察、交流和评估来深入了解学生的成长环境、知识结构、学习兴趣、思想动态和能力水平，在加大对学生认知规律和接受特点的研究基础上，根据学生的差异化、层次化学习需求，设计不同层次的教学任务和活动。同时，思政课要善于利用现代教育技术，如数据分析和智能教学平台，可以帮助教师收集学生的学习数据，从而更精准地满足学生的个性化学习需求。另一方面，学生需要增强学习内驱力，通过探究式学习和项目式学习等方式参与思政课教学活动，在自我驱动和自主探究中促进自身综合素质的提升。例如，根据教学目标，思政课教师可以引导学生结合"中国式现代化""数字社会建设""中华优秀传统文化""红色文化"等社会发展重大议题，或结合学生重点关注的热点事件和网络舆论，设计相应的思政课调研课题或研究项目。依托特定的思政课课题或项目，学生自主开展调研、访谈、文献阅读、小组研讨、学习成果展示汇报和评价等探究式学习活动，完成从提出问题、分析问题到解决问题的学习闭环，培养学生分析和解决实际问题的能力。

第三，教师"用心教"和学生"用心悟"的良性互动，是教学过程中教师主导性和学生主体性有机结合的体现。教师"用心教"和学生"用心悟"的良性互动,是高校思想政治理论课运行的理想状态,这种理想状态的实现,需要在具体的思政课教育实践中实现教师主导性和学生主体性的有机结合。其中,教师作为主导者,应负责把握教学方向、明确授课主题和掌控教学进度,同时也要关注学生对思政课内容的实际接受情况和理解体悟程度,及时解答学生的问题和困惑。同时,学生作为独立个体,应具有参与思政课教学活动的积极性、主动性和创造性。为此,教师应鼓励学生积极参与课堂讨论和活动,以增强学生的主动性和创造性。可见,在思政课教学实践中,教师主导性与学生主体性的相互配合之下,才能形成教师"用心教"和学生"用心悟"的良性互动。

(二)高校思想政治理论课运行过程

高校思想政治理论课运行过程是特殊的实践活动过程,这种特殊性在于,它以推动学生内在思想矛盾运动和促进学生思想政治素质发展为着眼点,在内化、外化、反馈的阶段衔接中改造学生的主观世界,教育引导学生成长为社会主义建设者和接班人。

1.高校思想政治理论课运行的内化阶段。所谓内化,就是指受教育者在新的信息刺激及作用下,凭借主体的感性认知和理性分析能力,在知情意信的转化过程中将某种价值观和行为规范转化为个体内在的过程。思政课的内化阶段是指学生在教育者的引导下,将课程中所蕴含的思想观念、政治观点、道德要求转化为自身发展所需的精神力量,并自觉地将这些要求作为自身的价值标准和行为依据。这一阶段强调学生对思政课内容的深入理解和内心认同,并将这些理论知识和价值观念整合到自己的思想体系中。由此可见,思政课运行中内化阶段的完成,需要学生从内心相信并接受思政课内容中所蕴含的思想观念、政治观点、道德要求,并将其纳入自己的思想体系成为个体内在思想的有机组成部分,其中必然涉及学生内在思想矛盾运动及其思想政治素质的发展。

其一,刺激反应模式下学生的内在思想矛盾运动。教育心理学认为,刺激反应模式是指学生在特定的环境刺激下产生相应的行为反应。在刺激反应模式下,新旧知识、价值观念或行为模式之间的冲突,会导致学生产生认知冲突和内在思想矛盾运动,而这种认知冲突与内在思想矛盾运动是学生认知发展和个性形成的重要动力。在高校思想政治理论课运行过程中,教师在理论素养和思想政治品德水平方面对学生所提出的要求,与学生思想政治素质现状存在客观差距,决定了学生在接受新的教学内容时,必然会发现这些内容与他们现有的知识结构或思想观念的某些方面存在不一致之处。学生在将已有知识和经验与当前面临的思政课内容相对照时,产生认知冲突,从而引发学生内在思想矛盾运动。一方面,刺激反应模式下的学生认知冲突是促进学生思维发展的重要机制。通过引发学生的认知冲突,思政课教师可以激发学生的学习兴趣和学习动机,推动学生在内在思想矛盾运动中向更高层次的认知发展。另一方面,学生内在思想矛盾运动以外界社会发展要求和思政课教学目标为基本对照,思政课教师应当自觉利用学生内在思想矛盾运动,促进学生思想政治素质向社会发展所需要思想品德水平方向提升。

其二,知情意信转化中学生思想政治素质的发展。个体知情意信的转化是一个复杂的心理活动,是个体内在思想矛盾运动的过程,也是个体思想政治素质不断发展的过程。首先,认知是思想政治素质发展的先导和基石。思政课教师需要向学生传递思政课内容,帮助学生深度学习党的理论知识和政治知识,了解和接受党的理论与路线方针政策。其次,情感是思想政治素质发展的催化剂。思政课不仅要关注学生认知的培养,还应当通过贴近学生实际、生活和思想困惑的教学内容,激发学生的情感共鸣,增强学生对思政课内容的认同。最后,意志和信念是思想政治素质发展的结果,核心表现为个体具有坚定的马克思主义理想信念。总之,知情意信是个体思想政治素质发展过程中相互联系、相互影响的四个要素,知情意信的转化是个体思想政治素质发展的内在机制,使得个体能够在思政课教师的教育引导下,在知情意信的转化中形成正确的世界观、人生观和价值观,为思政课运行进入外化阶段奠定思想观念基础。

总之,高校思想政治理论课运行的内化阶段,是学生将思政课中的理论知识和价值观念吸收并转化为个人内在思想信念和行为准则的过程。在这一过程中,既需要思政课教师通过多种教学活动和教学方法促使学生产生内在思想矛盾运动,又需要学生在个体知情意信转化中推动自身思想政治素质的发展。由此可见,内化阶段的完成是循序渐进的,需要思政课教师坚持"适应—超越"原则,即思政课教学活动既要适应学生的思想政治品德基础和发展需求,又要超越学生现有思想政治素质现状。"适应—超越"原则之下,思政课既能体现社会发展对学生思想政治素质要求,又能充分兼顾学生内在思想矛盾运动和知情意信转化中的个性化需求,确保思政课教学内容和方法能够推动学生思想政治素质的发展。

2.高校思想政治理论课运行的外化阶段。外化是主体内在的、潜隐的思想观念转化为可观察的、外显的实践行为的过程。思政课运行的外化阶段,是指学生将课堂上学到的理论知识应用到实践中,促使其内在思想转化为外在行为的过程。这一阶段是思政课运行的重要组成部分,旨在通过学生理论学习与实践活动的有机结合,实现学生对思政课内容从认同到践行的层递。

一方面,高校思想政治理论课运行的外化阶段,遵循知行统一原则。知行统一原则是指知识和行动的一致性,即一个人的信念、知识和行为应当是相一致的。这一原则强调理论知识与实践活动之间的紧密联系,认为真正的知识不仅仅是理论上的理解,还必须通过行动来体现和验证。只有将所接受的理论知识和价值观念变为实际行动,才能真正掌握和运用这些理论知识和价值观念。思政课在提升学生思想政治素质方面发挥作用的核心,就在于通过思政课教学中将理论知识讲授与社会实践育人活动相结合,促使学生实现从理论知识的学习到实践行动的转化,做到由知到行、知行合一。首先,理论讲授是思政课的基础,它通过系统的课程设计和教学活动,向学生传授马克思主义理论、中国特色社会主义理论体系,以及社会主义核心价值观等。其次,教师在教学中注重理论的深度解读和实际应用,引导学生在社会大课堂中认识世情、国情、党情,从而将个人理想与国家发展紧密联系起来,激发爱国奋斗的情怀和责任担当的意识。最后,社会实践则是思政课的延伸和深化,它通过组织学生参与志愿服务、社会调查、实习实训等活动,让学生在实际操作中体验和检验理论知识,以此增强理论的现实指导性和实践操作性,提高学生的思想政治觉悟和综合素质。

另一方面,高校思想政治理论课运行的外化阶段,要求思政课教学体现出实践性。在思政课运行的外化阶段,学生需要通过具体的社会实践活动,将其内化的理论知识和价值观念运用在社会生活之中,通过实际行动表现出来。这要求思政课要将传统课堂教学和社会实践相结合,体现出思政课教学的实践性。目前,将传统课堂教学与社会实践相结合的教育模式在思政课已经拓展延伸出多种形态,如"大学生讲思政""大学生理论宣讲团""行走的思政课""大思政课实践教学基地"等。这种教育模式充分发挥社会实践对讲好思政课道理的支撑作用,通过让学生走出教室,亲身参与到社会实践活动,在体验中学习,在学习中成长,极大增强了思政课的实效性和吸引力,是思政课内容入脑入心的有效策略。资料显示,为了更好地发挥实践育人效能,教育部携手全国及省级重点马克思主义学院的高校,联合同教育部、科技部等八个部门,共同建立了首批453家大思政课实践教学基地。这些实践教学基地包括红色教育基地、企业工厂、科研院所等,旨在通过组织学生实地考察和参与,使学生能够直观地感受和体验国家的历史、文化、政治、军事、经济等多个方面的发展情况,从而加深对国家和民族的认同感,引导学生在实践中强化家国情怀,培养学生的社会责任感,有效提升学生的思想素质、道德修养、法治素养等。可见,高校思想政治理论课运行的外化阶段,不仅能够帮助学生更好地理解和吸收理论知识和价值观念,还能够培养学生的实践能力和社会责任感,对促进学生全面发展具有重要意义。

总之,高校思想政治理论课运行的外化阶段,是在遵循知行统一原则,在由知到行、知行合一中推动学生将内化的理论知识和价值观念转化为具体行动的过程。通过高校思想政治理论课运行的外化环节,学生在课堂上获得的理论认知在社会实践中得到深化,使得学生能够将理论知识与实际情境相结合,从而提高自身综合素质,在社会实践锤炼中成长为德智体美劳全面发展的社会主义建设者和接班人。

3.高校思想政治理论课运行的反馈阶段。高校思想政治理论课运行的反馈阶段,是指在思政课教学过程中,通过各种评价和系列评估,建立起对学生学习状态和思想动态的了解,以再调整思政课教学策略和教学内容与方法等。具体而言,高校思想政治理论课运行的反馈阶段,内含思政课教学效果评价和学生情况评估分析两大反馈机制。

其一,思政课教学效果评价是一个重要的反馈机制。思政课教学效果评价就是对高校思想政治理论课教学实践活动的系统性审视和分析,教师可以根据思政课教学效果评价结果,改进思政课教学实施中存在的问题,在发现问题和解决问题中对思政课进行再加工,以此提高思政课教学质量和效果。首先,思政课教学效果评价的目的,就在于通过系统的分析和评估,促进教学方法的改进、教学内容的更新和教学质量的提升。其次,思政课教学效果评价通常包括教学目标、教学内容、教学方法、教学效果等多个维度,以确保评价的全面性和科学性。再次,在评价方法上,可以采用定性与定量相结合的方式,包括问卷调查、专家评审、学生评价、同行评价等多种方法。这些方法有助于从不同角度收集信息,全面反映教学效果。同时,评价过程中应注重过程性评价、形成性评价与终结性评价相结合。最后,为了提高评价的精准性和实用性,可以利用大数据分析等现代技术手段,通过数据挖掘和分析,优化评价指标和评价流程,提高评价结果的客观性和公正性。

其二,学生情况评估分析是又一个重要的反馈机制。学生的满意度和获得感是衡量思政课质量的标尺。学生情况评估分析主要涉及对学生在思政课教育实践中学习情况的全面了解和对学生思想动态的客观判断,以及根据评估结果,有针对性地调整思政课教学策略和教学内容与方法,从而向学生提供及时和具体的思想政治教育信息,以此提升学生对思政课的满意度和获得感。通过学生情况评估分析这一反馈机制,教育者可以了解学生的学习需求,调整思政课教学策略,提高思政课的针对性和教学效果。此外,在数字网络技术快速发展的当下,思政课教师可以通过大数据分析技术把握教育对象,为开展思政课教学活动提供更加精准的学生情况分析。例如,当前多所高校已经建成并使用大数据分析与展示平台,通过获取和分析学生的图书馆阅读数据、校园网使用数据、日常校园行为记录数据、学业成绩数据等各类数据,形成基于学生多维度数据统计分析的"学生数字画像",以便更深入地了解学生的群体特征和个性化差异,更精准地把握学生的思想动态和学习需求,有针对性地安排相应的思政课教学活动。

综上,高校思想政治理论课的运行涉及内化、外化与反馈三个关键阶段,这三个阶段的有效衔接共同构成思政课运行的完整过程。在高校思想政治理论课教学实践中,这三个阶段是相互联系、相互促进的。内化是基础,外化是目标,反馈是调整和改进的手段。教师在教学过程中应注重引导学生的内化,鼓励学生的外化实践,并建立有效的反馈机制,以改善思政课教学质量,确保思政课教育目标的达成和思政课有序运行。

二、高校思想政治理论课建设"八个相统一"规律

"八个相统一"是指在思政课建设中必须坚持的八个辩证统一关系。作为关于思政课建设的规律性认识,"八个相统一"内涵丰富、寓意深刻,为新时代守正创新推动高校思想政治理论课内涵式发展提供了科学指导和行动指南。

（一）坚持政治性和学理性相统一

政治性和学理性相统一位于"八个相统一"首位，旨在强调思政课既要以鲜明的政治立场和价值导向为根本遵循，也要以严谨的学术研究和透彻的理论分析为基础支撑。

1. 政治性体现出高校思想政治理论课的政治引导功能。思政课不仅是传授思想政治理论知识的课程，更是培养学生正确政治方向、政治立场和政治态度的重要途径。一方面，思政课的政治性突出表现为鲜明的意识形态属性。思政课作为一门进行马克思主义理论教育的课程，其课程内容必须坚持马克思主义的指导，正确传递马克思主义的立场、观点和方法，对学生开展系统的马克思主义教育。另一方面，思政课的政治性突出表现在人才培养方面。对人才的培养既需要知识与技能为人才"塑形"，更需要政治导向与理想信念为人才"铸魂"。作为立德树人的关键课程，思政课以培养出德才兼备的社会主义建设者和接班人为最终指向，本质上是对学生进行马克思主义理论教育以促进其成长成才。正如习近平总书记在学校思政课教师座谈会上强调的，"政治引导是思政课的基本功能"[①]，思政课的政治性表明，思政课要把好思政课育人方向，通过强化马克思主义意识形态教育，帮助学生站稳政治立场，确保学生在思想上、行动上始终保持清醒的头脑和坚定的政治立场。

2. 学理性强调高校思想政治理论课内容的科学性和理论深度。这要求教师能够以透彻的学理分析为学生答惑解疑，以彻底的思想理论说服学生，用真理的强大力量引导学生。马克思指出："理论只要说服人，就能掌握群众；而理论只要彻底，就能说服人"[②]，作为一门理论教育课程，思政课的魅力源于其内在深厚的学理魅力所凝结出的学理性。坚持学理性就是通过深入透彻的学理分析来讲授党的政治理论，使学生真正理解并接受党的思想理念和政治主张，并将其内化于心、外化于行。这意味着教师

---

① 习近平：《思政课是落实立德树人根本任务的关键课程》，北京：人民出版社，2020年，第17页。
② 《马克思恩格斯选集》（第一卷），北京：人民出版社，2012年，第9-10页。

需要通过不断深化理论学习,积极开展教学科研研究,为提升思政课的科学性和理论深度奠定基础。其一,深化理论学习。思政课教学需要注重时效性,思政课教师应深入学习党的创新理论,准确把握时代性,将党的最新理论成果和国家的最新实践成果融入教学中,确保教学内容的时代性和前瞻性。其二,教学和科研相结合。教学科研能够提升教师的理论水平和教学内容的政治性与学理性。为了促进思政课教师的科研能力,教育部门和高校正在采取一系列措施,包括举办专题讲座、提升培训、优化科研管理制度、建立评价体系等。这些措施旨在激发教师的科研积极性,提升教学质量,并通过科研成果的转化,增强思政课的时代性和吸引力。此外,思政课教师需要将科研与教学紧密结合,通过科研活动发现教学中的问题,并将科研成果应用于课堂教学,从而提高学生的学习兴趣和理论联系实际的能力。

3.高校思想政治理论课坚持政治性与学理性相结合。政治与理论二者从来都不是相互脱节的,正如习近平总书记所指出的:"理论上的成熟是政治上成熟的基础,政治上的坚定源于理论上的清醒"[1]。思政课坚持政治性和学理性相统一的规律性认识,旨在表明思政课建设需要以学理言说政治,以政治规范学理,将"思政课的政治性构筑于严谨、透彻而科学的学理分析之上"[2]。首先,思政课坚持政治性与学理性相结合,是指在思想政治理论课教学中,既要坚持正确的政治方向,又要注重理论的科学性和逻辑性,使学生在接受政治教育的同时,能够通过学习掌握科学的理论知识和方法。其次,这种结合有助于提高学生的思想政治素质和理论素养,培养学生的独立思考能力和创新精神。在教学实践中,教师应深入挖掘课程内容的政治内涵,明确教学目标和要求,确保教学内容的正确性和时代性。同时,教师应运用科学的教学方法,引导学生通过分析、讨论、案

---

[1] 中共中央党史和文献研究院编:《习近平关于全面从严治党论述摘编》,北京:中央文献出版社,2021年,第190页。
[2] 崔延强、叶俊:《"八个相统一":增强思想政治理论课的亲和力的基本遵循》,《思想理论教育导刊》2019年第6期。

例研究等方式,主动思考和探究问题,激发学生的学习兴趣和积极性。最后,通过政治性与学理性的有机结合,搭建起高校思想政治理论课政治话语向学术话语转化、理论话语向生活话语转化的教学话语链条,以此提高高校思想政治理论课的学术性和说服力、增强学生对高校思想政治理论课内容的认同。

(二)坚持价值性和知识性相统一

坚持价值性和知识性相统一,要求高校思想政治理论课建设要把握好对于学生的价值引领和知识传授之间的内在关系,在传授知识的过程中尤其注重对学生的价值引导,将价值引导和知识传授两种育人途径贯通起来。

1.高校思想政治理论课的价值性和知识性各有所指。首先,价值性指的是思政课在传授知识的同时,要潜移默化地引导学生树立正确的价值观和世界观,培养学生的道德品质和社会责任感。满足青少年对正确价值观的需求就是思政课价值所系。其次,知识性是指思政课应当科学、系统、专业地向学生传授理论性知识、历史性知识、事实性知识。其一,马克思主义理论具有深厚的逻辑性、科学性、系统性,不可能通过其他课程碎片化式实现,因而必须通过专门化的课程进行连续性、连贯性的讲解,思政课不可避免地烙印上知识性特征。其二,高校思想政治理论课的教学内容涵盖广泛,涵盖马克思主义理论、马克思主义中国化历程、国外马克思主义研究、中国近现代史等诸多领域的知识性内容。

2.高校思想政治理论课的价值性和知识性在思政课教学实践中是相统一的。价值性是思政课的核心,知识性则是价值性的载体,思政课正是通过系统的理论知识和政治知识传授,帮助学生建立科学的世界观和方法论,从而为社会主义核心价值观教育提供支撑。高校思想政治理论课坚持价值性和知识性相统一的意义就在于,它有效避免了单纯的知识灌输,而是帮助学生在理解和掌握知识的过程中,自然地接受社会主义核心价值观,形成积极向上的人生态度和价值取向。同时,它要求教师在思政课教学实践中既要注重知识的传授,也要注重价值观的培育,既用科学知识帮助学生搭建好成长所需的知识"底座",又能将价值寓于知识之中,以知识传授涵养价值观教育,引导学生树立马克思主义世界观、人生观和价值观,使得学生的思想政治素质和科学文化素质得到全面提升。

(三)坚持建设性和批判性相统一

高校思想政治理论课坚持建设性和批判性相统一,有助于学生在理解和接受马克思主义意识形态的同时,也能够批判性地分析和评估各种社会现象和理论观点。

1.高校思想政治理论课的建设性和批判性是两个重要的教学理念。首先,建设性强调思政课积极引导学生形成正确的世界观、人生观和价值观。在思政课中,教师通过传授国家法律法规、社会主义核心价值观以及中华优秀传统文化等内容,帮助学生树立积极向上的人生目标和价值追求。这种教学方式旨在培养学生的道德品质、法治意识和公民责任感,促进其全面发展。其次,批判性鼓励学生对所学知识进行独立思考和理性分析。在思政课中,教师要用好批判的武器,引导学生质疑、探讨和评价各种社会现象和理论观点。这种教学理念有助于培养学生的批判性思维能力,教育引导学生在正确看待社会现象中弘扬真善美。

2.高校思想政治理论课的建设性和批判性在教学实践中既相互对立又相互依存。建设性是"立",通常指的是在现有基础上进行积极改进和建构的态度,旨在维护和发展正面的价值和秩序。批判性是"破",是指对既有理论、观点或现象进行独立思考和评价的能力,特别是对于不合理或错误的内容进行质疑和反思。具体在思政课教学实践中,建设性指的是思政课在传播主流意识形态、培养社会主义核心价值观方面的正面教育,而批判性则涉及对错误观点和思潮的批判分析,以此来强化学生的理论认同和价值判断。从破立结合的视角看,高校思想政治理论课的建设性与批判性之间是相互对立又相互依存的关系。一方面,二者的相互对立之处在于,建设性倾向于维护和强化现有的意识形态和价值观,而批判性则倾向于质疑和挑战不合理的思想和现象。另一方面,二者的相互依存之处在于,通过批判错误观点和思潮,既能在回应学生的问题疑惑中扫清学生成长的思想障碍,又能激发学生的创造性思维和批判性思维,使学生在接受和内化马克思主义意识形态的同时,能够批判性地分析现实世界中的复杂社会现象,从而更好地实现建设性的目标。总之,在高校思想政治理论课教学实践中,既要积极传播和建设马克思主义意识形态,又要敢于直面和批判各种错误观点和思潮。

(四)坚持理论性和实践性相统一

坚持理论性和实践性相统一的规律性认识,意在表明高校思想政治理论课建设要将"思政小课堂"和"社会大课堂"结合起来,通过理论教育提升学生的政治理论水平和思想道德素质的同时,重视通过实践教育引导学生在社会实践中检验和深化所学的理论知识,从而练就过硬本领,自觉担负起历史使命。

1.理论性是高校思想政治理论课的基石。思政课的首要任务就是发挥"思政小课堂"的作用,要用科学理论培养人。理论性直接体现了思政课是用马克思主义科学理论教育青年、塑造青年、鼓舞青年的关键课程的本质。思政课不仅是传递理论知识的媒介,更是用科学理论塑造学生世界观、人生观和价值观的关键。一是塑造正确的世界观。思政课向学生系统讲授马克思主义基本原理、中国特色社会主义理论体系以及习近平新时代中国特色社会主义思想,这些理论框架为学生提供了分析和理解世界的科学方法,使学生能够在全球化背景下正确看待国家、社会和个人的关系。二是确立积极的人生观。思政课通过对历史、文化和社会现象的分析,引导学生树立积极向上的人生观。学生学会如何将个人理想与国家命运、民族复兴联系起来,从而形成有责任感和使命感的人生观。三是培养正确的价值观。思政课强调社会主义核心价值观的培育和践行,通过各种教学活动和实践,帮助学生内化这些价值观,并在日常生活中体现出来。社会主义核心价值观的内化与外化,是学生形成健康人格和良好行为习惯的基石。

2.高校思想政治理论课的实践性强调将理论知识应用于社会实践。这一过程是引导学生在"社会大课堂"中检验和深化理论知识,通过社会实践、志愿服务、实习实训等多种实践教学形式,培养学生解决实际问题的能力。理论和实践相统一是马克思主义认识论的基本原则,它强调理论必须与实践相结合,理论的价值在于指导实践,实践是检验理论正确与否的唯一标准。思政课的实践性正是上述马克思主义认识论运用在思政课领域的具体表现,社会实践在思政课领域扮演着重要的角色,"社会大课堂"就是通过将学习内容与社会实践相结合,以提升学生的社会实践能力的典型形态。首先,"社会大课堂"能够帮助学生将课堂上学到的理论知识与实际情境相结合,有助于学生在真实的社会环境中增长知识、锻炼能力,并深刻理解国家的发展战略和社会需求,增强学生对党和国家的认同。例如,广西师范大学的发展成就观察团通过在不同地区开展社会实践活动,让学生亲身体验和宣传党和国家的成就。其次,社会大课堂提供了丰富的实践机会,如参与社区服务、企业实习、科学实验等,这些活动能够锻炼学生的实际操作技能和问题解决能力,增强学生的社会责任感和使命担当意识。例如,北京市委教育工委等联合主办的"千人百村"大学生暑期实践活动,通过组织学生深入乡村,参与乡村振兴等实践活动,不仅为学生提供了了解国情的机会,也让他们在解决实际问题中提升了自身的综合素质。可见,社会实践在思政课程中的作用不仅限于知识的传授,更重要的是通过亲身体验和参与,培养学生的社会责任感、创新能力和实践技能,引导学生更好地将个人发展与国家和社会的需要相结合。

3.高校思想政治理论课是理论性和实践性相统一。这一过程的实质是将理论教育和实践教育相结合。一方面,理论教育是基础,它为学生提供了认识世界和改造世界的必要的知识框架和理论工具。通过理论教育,思政课能够帮助学生理解和掌握马克思主义的基本原理、中国特色社会主义理论体系以及党的创新理论,从而培养学生的理论自觉和政治认同。另一方面,实践教育是理论教育的延伸和应用,能够帮助学生将课堂上学到的理论知识与实际问题相结合,使学生在实践中学习和运用理论知识,培养学生实际操作能力和解决实际问题的能力,同时进一步深化学生对马克思主义和社会主义核心价值观的理解和认同。

(五)坚持统一性和多样性相统一

高校思想政治理论课的统一性和多样性,是指"在贯穿课程设置基本精神、覆盖教材主要内容并突出重点难点的基础上"[1],允许和鼓励思政课教学方法、内容、路径的差异化和多样化。统一性和多样性相结合,是确保高校思想政治理论课兼具规范性与权威性和科学性与生命力的有效保障,是高校思想政治理论课建设必然遵循的规律性认识。

1.高校思想政治理论课的统一性是指思政课在教学目标、课程设置、教材使用等方面的统一要求和共同标准。这是确保高校思想政治理论课能够全面贯彻党中央决策部署,推动思政课内涵式发展的根本保证。可见,高校思想政治理论课的统一性主要体现在其政治方向和价值取向的一致性上,这种统一性确保了高校思想政治理论课在不同教育环境和教学环节中能够传达共同的政治理念和价值观念。

2.高校思想政治理论课的多样性强调落实思政课统一性要求在具体思政课教学实践中的灵活性和适应性。这意味着在保证统一性的前提下,教师可以因地制宜、因时制宜、因材施教,根据不同学校的地域特点、学生的个性特点和接受能力,采取差异化的教学方法和策略。多样性的实现有助于提高思政课的针对性和吸引力,使学生能够更好地理解和接受思政课内容。具体来说,高校思想政治理论课的多样性主要体现在教

---

[1] 卢黎歌、隋牧蓉:《"八个相统一":推动思想政治理论课改革创新的遵循原则》,《学校党建与思想教育》2019年第9期。

学内容、教学方法和教学形式的丰富性上。近年来,随着教育改革的深入,思政课教学不再局限于传统的讲授模式,而是积极探索多种教学方式,以提高学生的学习兴趣和教学效果。第一,教学内容的多样性。思政课教学内容不再仅仅局限于教材,而是结合马克思主义经典著作、现实生活、社会热点等,丰富教学资源。例如,思政课可以通过音乐、邮票、图像、书信等红色资源来丰富课程内容,使授课内容和形式更加生动鲜活。第二,教学方法的多样性。教学方法的创新是提升思政课教学效果的重要途径。教师们采用案例式教学、探究式教学、体验式教学、互动式教学等多种教学方法,以及线上线下混合教学模式、翻转课堂教学模式等,增强了教学的互动性和学生的参与度。第三,教学形式的多样性思政课教学形式的创新包括辩论赛、自选式小班专题讨论、绘画比赛、微视频录制比赛等,这些形式能激发学生自主学习和讲述欲望,推动学生自发探索、挖掘、理解并宣传思政课教学相关内容。通过这些多样性的教学实践,思政课能够更好地适应学生的个性化需求,促进学生思想政治素质的提升。

3.高校思想政治理论课的统一性和多样性在思政课教学实践中是相辅相成的两个方面。首先,统一性为高校思想政治理论课奠定了基本基调,提供了思政课教学的基本框架和共同标准。多样性则在统一性的基础上对高校思想政治理论课具体形式进行了创造性探索,是教师和学生在思政课教育实践中的积极性、主动性和创造性的体现,赋予思政课教学实践以生命力,使思政课教学内容更加贴近学生实际。其次,在具体思政课教学中,统一性的体现包括坚持使用统一的教学大纲和教材,确保教学内容的准确性和权威性。此外,统一性还体现在教学目标上,所有学生都应该掌握共同的政治理论知识和价值观念。多样性的体现则在于教学方法的灵活运用,教师应根据学生的年龄、认知水平和兴趣爱好,选择或创造适宜的教学方法。最后,坚持统一性和多样性相统一,既保证了高校思想政治理论课政治方向和核心目标体现出国家意志,是对国家思政课教育方针和政策的贯彻落实,又促进了高校思想政治理论课教学的个性化和创新性,共同构建了富有活力和实效性的高校思想政治理论课教学体系。

(六)坚持主导性和主体性相统一

主导性和主体性相统一,旨在强调教师在教学中的引导作用和学生在学习中的主体地位,是对于高校思想政治理论课教学关系的规律性认识。

1.高校思想政治理论课的主导性强调教师在教学过程中的引导作用。在高校思想政治理论课教学实践中,思政课教师能够有意识、有原则、有技巧地开展思政课教学,通过有说服力的理论讲授和价值辨析实现对学生的价值引领,引导学生形成正确价值观念。教师主导是确保思政课教学实践沿着正确方向前进的核心,其主导性主要体现在对教学方向、教学内容和方法、教学秩序、教学评价反馈等方面的掌控上。一是把准教学方向。教师负责确保思政课教学方向与党的教育方针和社会主义核心价值观保持一致。二是安排教学内容和方法。教师负责依据思政课教学目标,设计教学大纲和选择教学内容和方法。三是维护教学秩序。教师负责思政课课堂管理与学生互动,通过有效的课堂管理技巧和艺术,整体控制思政课教学进度和节奏,引导学生参与讨论,处理课堂中出现的问题,维护思政课教学秩序和教学质量。四是开展教学评价反馈。教师负责对学生的学习过程和学习效果进行评价并提供及时反馈,帮助学生识别自身的不足并进行改进,同时通过评价促进高校思想政治理论课教学效果的不断优化。

2.高校思想政治理论课的主体性强调学生在学习过程中的主动性和创造性。在这一过程中,学生不仅仅是理论知识和政治知识的接受者,更是思政课教学实践活动的主体。在高校思想政治理论课教学实践中,学生的主体性主要体现在他们对知识的主动探索、对价值观的自我建构,以及对课堂讨论等教学活动的积极参与等方面。为此,思政课教师要善于通过启发式、引导式教学方法,激发学生主动参与和自主探索的积极性与创造性,形成教学相长的良好氛围。同时,教师还需要关注学生的学习情况和思想动态,通过自己的专业能力和教学策略,激励学生积极参与思政课教学实践,实现思政课理论知识传授与价值引导的双重目标。

3.主导性和主体性相统一强调教师的主导作用和学生的主体性作用是相辅相成的两个方面。一方面,教师的主导作用和学生的主体性作用在思政课教学中存在内在关联。教师作为知识传授者和价值引导者,应当发挥其专业优势和组织协调能力,确保思政课内容的系统性和科学性。同时,在坚持教师主导的同时,思政课教师还需充分调动学生的主体性,鼓励学生参与教学过程,通过师生间的思想交流和情感互动,促进学生的全面发展。另一方面,教师的主导作用和学生的主体性作用在思政课教学中相互促进。思政课教师通过设计贴近学生实际、具有时代特色的教学内容,采用多样化的教学方法,如情景模拟、案例研讨等,激发学生的学习兴趣和主动性,以此体现学生的主体性。同时,思政课教师也通过学生的反馈和参与,不断反思和提升自己的教学策略,实现教学相长。在此过程中,思政课教师通过主导教学内容、方法和过程,确保思政课的政治方向和教育目标得到实现。同时,学生作为学习的主体,他们的积极参与、思考和实践是思政课教学效果的关键。总之,主导性和主体性相统一,是确保思政课教学质量和实现高校思想政治理论课教学目标的重要原则。

(七)坚持灌输性和启发性相统一

灌输性和启发性相统一,是系统性的理论武装和启发式教学相结合的思政课教学模式,是关于高校思想政治理论课教学理念和方法的规律性认识。

1.高校思想政治理论课的灌输性。高校思想政治理论课的灌输性是指在高校思想政治理论课教学过程中通过教师系统性的理论讲授,使学生能够接受和继承科学的理论、观点和方法,确保学生能够准确理解和掌握必要的政治理论知识,帮助学生牢固树立马克思主义理想信念。其一,灌输是马克思主义灌输论的核心范畴,也是马克思主义理论教育的基本方法。马克思主义的灌输论是关于无产阶级革命理论与革命实践关系的理性认识,它认为无产阶级的社会主义意识不能自发产生,必须通过外部的灌输来实现,即只有通过学习、教育、实践才能自觉产生。正如列宁在《怎么办?》中指出的,"工人本来也不可能有社会民主主义的意识。这种意识只能从外面灌输进去。"[1]马克思主义灌输论强调有组织、有计划地对党员、干部和群众进行理论教育以提高他们的思想政治觉悟。其二,灌输在高校思想政治理论课中的应用是必要的,它能为学生提供必要的理论武装,使学生通过系统的理论学习树立正确的政治方向和价值观念,帮助学生形成牢固的马克思主义理想信念。

  2.高校思想政治理论课的启发性。高校思想政治理论课的启发性是指在教学过程中,教师不仅仅传授政治理论知识,更侧重于引导学生在发现、分析和解决问题中得到启发,更好地激发学生的学习兴趣和强化学生的学习动机。具体来说,高校思想政治理论课的启发性可以通过以下几个方面来实现。第一,有效结合理论知识与现实案例进行启发式教学。启发式教学强调教师的引导作用,通过提出问题、激发学生的思考,促使学生主动探究,从而提高教学的实效性和促进教学相长。为此,在思政课教学中可以多选择贴近时代、贴近生活、贴近学生的案例,有效地将抽象的理论知识与具体的现实案例相结合,激发学生的学习兴趣,提高学生的分析问题和解决问题的能力,从而实现启发式教学的目标。同时,思政课教师也可以鼓励学生根据课程内容寻找与个人实践生活相关的案例,通过独立思考和集体讨论,加强对知识的理解和应用能力。第二,在积极促进教师和学生的交流互动,在探讨问题和解惑中进行启发式教学。除了传统讲授,教师应探索采用小组合作学习、微专题研讨、对话式教学等多种形式,这些形式能够促进学生的主动参与和深入交流。教师应鼓励和

---

[1]《列宁选集》(第一卷),北京:人民出版社,2012年,第317页。

引导常态化的课堂讨论,让学生在自由发言与对话中碰撞思想、激发灵感,同时教师要及时回应学生的发言,引导他们深入思考。同时,思政课教师可以以回应学生的困惑为切入点,解答他们在学习生活中遇到的问题,使课程内容更加贴近学生的实际需求和期待。

3.高校思想政治理论课的灌输性和启发性相结合是思政课教育实践中广泛运用的教学模式。在高校思想政治理论课教学实践中,思政课教师需要根据学生的认知发展规律和心理特点,灵活运用不同的教学方法,实现"灌中有启"和"启中有灌",以此来提高思政课的教学质量和效果。灌输性和启发性相结合的教学方式,既发挥教师的主导作用,又尊重学生的主体性,使得思政课不仅能够传授政治理论知识,还能够提升学生的思想道德素质,促进学生全面发展,实现立德树人的育人目标。

(八)坚持显性教育和隐性教育相统一

显性教育和隐性教育是两种不同的教育形式,在高校思想政治理论课教育实践中各有特色。坚持显性教育和隐性教育相统一,是提高高校思想政治理论课教学效果的有效途径。

1.高校思想政治理论课的显性教育,强调理直气壮开好思政课。显性教育是指通过有组织、有计划、有步骤的教学活动,直接传授知识和技能的教育方式。在思政课中,显性教育体现为直接的、系统的理论教育和价值观灌输。其一,显性教育在思政课中的应用主要体现在课堂教学上,通过理论讲授、案例分析等直接教育方式,系统地传授马克思主义理论,培养学生对马克思主义意识形态的认同和践行。其二,为了有效实施显性教育,思政课教师需要理直气壮地开展教学活动,确保马克思主义理论教育和社会主义核心价值观教育的主渠道作用得到充分发挥。对此,习近平总书记曾经明确指出,"思政课要做思想政治教育的显性课程。有人提出把思政课变成隐性课程,完全融入其他人文素质课程中,这是不对的。"①

2.高校思想政治理论课的隐性教育,强调实现润物细无声的思政课育人效果。隐性教育是指在非直接教学活动中,通过环境、文化、教师行为等因素对学生进行的非正式教育。在高校思想政治理论课中,隐性教育的方式往往更加潜移默化,能够在不知不觉中影响学生的思想发展,具有潜移默化的教育特色。其一,隐性教育是通过非正式、间接的方式进行的教育,这种教育形式通常不直接教授特定的知识或技能,而是通过环境、氛围、日常互动等途径潜移默化地影响个体的价值观、态度和行为。其二,隐性教育通常涉及内隐学习和缄默知识的习得,这些学习方式不需要明确的教学指令或有意识的努力,而是通过个体的日常生活经验、社会互动和文化环境中自然发生。所谓内隐学习,是一种无意识的学习过程,学习者在没有明确意识到或陈述出控制其行为的规则的情况下,通过与环境的互动学会了这些规则。而缄默知识,是由英国物理学家和哲学家迈克尔·波兰尼提出的,用以描述一种难以用言语表达、不易被察觉和传递的知识类型。缄默知识理论将人的知识分为显性知识和缄默知识,认为"我们所认识的多于我们所能告诉的"②。

总之,显性教育和隐性教育是各有特色的教育形式。显性教育通常指有目的、有计划、有组织的教育活动,侧重于直接传授知识和理论,这种教育形式容易量化和评估。隐性教育则是通过非正式的、不易察觉的方式对学生进行教育引导,如校园文化、师生关系等,它的特点是潜移默化、间接性和广泛性。在高校思想政治理论课教学实践中,显性教育和隐性教育的有机结合,使得学生对思政课内容的学习和内化过程不仅仅局限于课堂活动,而是渗透到学校生活的各个方面和学生的日常生活学习中,形成高校思想政治理论课全员、全程、全方位的育人体系。

---

① 习近平:《思政课是落实立德树人根本任务的关键课程》,北京:人民出版社,2020年,第23页。
② 石中英:《知识转型与教育改革》,北京:教育科学出版社,2020年,第207页。

第五章

高校思想政治理论课的
体系转化

体系转化是新时代高校思政课建设的重要内容,旨在解决好"教什么""怎么教""效果如何""怎么用"等关键问题。2015年7月,中宣部、教育部印发的《普通高校思想政治理论课建设体系创新计划》中指出:思想政治理论课建设"要以教材体系、人才体系、教学体系建设为核心"[1],发挥立德树人的职责和使命。高校思政课体系包含五重维度及四种转化:理论体系向教材体系转化、教材体系向教学体系转化、教学体系向认知体系转化、认知体系向实践体系转化。五者统一的理路是:理论体系是根基、教材体系是基础、教学体系是中介、认知体系是核心、实践体系是目的(图3-1所示)。我们主要围绕教材体系、教学体系、认知体系和实践体系展开研究。

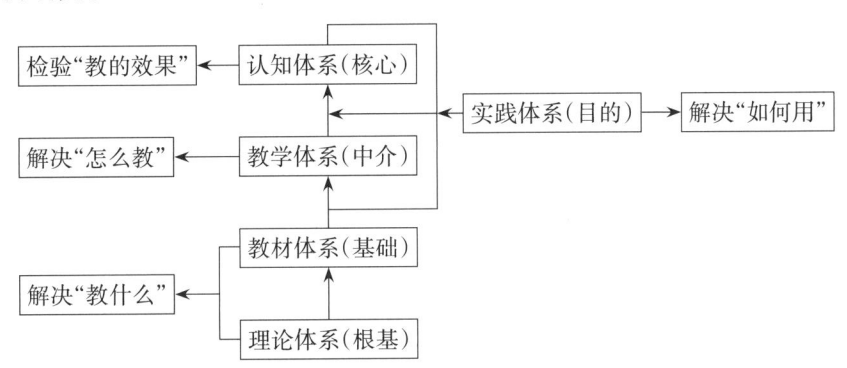

图5-1 理论体系、教材体系、教学体系、认知体系、实践体系的逻辑关系

一、教材体系向教学体系转化

教材体系向教学体系转化,旨在解决高校思政课"教什么"和"怎么教"的问题。2020年,教育部印发了《新时代高等学校思想政治理论课教师队伍建设规定》,要求"思政课教师应当用好国家统编教材。以讲好用好教材为基础,认真参加教材使用培训和集体备课,深入研究教材内容,吃准吃透教材基本精神,全面把握教材重点、难点,认真做好教材转化工

---

[1] 《中央宣传部教育部关于印发〈普通高校思想政治理论课建设体系创新计划〉的通知》,《中华人民共和国教育部公报》2015年第9期。

作,编写好教案,切实推动教材体系向教学体系转化。"[①]可见,教材体系向教学体系转化,即教师的教学活动以教材基本内容为遵循,对教材的课程特征、教学目标、育人要求、教学体系、重难点内容及与其他思政课的关系予以整体把握,是基于教材体系又超越教材框架的教学内容重构过程。

(一)教材体系向教学体系转化的现实必要

教材体系为何需要向教学体系转化?这是首先需要明确的问题。究其根源,其转化之必要源于教学过程中教材、教学、教师、学生四个关键要素所形成的矛盾及其困境,具体表现为:教材体系的相对稳定性与教学体系的频繁变动性之间的矛盾而形成的时空之困(体系之维);教学应然要求的高阶性与学生实然接收的有限性之间的矛盾而形成的效果之困(学生之维);教材的学理要求难度性与教师的知识结构局限性之间的矛盾而形成的能力之困(教师之维)。

1.体系之维:二者存在差异,各具不同功能。教材体系转化为教学体系,需要厘清的前提性问题是:何为教材体系?何为教学体系?二者有何内在关联?

一是高校思政课教材体系。教材是教学的基础,高校思政课的发展离不开教材。教材,又称教科书。教材体系,即以教材为遵循,以教辅材料为补充,以教学标准为要求,而形成的立体化体系。可见,高校思政课教材体系本质上是一种"大教材观",即把"教材作为一个系统工程,应包括一系列供学生和教师使用的教学材料"[②]。新时代高校思政课作为多门独立课程的集合,包括选修课和必修课两大类别。其教材体系包括以下四个方面:(1)国家统一编写的7本教材和组织制定《高校"形势与政策"课教育教学要点》(截至2024年7月,表5-1)。(2)高校思政课教学大纲、

[①]《新时代高等学校思想政治理论课教师队伍建设规定》,《中华人民共和国教育部公报》2020年第9期。
[②] 罗生全、吴志敏:《"大教材观"与教材强国建设》,《西南大学学报》(社会科学版)2024年第3期。

教师参考用书、学生辅学读本、教学指导资料和理论普及读物等。(3)关于新时代高校思政课教材的制定、组织、管理的相关政策、规范、保障。(4)教材使用效果的评估、考核、反馈渠道和手段。以《习近平新时代中国特色社会主义思想概论》为例,这一课程的教材体系包括:统编教材(2023年版),教育部社科司组织研制配套课件,编写示范讲义、教学案例集,推出《大学生思想热点面对面》等通俗读物等。

表5-1　大学阶段开设"思想政治理论课"必修课程和选择性必修课程

大学阶段开设"思想政治理论课"必修课程	本科	高等职业学校	硕士研究生	博士研究生	统编教材
马克思主义基本原理	√				√
毛泽东思想和中国特色社会主义理论体系概论	√	√			√
习近平新时代中国特色社会主义思想概论	√	√			√
中国近现代史纲要	√				√
思想道德与法治	√				√
形势与政策	√				
新时代中国特色社会主义理论与实践			√		√
中国马克思主义与当代				√	√
大学阶段开设"思想政治理论课"选择性必修课程: 各高校结合本校实际,统筹校内通识类课程,围绕马克思主义经典著作,党史、新中国史、改革开放史、社会主义发展史、中华优秀传统文化、革命文化、社会主义先进文化、宪法法律等,开设本科及高等职业学校专科选择性必修课程,确保学生至少从"四史"中选修1门课程;围绕习近平新时代中国特色社会主义思想专题研究、马克思恩格斯列宁经典著作选读、马克思主义与社会科学方法论、自然辩证法概论等,开设硕士、博士研究生选择性必修课程,硕士研究生至少选择1学分课程。各高校要安排选择性必修课程必要学时,充分发挥马克思主义学院统筹审核把关作用。					

注:此表根据中共中央宣传部教育部印发《新时代学校思想政治理论课改革创新实施方案》(教材〔2020〕6号)和相关资料绘制。

二是高校思政课教学体系。教学体系是教学的过程、方法、形式、内容等核心要素,以及教学的反馈、评估、反思、比较分析等延伸要素构成的有机整体。可见,高校思政课教材体系向教学体系转化,并不仅仅指教材向教案的转化,而是包括支撑教学从展开到完结全过程全要素。这一全过程全要素,主要涉及以下五个方面:(1)教学主导(教师)和教学主体(学生)的情况分析;(2)依据教材形成的教学目标、教学内容、教学方法与其他教学资源的有效支撑;(3)可开展教学活动的场地与设备;(4)保障教学有序开展的条例制度、管理办法;(5)教学效果的评估、考核、反馈渠道和手段。以上每一方面均具有特定的功用,若各方面在空间上保持一致性、在时间上保持连续性,则能够最大限度形成教学合力。教学合力越大,教学效果越好。

需要特别说明的是,在教学体系中,国家统编的思政课教材是基本遵循,熟悉教材知识、把握教材逻辑、掌握教材精神是基本原则。这由高校思政课立足社会主义的办学方向和落实立德树人的根本任务决定的。思政课"课程设置的目的旨在通过马克思主义理论成果和党的路线、方针及政策的普遍教育,引导学生坚定马克思主义信仰和中国特色社会主义共同理想,进一步帮助青年学生形塑正确的世界观、人生观和价值观"[①]。故此,在教学体系中,思政课全国统编教材具备三重基本功能:(1)教材为教学提供了完整而明确的教学内容;(2)教材是确定教学目标、设计教学方法、规划教学进度的"坐标;"(3)教材是进行教学评价、教学反思的基本依据。

三是教材体系与教学体系的区别。在高校思政课教学实践中,不难发现这样一个事实:课堂使用同一本教材,讲授同样的内容,但由不同的教师授课,教学效果却各有不同,甚至差异甚大。原因何在?教学效果的影响因素是多个方面,但这种差异的根源还是教师在教材体系转向教学体系"加工"的差异。教材体系与教学体系,尽管二者深度关联,但二者在

---

① 刘同舫:《高校思想政治理论课的功能及其实现》,《思想理论教育导刊》2021年第12期。

功能、特点、要求具有各自的特殊性。二者的关联性,使得教学体系向教学体系转化成为可能;二者的特殊性,使得教材体系向教学体系转化成为必要。

首先,二者的功能定位不同。思政课教材体系不仅具备一般课程的教育功能,还承担着传授主流意识形态、进行思想政治教育等重要职能。高校思政课教材体系的功能在于:明确教学的内容构成,提供"讲什么"的教学主题。高校思政课教学体系的功能在于:传达教材的内容、价值、精神,致力"如何讲好"的方法思考。前者是后者的遵循,后者是前者的延伸,二者相辅相成、有机统一。但目前,存在把教材体系和教学体系简单对立的情况,比如"有的教师认为思想政治理论课教材'空洞''空泛''乏味'或与其自身期待存在一定的理论差距,而对教材持有'质疑'的看法,并发出'质疑'的声音"[1]。在本书看来,全国统编思政课教材之所以在内容框架、呈现形式和话语表达等方面难以充分满足差异化教学需求,是因为它需要覆盖不同类型、层次、学科的学校、教师与学生。它为教师们提供了较为完整、清晰、系统的教学内容。也正是基于此,思政课教师"对待教材不是做简单的'拿来主义'工作,而是在研究教材体系的体例和要求基础上作出合理的教学设计和内容安排。在从把握教材主题到讲授思想政治理论课之间还需要经历由教材体系向教学体系转化的阐释性与创造性过程"[2]。

其次,二者的主要特点不同。2019年,教育部印发的《关于深化新时代学校思想政治理论课改革创新的若干意见》中指出,"科学制定教材建设规划,注重提升思政课教材的政治性、时代性、科学性、可读性。"[3]可见,思政课教材体系融教育属性、文化属性、思想属性、政治属性于一体,其主要特点包括:政治性、时代性、科学性、可读性。而教学体系在遵循教材体

---

[1] 刘同舫:《高校思想政治理论课的功能及其实现》,《思想理论教育导刊》2021年第12期。
[2] 刘同舫:《高校思想政治理论课的功能及其实现》,《思想理论教育导刊》2021年第12期。
[3]《中共中央办公厅 国务院办公厅印发〈关于深化新时代学校思想政治理论课改革创新的若干意见〉》,《中华人民共和国教育部公报》2019年第9期。

系精神实质基础上,除了应该具备教材体系的基本特征外,还具有更多的具体特性。譬如,教学内容的重点突出性、难点深入性、疑点针对性、热点及时性;教学手段的灵活性、多样性、时代性;教学评估的及时性、客观性;等等。

2. 学生之维:破解效果困境,提高教学实效。高校思政课是对处在人生"拔节孕穗期"的青少年进行"培土""浇水""施肥"的关键课程。故此,高校思政课的实效对青年大学生的成长成才至关重要。党的十八大以来,各地各高校都在围绕"教师讲好思政课""学生学好思政课"不断推进教学改革创新,在提升思政课的思想性、理论性和亲和力、针对性上下功夫,其成效显著。从学生维度来看,削弱高校思政课实效的主要方面包括观念、行动和结果。观念上,部分学生将高校思政课定位为"政治宣讲""意识形态宣传",甚至把课程打上"洗脑""水课"等偏见性标签。行动上,部分学生对课堂缺乏敬畏之心,"抬头率""点头率"不高,甚至"摸鱼""躺平"常有出现。结果上,部分学生仅通过课程考核、获得学分为目标,而对思政课传授的马克思主义立场、观点、方法不太关心。以上三方面尽管阶段不同、表现不同,但均指向一个核心问题——如何打造让学生真心喜爱、终身受益的思政课?解决这一问题的突破口就在于教材体系向教学体系的有效转化。因为在教材既定的情况下,要实现学生从"态度—行动—结果"良性转变,使教材体系的作用和功能得到发挥,主要取决于教学体系的设计和运作。

3. 教师之维:突破认知局限,再创课程内容。高校思政课的教材体系具有"专""广""新"等特征。"专",是指立足于马克思主义理论学科专业,内容涵盖马克思主义理论和马克思主义中国化理论成果。"广",是指内容关联广,思政课涉及党建、历史、哲学、经济、生态、文化、法治、社会、国防、军事、外交等多方面。"新",是指内容不断更新,并要求在教学、教材中"及时融入马克思主义中国化最新成果、坚持和发展中国特色社会主义最新经验、马克思主义理论学科最新研究进展"①。但每一位思政课教师都毕业于特定的、某一类(少数最具双学位)的学科专业,不论其理论研究、课程认知、生活经验、个体视域均不可避免地存在局限。有调查显示,"就课堂本身而言,47.4%的学生和51.3%的教师认为,承担思想政治理论课的教师、教学内容、教学方法和课堂环境还不同程度地存在一些问题,制约了课堂抬头率的提升"②。

事实上,高校思政课教师作为教学的"供给方",其教学态度、专业能力直接决定着课程质量。要提高教学质量,就要破解教师在教学内容、方法、环境等方面的认知局限。而要破解这一认知局限,其关键着力点就是从教材体系向教学体系转化,通过学术研究、培训研修、集体备课、社会调查等形式,增强教师的教学发展意识、提升教师教学理论素养。党的十八大以来,逐渐构建起了全方位体系化的教师培养培训体系,"组织41个全国高校思政课教师研修(学)基地、32个"手拉手"集体备课中心,开展常态化培训研修,每年培训教师近6000人"③。2019年,教育部印发了《普通高等学校思想政治理论课教师队伍培养规划(2019—2023年)》,从专题理论轮训、示范培训、项目资助、宣传推广4个方面给予教师理论提升良好的条件与机遇。2020年,《新时代高等学校思想政治理论课教师队伍建设规定》对当前思政课教师队伍建设的总体原则、职责与要求、配备与选聘、培养与培训、考核与评价、保障与管理等方面做出了具体要求。以上实践、规划、规定等,为思政课教师提升自身能力、增强教学实效及实现教材体系有效地转化为教学体系提供了基本保障。

(二)教材体系向教学体系转化的关键要素

教材体系向教学体系转化的关键要素,旨在明确"转什么"。教材体

---

① 《中共中央办公厅 国务院办公厅印发〈关于深化新时代学校思想政治理论课改革创新的若干意见〉》,《中华人民共和国教育部公报》2019年第9期。
② 付晓容:《大学生思想政治理论课抬头率提升探究》,《思想理论教育导刊》2018年第4期。
③ 邓晖、周世祥:《写好立德树人"大文章"》,《光明日报》2022年3月18日,第7版。

系向教学体系转化是一个复杂的系统化过程,内部存在着不同层级、不同方面的小系统,需要转化的主要方面包括:逻辑体系、问题体系、形象体系、话语体系、实践体系五大关键要素。五者一体推进、有效组合,才能推进高校思政课的高质量发展。

1.逻辑体系的转化。每一门高校思政课,都有其相关专业的支撑,都有其自身的理论体系和内在逻辑。教材体系向教学体系转化,首先就是要系统性梳理教材逻辑,通过把握教材的内容架构、实质要义,而后将其转化为教学逻辑。而有效的逻辑体系转化,其背后的支撑是教师能真正地"吃透"教材,能准确把握教材的"元结构""本结构"与"够结构"。所谓"元结构",即教材中相对独立的诸要素自身的结构,它是形成教材结构的"细胞"。所谓"本结构",即教材中相对独立的诸要素自身结构之和,它们搭建起了教材的整体"骨架"。[①]所谓"构结构",就是在"元结构"和"本结构"基础上通过教师的组合和建构,把教材相对独立的诸要素进行组合重构,形成教学过程中相互作用所形成的有机整体。实现这种结构的转化,要求思政课教师"真懂""真信",对教师的理论功底和学理素养提出了较高的要求。若教师不是"真懂""真信",就可能出现"随意转化"的乱象。如,个别教师在教学中对教材理解不够透彻或偏离游离教材,"背离有关教学要求,随心所欲地讲,既不考虑教学目标的达成情况,也不在意是否符合教学大纲和教学规定,仅仅依照个人的思维图式、研究专长、生活感悟等解构教材、脱离大纲、牵强附会,把思政课演绎成怡然自得的'兴趣课''选修课'"[②]。故此,逻辑体系的转化既不能生搬硬套式的"不做转化",更不能任意裁剪式的"随意转化",而是要在遵循课程标准与适应师生实际基础上"科学转化"。

2.问题体系的转化。在教材体系向教学体系转化的过程中,应当坚

[①] 参见石云霞:《高校思想政治理论课建设史研究》,武汉:武汉大学出版社,2006年,第294页。
[②] 白显良、章瀚丹:《高校思想政治理论课教学应着力塑造五种形象》,《马克思主义理论学科研究》2022年第10期。

持问题导向。哲学家波普尔认为,"科学和知识的增长永远始于问题,终于问题——愈来愈深化的问题,愈来愈能启发新问题的问题"[①]。高校思政课的教材内容,无论是马克思主义的诞生,还是中国选择马克思主义,或是马克思主义的中国化,又或是中国特色社会主义理论的开创,都是基于特定时代所遇到的重大问题及分析、解答。故此,问题,是理论之"结",是激发高校思政课程教学活力的"关节点"。在高校思政课课堂上,其应然性状态是"教师与学生之间是一种'讲着问题'的'大先生'与有'带着问题'的'大学生'之间的关系。教师的'问题'在于主动发现、分析和解决问题,学生的'问题'则在于善于提出、思考与弄懂问题"[②]。教材体系向教学体系的问题转化,又包括三个层次:贯穿课程整体的宏观问题、每章节各自的中观问题、章节内部的微观问题。但思政课的问题不是单一的、零散的,而是一个系统的、环环相扣的"问题链"。通过教学"问题链",来分析国内外的动态问题、回应社会现实问题、解答学生的疑惑问题,由此破解思政课教材的重点、难点、疑点问题。

3.形象体系的转化。高校思政课是立德树人、治国理政的"大学问""大智慧""大道理"。把教材上的抽象之"大"转化为教学中的形象之"小",是提高教学吸引力、感染力的必然要求。故此,形象体系转化,是教材体系向教学体系转化中必不可少的环节。近年来,随着学科设置不断优化、教材内容的不断改版、教师队伍持续扩充、教学资源的逐步完善,慕课、雨课堂、翻转课堂等混合式教学模式接续登场,以及趣味竞赛、手机互动、作品分析、课堂辩论、虚拟仿真等多元教学方法相继涌现,表征着高校思政课形象体系的逐步推进。这一形象体系主要有以下四个维度:一是事实案例。它包括真实的历史人物、社会事件、新闻旧闻、文化典故、形势动态等。其中,真实性是基本要求。因为只有真实的案例、资料才具备充

---

① [英]卡尔·波普尔:《猜想与反驳——科学知识的增长》,傅季重等,译,上海:上海译文出版社,1986年,第318页。
② 刘同舫:《高校思想政治理论课的功能及其实现》,《思想理论教育导刊》2021年第12期。

分的说服力、感染力。相反,那些虚构、捏造和歪曲事实的教学材料,会让学生产生不可信任甚至被欺骗的感觉。二是影音资料。即精心准备和选择各级各类图片、语音、视频。比如2022年教育部社科司组织制作的教材配套课件的每一章基本配备了相关影音资料,成为课堂教学的重要补充。三是图表数据。图表可以帮助学生理解复杂概念的逻辑结构,比如流程图、思维导图等;数据可以将某一问题及其他的变化发展趋势直观展示出来,快速帮助学生抓住学习的重点,使学生更容易理解和记忆。四是现场研讨。即围绕相关话题,在老师指导和学生准备的基础上,安排适当内容及时间,由学生进行情景模拟、现场表演、演说讨论等,让静态的理论"活"起来、"动"起来。需要进一步澄明的是,形象体系的转化不是以热闹的形式替代深刻的内容,不能落入"生动而不深刻"的窠臼,而是贯彻"内容为王""以理服人"的理念,使案例、影像、图表、研讨等形式始终服务于教材内容。

4.话语体系的转化。话语,是表达、理解、解释、指导等人有主体际交往和对话性范畴。在教育活动中,话语是基础、是凭借、是桥梁。尤其是高校思政课教材属于单向话语言说,且多政治话语、理论话语,故在教学体系中进行话语转化是增加教学吸引力、亲和力,提升教学实效的关键。高校思政课话语体系的转化是一个复杂且多层次的过程,涉及话语目标、内容、表达等多个方面。就其话语表达来看,主要注重以下三个方面的转化:

一是理论话语向生活话语的转化。维特根斯坦曾说,想象一种语言就意味着想象一种生活形式。在具体生活场域中,话语主体、话语内涵相互嵌入,支持力量、理解场景间彼此关联。高校思政课的教材话语,不是孤立存在的意识或精神,而是在主体实践交往的生活世界中存在并建构的,且必须在具体生活中理解和把握。即是说,教学话语应注重理论阐释的生活化转向,通过将抽象理论与生活情境有机结合,借助叙事教学法和案例教学法,实现理论知识的具象化、可视化、情境化呈现,让学生愿意听、能听懂。二是传统话语向时代话语转化。时代是思想之母,实践是理论之源。高校思政课必须倾听时代声音、体现时代风貌、反映时代要求。基于此,高校思政课教学必须在传统的、抽象的话语体系基础上,有机整合现代话语元素和话语符号,以表达新的体验并能够解释社会变迁;或是找到教材话语同时代流行话语之间的结合点,以引发学生的情感共鸣。三是单向话语向互动话语转化。传统的"我说你听""我讲你记"的单向灌输,在互联网时代亟待改变。"高校思政课教师要科学认识网络传播规律,积极推动高校思政课教学从'知识权威模式''传统灌输模式'向'师生平等模式''多元互动模式'转变,践行平等交往、多元互动的教学理念。"[1]事实上,互联网为教学模式、互动话语的改变提供了新条件,比如通过"雨课堂""云班课"等教学软件,开展在线调研、弹幕发言、词频生成、在线探讨、问题抢答等。这种互动话语,目的在于通过设置兴趣话题来加强师生之间的情感交流、观点碰撞等。

5.实践体系的转化。实践教学是高校思想政治理论课不可缺少的环节。把静态的课程内容转化为动态的学生实践,是教材体系向教学体系转化的重要一维。此处的实践体系,主要聚焦教师发挥教学主导性,设计与课程要求相符合、与学生需求相匹配、与学校资源相契合的实践形式与实践方案。近年来,在各方努力下,高校不断创新实践教学形式,积累了许多有益的经验。比如,电子科技大学的教研团队经6年12轮的跟踪调研,提出了"观、听、仿、演、帮、思"的实践教学链。沈阳工业大学采用"课程化建设模式",即把全部思政课的课外实践课作为一门独立的课程来建设,由此形成了"合并使用、统一安排、分步操作、分项考核、专门管理"的实践教学体系。[2]重庆大学思政课教师推广"课题制实践教学"。该实践教学包括调研课题、方法准确、组织方式、考核评价四个环节,旨在"通过

---

[1] 孙来斌:《"六个必须坚持"对高校思想政治理论课的理念指引》,《思想理论教育导刊》2023年第8期。
[2] 丁春福、杨乃坤、韩影:《高校思想政治理论课实践教学"课程化"建设的思考——以沈阳工业大学思政课实践教学改革为例》,《思想政治教育研究》2016年第10期。

'自然的''批判的'学习情景的创设,帮助学生在课题的探究中理解、运用、发展理论,提高分析、解决问题的能力"[1]。湖南工业大学针对目前高校思政课实践教学形式化、单一化等弊病,提出了"全要素驱动的高校思政课研讨式实践教学"理念,设计了"全要素理念+高校思政课研讨式实践教学实践"理论研究、"大班授课+小组专题研讨"互动式教学、"教材的重点难点+社会热点"多点融合专题研讨、"课堂研讨+社会实践"课内课外一体化、"任课教师指导+社会党政干部指导"双导师制、"任课教师考核+学生相互考核"多元考核的"六大驱动模块"[2]。以上探索为实践体系的转化提供了有益的参考。

二、教学体系向认知体系转化

在教材体系向教学体系转化的过程中,其主体的教材和教师,主要任务是教师对教学内容的创造性内化;在教学体系向认知体系转化的过程中,主要任务是学生对教学内容的认知性建构。这就是说,教学体系向认知体系转化是教材体系向教学体系转化的下一个环节。而教学体系与认知体系的内在关联是:教学体系是认知体系的前提,认知体系是教学体系的目标,两者相辅相成、相互支撑。

(一)教学体系向认知体系转化的实质要义

高校思政课教学体系向认知体系的转化,旨在通过教学活动将马克思主义的立场、观点、方法通过系统化的教学,内化为学生的理论思维能力、社会行动能力,并最终升华为个体人格的过程。哲学家冯契先生曾提出,理论只有化为方法,才能发挥作用;理论只有化为德性,才能实现它的价值。高校思政课从教学体系向认知体系转化的实质,正契合了这

---

[1] 蒋荣:《高校思政课研究型教学实施路径与效果评估》,北京:中国社会科学出版社,2021年,第163-164页。
[2] 龙迎伟、王利华:《全要素驱动的高校思政课研讨式实践教学改革与探索》,《中国高等教育》2018年第11期。

一认知规律,具体可概括为:化知识为智慧、化理论为方法、化价值为德行。

1. 化知识为智慧。"师者,所以传道受业解惑也。"(韩愈·《师说》)教育教学,是社会知识传递的主要渠道,是个体知识获取的重要途径。从这一维度来看,高校思政课的主干课程都有其明确的知识性目标。比如,"马克思主义基本原理"侧重讲授马克思主义世界观、方法论,目的在于夯实学生的马克思主义基本理论根基;"毛泽东思想和中国特色社会主义理论体系概论""习近平新时代中国特色社会主义思想概论"侧重讲授中国共产党人坚持和发展马克思主义、推进马克思主义中国化时代化取得的重大成果;"中国近现代史纲要"侧重呈现中国近现代以来的历史发展脉络,阐明近现代中国人民选择马列主义、选择中国共产党、选择社会主义、选择改革开放的历史必然性;"思想道德与法治"侧重旨在开展人生观、世界观、价值观、道德观、法治观的教育,提高大学生思想道德修养和法治思维。这表明,高校各门思政课课程体系内部各门课程之间具有清晰的功能定位和明确的互补性关系。在高校思政课学习中,帮助学生了解和把握课程规定的具体知识,是教学的基本要求。

知识,是教育实践中最基本的交往媒介。当高校思政课完成知识目标时,仅仅迈出了它的第一步,它更重要的使命还在于:转知识为智慧。何为智慧? 皮亚杰认为,"智慧"是一种有机体保存、维持与环境之间的协调平衡的适应能力。怀特海也坦言,"教育从整体上说不过是使受教育者做好准备,去迎接生活中的各种直接经历,用有关的思想和恰当的行动去应付每时每刻出现的情况。"[①]因此,尽管客观知识就是社会境遇中的个体应对种种问题的最根本的依凭,但教师还需进一步帮助学生实现知识的情境化,否则知识仍只是作为那种孤立的、静态的、机械的知识,而非指导实际、解决问题、为我所用的经验。从这一意义出发,高校思政课教学,不仅包括理论知识的传授,还需要"学习把握理论背后的思想,思想之中的

---

① [英]怀特海:《教育的目的》,徐汝舟,译,北京:生活·读书·新知三联书店,2002年,第65-66页。

战略,以及战略之中蕴含的智慧,从而得到思想的启迪、战略的启蒙和智慧的启示"①。

2.化理论为方法。理论性是高校思政课的重要特征,培养"理论思维"是高校思政课的内在要求。《毛泽东思想和中国特色社会主义理论体系概论》在其"用好本教材、学好本课程"的第一条要求就是"掌握基本理论",即"全面理解马克思主义中国化理论成果的科学内涵、理论体系、思想精髓、精神实质,深刻认识中国化马克思主义既一脉相承又与时俱进的理论品质,系统把握马克思主义中国化理论成果所蕴含的马克思主义立场、观点、方法,坚定中国特色社会主义道路自信、理论自信、制度自信、文化自信。"②以深入的学理分析回应学生关切,以系统的理论论证说服学生认同,以真理的实践力量引导学生成长,是高校思政课内在要求。

更进一步,高校思政课教学体系向学生认知体系转化的高阶要求是,把理论转化为方法并在实践中应用它,亦化理论为方法。化理论为方法,一是由马克思主义理论的基本属性规定的,二是由学生的成长发展需求决定的。从马克思主义理论基本属性来看,"马克思的整个世界观不是教义,而是方法。它提供的不是现成的教条,而是进一步研究的出发点和供这种研究使用的方法。"③使用这种"方法"的目的是解决实际问题。正如党的二十大报告指出,"我们坚持以马克思主义为指导,是要运用其科学的世界观和方法论解决中国的问题……着眼解决新时代改革开放和社会主义现代化建设的实际问题。"④从学生的成长发展需求来看,青年大学生思维进入最活跃状态,正需要科学世界观和方法论的引导。马克思主义基本原理中的辩证唯物主义、历史唯物主义、实事求是等理论,为学生科

---

① 本书编写组:《毛泽东思想与中国特色社会主义理论体系概论》,北京:高等教育出版社,2021年,第7页。
② 本书编写组:《毛泽东思想与中国特色社会主义理论体系概论》,北京:高等教育出版社,2021年,第7页。
③《马克思恩格斯选集》(第四卷),北京:人民出版社,2012年,第664页。
④《习近平著作选读》(第一卷),北京:人民出版社,2023年,第15页。

学地认识和改造主客观世界提供了基本方法,助力人过上理想的生活。李大钊曾说,"人们每被许多琐屑细小的事压住了,不能达观,这于人生给了很多的苦痛。"[①]如果我们用理论武装自己,就能拓展个体的精神境界、认知视野及提升人生价值自觉,从而实现对生命意义的深刻体认与积极建构。学生只有实现了从"理论"到"方法"的跃迁,才能静态的、机械的"惰性知识"转化为鲜活的、有用的"制胜法宝",才算是真正"消化"了教学内容。

3. 化价值为德行。高校思政课教学体系向认知体系转化,不仅是将课程所包含的知识、理论传递给学生,在其更深层次上,是用课程所内蕴的智慧、方法影响学生,从"潜在之理"走向"现实之行",亦化价值为德行。化价值为德行,即挖掘价值背后的形上意蕴,追问价值背后的生命意义,将价值追求内化到个体的人格中。这是因为,德行作为主体性的道德品质,具有稳定性、持续性、坚韧性等特征,它是通过理性认知、情感共鸣和思想认同,使外在规范逐渐内化为自我的道德意识,又在道德实践中升华为稳定的德性结构,是认知、情感、意志、信念和行为的有机统一,具有自明、自得、自主的品格。"所谓自明,就是指主体不仅有意识和自我意识,而且还能用意识之光反观自我及其意识活动与内容,是灵明觉知的主体,体现德性的理性之维;所谓自得,指主体发自内在的一种情感和愉悦,是个体成长的内在所需和精神升华,不觉得是来自外在规范的束缚,体现德性的情感之维;自主,则体现德性的意志之维,它是自主选择的自愿性品格和终如一地贯彻的专一性品格的有机统一。"[②]

(二)教学体系向认知体系转化的基本原则

教学体系向认知体系转化的基本原则,即这一体系转化过程中必须遵守的准则、要求,其具体内容包括学生中心原则、以理服人原则、教学相

---

① 《李大钊文集》(第4卷),北京:人民出版社,1999年,第297页。
② 张建忠、陈锡喜:《方法•智慧•德性——论思想政治理论课教材体系向教学体系的有效转换》,《思想理论教育》2010年第9期。

长原则。

1.学生中心原则。学生中心原则,是教学体系向认知体系转化的首要原则。那么,学生中心原则,又应该以学生的哪些需求或问题为中心呢?

一是以学生的成长发展需要为中心。马克思指出,"任何人如果不同时为了自己的某种需要和为了这种需要的器官而做事,他就什么也不能做。"①满足获得需要,应是大学生把思政课教学内容内化于心、外化于行的动力源泉。这就要求,一方面,要研究青年大学生们对于高校思政课真心关注什么、期待获得什么、哪些与他们的利益密切相关,实现教学"精准供给";另一方面,思政课教师还要引导学生正确认识课程价值,消除"无用论"等认知偏差,阐明思政课相对于专业课的"有用"有显著的延时性特征,但却是关乎价值塑造与人生发展,具有安身立命、终身受益的实践意义。唯有此,大学生才能实现学习理念的根本性变革,促进学习元体的真正觉醒,实现从"被迫学"到"愿意学",从"随便学"到"喜欢学"的转变。

二是以学生的认知发展水平为中心。首先,随着思政课"大中小"循序渐进、螺旋上升的一体化要求,大学生在中小学阶段对课程知识、价值已经有了一定的基础。高校思政课要立足于这一认知水平,合理设计教学内容的深度、广度、高度。其次,就个体而言,不同的学生因教育水平、个体喜好的差异,哪怕处于同一所学校甚至同一个教师,其知识储备、思维方式、能力素质也不相同。比如,笔者在其多年的思政课教学实践中,发现文科、工科、理科、艺术类、体育类的学生对思政课的认知水平、兴趣程度相差甚远。因而,教学内容要有效转化为学生认知,就必须研究和把握学生的发展水平,遵循教学适应性规律。

2.以理服人原则。思政课的本质是讲道理。相较中小学思政课,高校思政课要求"重点引导学生系统掌握马克思主义基本原理和马克思主

---

① 《马克思恩格斯全集》(第三卷),北京:人民出版社,1960年,第286页。

义中国化理论成果"[①],领悟蕴含其中的道理学理哲理,实现以科学理论武装人。然而,在当前的高校思政课教学中,存在理论性彰显不足的问题,表现为:一是理论讲授深度不足,对核心概念的内涵解析和基本原理的学理阐释浅尝辄止;二是理论讲授不够系统,部分教师常常按照个人的喜好擅长而不是教学的重难点进行选择性讲解;三是理论的现实回应力较弱,不能及时、有效地释疑解惑。故此,在教学体系向认知体系转化的以理服人原则要做到"五个度"。

第一,"讲道理"要有学理的深度。从教学体系向认知体系转化的过程中,"学理的深度"即深度教学,体现在"教"与"学"两个层面。从"教"的一方面来看,深度教学意在强调教师对知识的讲授要从事物表层进入事物内在,揭示事物的本质和规律。同时,深度教学还强调价值的升华,要从"是与不是"的符号知识层面,进入"实然""必然"与"应然"的统一。从"学"的这一方面来看,深度教学要求学生真正进入学习,形成实实在在的获得感。[②]

第二,"讲道理"要有历史的厚度。"欲知大道,必先为史"。在高校思政课教学中,若要把"马克思主义内涵哪些基本原理""中国为何选择马克思主义""马克思主义为何需中国化""如何理解马克思主义中国化的理论成果"等"理"阐释清楚,而必须运用"大历史观"对中国的重要历史历程、历史选择、历史人物、历史事件进行解释与分析。一是依托改革开放40多年的历史,讲清中国特色社会主义道路、制度、理论、文化的内涵实质;二是依托新中国70多年的历史,讲清新中国从站起来、富起来、强起来的发展进程;三是依托中国共产党100多年的历史,讲清中国共产党人为人民谋幸福、为民族谋复兴的初心使命;四是依托社会主义500多年的历史,讲清马克思主义为人类社会绘就新蓝图、寻找新出路的不懈探索。

---

① 《中央宣传部 教育部关于印发〈新时代学校思想政治理论课改革创新实施方案〉的通知》,《中华人民共和国国务院公报》2021年第3期。
② 参见王静:《以深度教学推进新时代高校思政课改革》,《社会主义核心价值观研究》2021年第5期。

第三,"讲道理"要有视野的广度。"视野要广",是习近平总书记对新时代思政课教师提出的"六要"要求之一,这也是由高校思政课主题宏大、内容丰富、学科交叉等课程特点所决定的。鉴此,高校思政课教学体系,一是需要广博的知识视野,即教师在夯实马克思主义理论功底的同时,还需要掌握相关学科的基础理论和基本技能,例如社会学、伦理学、西方哲学、中国传统哲学、经济学等,通过马克思主义的立志观点方法,实现多学科理论资源的有机整合。通过跨学科视角的转换与理论观点的对话,使学生在更大的理论空间进行比较、鉴别,最终实现知识的深度建构与认知的理性升华。二是需要比较的国际视野,在纵横比较世界各国的政治经济制度、国情社会状况、利益价值冲突中阐明中国特色、中国成就、中国优势,讲清楚中国贡献、中国智慧、中国方案。

第四,"讲道理"要有现实的效度。实践无止境,理论创新亦无止境。理论常新才能魅力长存。面对国际国内形势的深刻变化,马克思主义理论学科必须立足时代前沿、紧扣时代主题、回应时代关切,不断加强理论的解释力、说服力和引领力。比如,自党的十九届六中全会产生了"两个确立""三次历史性飞跃""四个历史发展阶段"等新理论,在党的二十大上产生的"一个中心任务""中国式现代化"等新成果,这些思想可能会因其"新"而未能进入已编教材。故而,需要授课教师着眼现实,在依照课本知识体系进行教学的同时,紧跟时代发展的步伐,关注理论发展最新动态,"以教材为基础+以现实为补充"的讲授模式,才能提供有效的思政课知识供给,系统阐释21世纪马克思主义、当代中国马克思主义的理论内涵、核心要义、时代价值,尤其是重点揭示其实践意义和实践效果,凸显理论的学理性与实践性的有机统一。

第五,"讲道理"要有亮剑的气度。毛泽东指出,"马克思主义必须在斗争中才能发展,不但过去是这样,现在是这样,将来也必然还是这样。正确的东西总是在同错误的东西作斗争的过程中发展起来的。"[1]当今世

---

[1] 《毛泽东文集》(第七卷),北京:人民出版社,1999年,第230页。

界处于百年未有之大变局,"新自由主义""历史虚无主义""威权主义政体""中国威胁论""马克思主义过时论""党大还是法大"等错误思潮和议题陷阱充斥着网络。因此,思政课不仅需要正面讲理,还需要对各类错误思潮进行学理性剖析与批判性解构,在针砭时弊、反击亮剑中彰显马克思主义理论的科学性。

3.教学相长原则。从教学体系向学生认知体系转变的教学相长原则,从唯物辩证法视角来看,并不是说教与学二者"相等"或"相同",而是揭示了高校思政课教与学的"对立同一性"。首先,从"同一"方面来看,教与学共处一个特定的教学环境之中,双方互为存在和发展的前提条件。其次,从"对立"方面来看,教与学双方包含着对方的因素和属性,使得双方具有相互渗透、相互转化的趋势。正是由于教与学双方的相互依存、相互贯通、相互渗透、相互转化,才存在着由教师教学体系通达学生认知体系的"桥梁"。在其教学实践中,这一"桥梁"要真正"连通",还需要以下两个方面的努力:

一是重视教学相长之"相",即师生相互尊重,教学过程中能够体现出情感效应。情感是对事物和事物之间关系最为直接的态度和内心体验,在"教学体系"向认知体系、信仰体系的转化过程中发挥着"催化剂"的作用。列宁指出,"没有'人的感情',就从来没有也不可能有人对于真理的追求。"[1]高校思政课教学中,首先,教师作为教学的主导者,要尊重学生、信任学生、关怀学生,对学生充满鼓励和希望。其次,教师要以自身对马克思主义理论的真切信仰与真情实感,激发学生、感染学生,培养马克思主义理论的积极情感。

二是重视教学相长之"长",即师生相互促进,教学过程中能够体现相互发展效应。事实上,从教学体系向认知体系转化的过程,首先是学生进步、发展的过程,即学生获得知识、思想、方法及其树立信仰;其次是教师进步、发展的过程,即教师"如切如磋、如琢如磨"而"知困"后"上下求索"。

---

[1] 《列宁全集》(第二十五卷),北京:人民出版社,2017年,第117页。

这种"双边互补效应",其实质就是"教"与"学"之间的有效沟通,形成师生共建共治共享的学习共同体。只有有效的沟通才能将学生导向教师的思想领地,才能实现教学体系转向学生认知体系。

(三)教学体系向认知体系转化的实践进路

教学体系转化为学生认知体系,"是一个由多种相互关联的教学要素组成的系统工程,是一个由教学形式设计和教学组织实施组成的整体运作过程。"[①]这一过程,涉及教师、教学、学生等多维因素,关涉情景创设、深度供给、方法创新、情感激励等方面。

1. 创设情境,增加学生的兴趣感。高校思政课教学体系向教学体系转化,学生兴趣是首先。毋庸讳言的是,"一段时期以来,一些思政课缺乏吸引力、不受大学生喜爱,不符合学生的形象期待,给人一种平淡无奇、可有可无的不良印象,更有甚者一些学生尚未接触课程就直接做出'没意思''没意义'的贸然定论"[②],思政课常常被打上"失趣"的标签。要从"失趣"转向"有趣"再引发学习"兴趣",首先就应该在开展教学的第一环节——教学情景创设上下功夫。"在现代教育学研究中,'情境'通常被用来指影响某一学科教育教学的外部条件。'境'是指教学环境;'情'指洋溢在'境'中的教学双方,即师生之间的情感交流。"[③]情因境生,境为情设,两者相辅相成。这就要求,教师在课前充分把握教材重点、教学难点、社会热点和学生的专业特点,根据教学要求和目标需要选择符合大学生的思想特点、思维模式或生活环境的材料,实现师生互动、生生互动以及学生与理论互动,减少与学生的"距离感",增进与学生的"亲和度"。值得注意的是,一是,教学情景中的沟通不仅体现为显性的言语交流,更深层次地表现为隐性的精神共鸣与价值共振,这是师生双方向对方精神世界的贴近与契合;

[①] 张雷声:《思想政治理论课教学的境界》,北京:中国人民大学出版社,2018年,第200页。
[②] 白显良、章瀚丹:《高校思想政治理论课教学应着力塑造五种形象》,《马克思主义理论学科研究》2022年第10期。
[③] 杨秀莲:《多媒体视阈下创设思想政治课生活化教学情景的策略》,《中国电化教育研究》2012年第3期。

二是情景创设不仅仅局限于课堂,也包括与大学生息息相关的校园环境、舆论环境、生活环境。概言之,情景创设包括显性与隐性两个类别。

2.深耕内容,增加学生的获得感。高校思政课教学体系向认知体系转化,并非单纯的知识传授,而是集知识传授、价值传递、思想塑造、信仰建构于一体的综合过程。故此,获得感具体表现在三个维度:一是知识获得感,即课程知识学习的积极性与满足性;二是方法获得感,即认知深化过程中方法论的受益感与启发感;三是信仰获得感,即信仰建立的自觉性与坚定性。有调研显示,当前"大学生思政课获得感均值(3.96±0.90)",处于中上水平,但结构呈现出不均衡特点。例如,从知识获得感维度看(包括"党的路线、方针、政策""国史、国情和世界发展趋势""马克思主义理论"等7个指标),学科性知识获得感较高(>0.4),体验性知识获得感相对较弱(3.89±1.04);从方法获得感维度看(包括"战略思维""法治思维""辩证思维""人际关系适应能力"等13个指标),均值为(3.88±0.95)低于知识获得感和信仰获得感,职业能力获得感与期待的差距较大。从信仰获得感维度看(包括"对共产党的信任""对实现中国梦的信心""中国特色社会主义共同理想信念""马克思主义信仰"等8个指标),均值为(4.04±0.98),但远大理想和为人民服务的信念获得感弱于期待。[①]

教学体系向认知体系转化过程中,增加获得感应该注重理论深度、方法深度、价值深度。一是理论深度。即教师通过系统的理论分析和逻辑推演,深入揭示事物的本质和规律,以透彻的学理分析回应学生,以彻底的思想理论说服学生,用真理的强大力量引导学生。二是方法深度。剖析理论背后的思维与方法,提高运用马克思主义的思维范式分析问题、解决问题的能力。比如,《习近平新时代中国特色社会主义思想概论》将其贯穿理论始终的世界观和方法论概括为"六个必须坚持":"必须坚持人民至上、必须坚持自信自立、必须坚持守正创新、必须坚持问题导向、必须坚

[①] 参见章秀英、朱坚、李露阳:《大学生思想政治理论课获得感的基本特点及提升对策——基于全国31所高校问卷调查的实证分析》,《浙江师范大学学报》(社会科学版)2021年第3期。

持系统观念、必须坚持胸怀天下"①。三是价值深度,即聚焦大学生关于共产主义理想信念方面的认知困惑,引导大学辩证分析当前资本主义社会内在矛盾与发展趋势,结合中国特色社会主义建设的辉煌成就,系统阐释科学社会主义事业的生机活力,以严谨的理论逻辑和生动的实践案例,夯实理想信念精神根基。

3.创新方法,提高学生的参与感。教学就其本质而言,是师生在交往与沟通活动中共同建构意义的过程。正如哈贝马斯认为,"生活世界只会向那些具有言语能力和行为能力的主体敞开大门。而主体要想进入生活世界,就必须有能力参与到生活世界成员的交往当中"②。学生的参与和投入,是把教学内容内化为学生认知体系的有效路径。缺乏学生主体性参与,教师唱"独角戏"的思政课,既无法实现预期的教育效果,也难以获得学生的价值认同。但常常在高校思政课教学实践中,教师采用单向灌输的教学模式,教师往往基于自身视角认为授课时学理透彻、论证翔实,但学生却将信将疑或一知半解。如此"单向度的"话语传输造成:一方面,教师主观以为已经完成了知识传授,而实际教学效果不佳;另一方面,学生不能及时发问,生生间、师生间不能产生有效互动与价值共鸣,最终影响教学实效。故此,高校思政课从教学体系向认知体系转化,还要在"活"上下功夫,即用活教学方法,提高学生的参与度,增强学生的参与感。有调查数据表明,"2019年大学生对教学方法的好评率为76.6%","且2014年至2019年大学生对教学方法的好评率连续6年低于对师资水平和教学内容的好评率"。③这表明,教学方法在课程建设中处于相对薄弱环节,制约了教学内容向认知体系的转化。

根据层次高低的不同和适用范围的大小,可把高校思政课教学方法分为:哲学方法、一般方法、具体方法。首先,哲学方法。从方法论体系的

---

① 本书编写组:《习近平新时代中国特色社会主义思想概论》,北京:高等教育出版社、北京:人民出版社,2023年,第8页。
② [德]尤尔根·哈贝马斯:《交往行为理论》,曹卫东,译,上海:上海人民出版社,2004年,第112页。
③ 刘晓亮:《2019年度高校思想政治理论课建设调查分析》,《思想教育研究》2020年第11期。

层级结构来看，哲学方法是最高层次的方法，具有普遍指导意义，例如马克思主义哲学的唯物辩证方法、历史唯物主义方法，同时二者也是"马克思主义基本原理"课的教学内容。其次，一般方法。它介于哲学方法与具体方法的中间层次，发挥着承上启下的重要作用。这类方法既体现了哲学方法的指导原则，又为具体方法的运用提供了操作框架，主要包括：理论与实际相结合的方法论原则、启发式与灌输式相统一的教学策略、抽象思维与具体分析相结合的认知方法等。最后，具体方法。它主要是针对具体教学内容"对症下药"而选用的个别方法，它们数量多、形式广，如讲授法、讨论法、演讲法、启示法、案例法、形象法、虚拟仿真法等。

4.激励情感，培养学生的责任感。情感，是人作为主体对客体是否符合自己需要的主观反映和心理体验，是驱动个体认知与行为不可缺少的内在动力机制。情感认同标志着认知内化过程的完成。故此，高校思政课在教学体系向认知体系转化的过程中，除了需要创设情景、深耕内容、创新方法外，还需激发学生情感，使之产生情感上的共鸣。这就要求：

一是教师对课堂内容充满真挚感情，以此感染学生。相反，当教师对所授内容情感投入和价值认同时，其教学往往沦为形式化的词句堆砌，这种没有"温度"的课堂，难以实现知识的内化与价值观的传递，更无法触及学生的精神世界和心灵深处。譬如，曾经出现过个别高校教师在教学过程中存在违背政治纪律的现象，包括公开发表否定马克思列宁主义、否定党和国家领导人的历史贡献、曲解改革开放发展道路等错误言论。这样的错误言论与学生的爱国主义情感和价值认知产生严重冲突，必然对课堂产生抵触情绪。要让学生认同，教师自身必须先认同。

二是在开辟"第二课堂"中沟通心灵，实现情感共鸣。高校思政课不仅是知识传授的殿堂，更是情感交流与价值塑造的重要场所。在坚持用彻底的理论讲好道理的基础上，以情感人成为提升思政课教学实效性的关键策略之一。以情感人，不仅要充分利用好第一课堂，还要善于开辟第二课堂。思政课不仅在课堂上讲，也在社会生活中讲，实现书本知识与社会经验的互补、理论学习与价值内化的融合、课堂教学与课外实践的贯通,形成立体化的育人体系。

三、认知体系向实践体系转化

实践体系是指在课堂内、外采用活动的方式使学生获得即时经验、直接体验为主的教学方式的总和,是由实践教学的理论、内容、方法、模式、评价等要素组成的统一整体。认知体系向实践体系转化,体现了高校思政课从理论场域向实践场域延伸与拓展。这一转化过程实现了理论知识与实践活动的结合、思政小课堂同社会大课堂的结合、学校教育同社会生产劳动的结合,进而终形"教、学、做"一体化的育人模式。可见,实践体系并非只能是独立于教学体系之外、之后,它也应该存在于教学体系之中,其最终目的是补充、深化学生的认知体系。

(一)认知体系向实践体系转化的必要性

把教材体系中的概念、观点、原理通过教学体系内化大学生认知体系、信仰体系是第一步,而把这种认知、信仰转化为强大精神动力,并付诸社会实践,这才是思政课要达到的最终目标。正如怀海特所言,"理论本身需要解决这样的问题:不能让知识僵化,而要让它生动活泼起来——这是所有教育的核心问题。"①故此,高校思政课必须根植于活泼、具体、完整的实践场景,以此深化理论认识、培养实践能力、塑造品格德行。

1.是深化学生理论认识之需。深化理论认识,是实践体系建构的知识目标。即通过系统化的实践教学活动,引导学生深化理论认知、开展探究性学习、进行批判性对象、实现反思性建构,深刻体悟理论的内在价值和精神世界的意义。列宁指出,"学习、教育和训练如果只限于学校以内,而与沸腾的实际生活脱离,那我们是不会信赖的。"②传统高校思政课,"授

---

① [英]怀特海:《教育的目的》,徐汝舟,译,北京:生活•读书•新知三联书店,2002年,第8页。
② 《列宁选集》(第四卷),北京:人民出版社,1972年,第355页。

课方式单一、以理论讲授灌输为主,重课堂、轻课外,重理论、轻实践,重说教、轻养成,缺乏应有的感染力和说服力,教学效果也不尽如人意。"①为了破解这一困境,2018年教育部印发的《新时代高校思想政治理论课教学工作基本要求》明确指出:"实践教学作为课堂教学的延伸拓展,重在帮助学生巩固课堂学习效果,深化对教学重点难点问题的理解和掌握。"②

首先,通过实践,增进学生对理论的体验性认识。高校思政课具有主题宏大、内容丰富、学科交叉等特点。例如"毛泽东思想和中国特色社会主义理论体系概论",其课程主线为马克思主义中国化理论成果,内容涉及政治、经济、文化、社会、生态、党建、国防、外交等多方面,是"治国理政"的"大学问""大智慧""大道理"。这对于缺乏社会阅历的大学生来讲,难免使得教学受体陷入"超脱现实"的主观感受,难以将主观认识与现实社会进行思维连接。但当这种思想性、学理性转化为诸如深入走访、主题调研、教学模拟具体的实践教学活动加以阐释时,不仅理论本身就被赋予了生命力,而且引导大学生对教学实践中的现实素材形成有效体验。

其次,通过实践,增进学生对理论的真理性认识。唯物史观认为,"人的思维是否具有对象的真理性,这不是一个理论的问题,而是一个实践的问题。人应该在实践中证明自己思维的真理性,即自己思维的现实性和力量,自己思维的此岸性。"③高校思政课实践教学作为理论知识转化为实践能力的中介平台,一来其活动设定必须能够充分诠释理论内涵、精准回应理论要求,唯有立于现实、立于实践之上的理论才能成为科学的理论;二来理论不仅是通过实践活动的"二次复制",而是在对理论真理性进行实践检验的过程中修正错误、坚持真理、发展真理。

2.是培养学生实践能力之需。高校思政课的"理论教学侧重于知识体系的构建,解决认识问题,即是什么,为什么,包括定义、原理、规律等问

---

① 戴钢书等:《高校思想政治理论课实践教学论》,北京:中国人民大学出版社,2015年,第5页。
② 《教育部关于印发〈新时代高校思想政治理论课教学工作基本要求〉的通知》,《中华人民共和国教育部公报》2018年第5期。
③ 《列宁全集》(第十八卷),北京:人民出版社,2017年,第102页。

题;实践教学则是把认识对象化,解决行动问题,即可否做、怎么做,包括规范、路径、方法等问题。"[1]高校思政课实践体系建构的能力目标主要包括以下三个方面:

一是培养学生的社会观察能力。高校思政课实践教学通过化理论问题为现实问题,使原理结论的"寻章摘句"走向现实问题的"关切剖析"。二是培养学生的问题解决能力。2019年教育部《关于一流本科课程建设的实施意见》中指出,"课程目标坚持知识、能力、素质的有机融合,培养学生解决复杂问题的综合能力和高级思维。"[2]实践教学在教师全程指导下,通过任务分解、小组合作,激发大学生完成任务的积极性、主动性和创造力,全方位培养大学生意识问题解决能力。三是培养学生的实践创新能力。纵观历史发展脉络任何理论的重大创新教根植于实践的沃土。从马克思主义理论自身的发展历史来看,无论是马克思主义创立、列宁主义,还是毛泽东思想、中国特色社会主义理论及习近平新时代中国特色社会主义思想,都是立足实践经验、实践需求而形成的理论成果。新时代,我们要培养各级各类创新型人才,最基本的办法就是让学生在实践中"学""行""悟"。

3.是塑造学生品格德性之需。塑造学生品格德性,即将国家的教育方针、社会主流价值观、积极健康的人生态度等价值理念融入实践教学活动,充分发挥思政课塑造灵魂、完善人格的育人功能。法国教育家雅克·马里坦曾指出,"人类生活的所有领域,尤其是日常工作和痛苦、友谊和爱的艰难体验、社会习俗、法律、体现于人类行为中的共同智慧、艺术和诗中令人鼓舞的光辉、宗教仪式和节日的深刻影响——所有这些教育之外的领域都会令人采取某种行动,在人的教育成就中,这种行动比教育本身更

---

[1] 王天泽、马涛:《思想政治理论课建设坚持理论性与实践性相统一论析》,《思想教育研究》2020年第7期。
[2]《教育部关于一流本科课程建设的实施意见》,《中华人民共和国国务院公报》2020年第2期。

为重要。"①由此带来的启示是：高校思政课所传导的德育目标和价值观念，必须依托实践活动实现客观外部世界和主体内在世界的互动与对话。通过这种互动与对话，一方面将外在的道德规范内化为个体德性，另一方面个体的德性又需要通过实践加以外化或对象化。进而在"凝道以成德"和"显性以弘道"的双向互动过程中实现品格德性的养成。

一是确证生命意义，形成理想人格。"加强人文关怀和心理疏导，促进大学生身心和人格健康发展"②是思政课的内在要求。思政课实践教学旨在引导学生将课堂理论转化为社会实践能力，在这一过程中有效引导大学生养成欣赏他人的优点的胸襟、包容他人的弱点的品格，促进学生在实践中实现人格的完善与价值的内化，从而增强学生对思政课的价值认同感。更进一步，在分析与解决问题中将理论内化为自身认知，要帮助学生将马克思主义基本原理思考各种社会现象、反思生活、体验和感悟人生意义，逐渐学会形成一定的世界观、人生观和价值观，促进品格德行的养成和理想人格的形成。

二是对接社会需求，培养家国责任。美国著名教育家欧内斯特·博耶曾指出："在多样化中，必须强有力地肯定社会集体的要求。这意味着本科生教育要帮助学生超越自己的个人利益，了解他们周围的世界，发展公民责任感和社会责任感，并发现他们作为个人如何才能对他们是其中一分子的社会作出贡献。"③可见，培育具有家国情怀、服务能力的人才是各国高等教育的共同目标。高校思政课实践教学鲜明的需求意识对接、集体价值倡导。课程在设计时与社会需求相对接，学生所观察与思考的视域有了纵深的延展，从而能够超越小我将自身发展与社会国家服务相连，

---

① ［法］雅克·马里坦：《教育在十字路口》，高旭平，译，北京：首都师范大学出版社，2010年，第27页。
② 中共中央 国务院印发《关于加强和改进新形势下高校思想政治工作的意见》，2017年2月27日。
③ ［美］欧内斯特·博耶：《美国大学教育——现状·经验·问题及对策》，复旦大学高等教育研究所，译，上海：复旦大学出版社，1988年，第83页。

从而形成家国责任。

(二)认知体系向实践体系转化的现实困境

近年来,高校思政课实践教学受到国家高度重视。2015年中央宣传部教育部印发的《普通高校思想政治理论课建设体系创新计划》、2017年中共中央、国务院印发的《关于加强和改进新形势下高校思想政治工作的意见》、2021年教育部印发的《高等学校思想政治理论课建设标准》等文件中都对实践教学提出了明确的要求。然而,实践教学是由理念、理论、内容、方法、模式、评价等要素组成的统一整体,实践教学有效推进离不开每个环节的保障。当前,理念之困、机制之困、资源之困、模式之困、师资之困、评价之困,直接制约着认知体系向实践体系的转化。

1. 理念之困:实践教学为何重要? 高校思想政治理论课不仅要着眼于学生认知体系的塑造,还要立足学生实践能力的培养,二者在双向互动中发挥育人功能。近年来,在高校思政课的实践教学理念逐步发展,但依然存在认知偏差,主要体现在以下四个层面:一是从学校治理层面来看,受传统教育模式的惯性影响,普遍将社会实践定位于理论教育的延伸和补充,在课程体系中往往被视为非刚性教学任务。故此,实践教学"没有制定统一的教学大纲,在实践中各项活动没有统一的目标、内容、方式和要求,只能由教师根据自己的能力水平、条件和责任心来自行决定,停留在自发的、随意的即兴层面。"[1]二是从教师层面来看,教师是实践教学的主导,但部分教师认为高校思政课应以教材理论教学为主、实践教学为辅,形成了或"重课堂轻课外、重说教轻养成"的状态,或形式主义地为了实践而实践,或以课堂讨论、视频观摩、心得撰写等浅表化课堂类"实践环节"代替丰富社会实践。三是从学生层面来看,长期以来思政课"没意思""没意义"的认知偏见,使得部分学生面对实践活动,或主动性参与性不高,或以应付的心态草草了事。有调研发现,"32%"的大学生"非常赞同

---

[1] 戴钢书等:《高校思想政治理论课实践教学论》,北京:中国人民大学出版社,2015年,第66-67页。

或比较赞同""过问政治实在没什么意义"①这一说法。四是从学科层面来看,目前实践教学理论研究成果自十八大以来逐步增长,但相当一部分研究停留于对实践教学地位与作用的分析,存在论述视角单一、实践经验提炼不足、可操作性不强等特点,其理论研究成果对实践教学的展开缺乏有效支撑。

2.机制之困:如何保障实践教学长效运行？高校实践课教学的深入展开,涉及教师、学生、学校、场地、经费、教学安排、资源协调、培训考核,以及师生安全等因素。故此,需要建立一个科学规范、系统完善的运行机制,在顶层设计上制定周密的、规范的、稳定的教学计划和实施方案,从整体上统筹学段、学校和地方各层级的教学资源,能够有条不紊地开展资源的管理与应用,以此克服实践教学的盲目性、随意性、无序性。然而,目前可以保障高校思政课实践教学长效运行的体制机制尚未建立,故此形成了"机制之困"。一是从保障上看,高校普遍缺少专门的组织领导机构和系统化的协调工作机制,存在责任分工不明晰、组织实施粗放等问题。具体表现为:马克思主义学院为了开展好思政课实践教学到处摇旗呐喊,而相关职能部门却缺乏有效配合。思政课实践教学陷入"说起来重要、做起来次要、忙起来不要"的无奈的困境,严重制约了教师开展实践教学的积极性与创造性。二是从监督上看,监督计划的缺乏损害了实践教学的权威性。许多实践教学安排在假期、晚上,难以对其进行有效的管理和监督,而使实践教学变成学生可以参加也可以放弃的个人行为,进而其权威性荡然无存。如此一来,高校思政课实践教学的组织实施往往在相同课程的不同教师之间存在较大差异,在不同课程之间更存在不平衡不规范的现象。

3.资源之困:师生去哪里开展实践？高校思政课实践教学,首先需要树立起实践教学的理念,其次就需要实践教学的载体——资源,解决师生

---

① 蒋荣:《马克思主义信仰的现代困境及出路——基于高校师生的经验证据》,北京:中央编译出版社,2015年,第204页。

去哪里开展实践的关键问题。实践教学资源,是承载、传导思政课实践教学要素的核心载体,其通过整合实践教学目的、方法、原则、内容等关键要素,构建起教育主体与客体之间的互动桥梁。它主要包括经费、资源两大要素的保障。首先,经费保障是实践教学得以开展的基础。就校外实践而言,涉及食宿、交通、考察等必要开支;就校内实践而言,也需要合理的经费投入与活动奖励来调动参与主体的积极性。另外,建立长期稳定的思想政治理论课实践教学基地成本较大。故此,"经费短缺是目前制约高校思想政治理论课实践教学开展的主要因素。这是实践教学中存在最大也亟待解决的问题"[①]。其次,资源保障是实践教学得以开展的依托。目前教学实践中,资源保障上存在若干突出问题:资源质量参差不齐,资源蕴含的育人元素未能得到充分挖掘,难以有效支撑教学目标;资源涵盖领域相对局限,主要集中于常规性、社会性场馆和基地,难以拓展至高精尖行业;资源同质化现象严重,导致不同课程、不同学段学生重复使用相同教学资源。

4.模式之困:可用哪些方式开展实践?这一疑问的实质是高校思政课实践教学的模式的确立。实践模式的不清晰,根源于实践教学概念、形式等基础性问题的模糊。一是对高校思政课实践教学的概念认识不一。比如,有学者认为思政课实践教学是富含"社会实践性内涵"的教学;有学者从课堂内外的角度认为实践教学是课堂外开展的、相对应课堂理论教学的教学环节;有学者从教学方法的角度认为思政课实践教学是有别于课堂理论教学的教学方式或方法。这充分表明,教师对实践教学的内涵和外延认识不清,其实践模式自然模糊不定。二是对高校思政课实践教学的形式看法不一。从形式上看,当前一些高校思政实践花样翻新,形成了基地教育、阅读实践、案例教学、社会实践、研究实践等多类型,形成了课堂、校内、社会、虚拟四种实践形式。但有的学者提出校园实践教学和

---

① 戴钢书等:《高校思想政治理论课实践教学论》,北京:中国人民大学出版社,2015年,第71页。

社会实践教学,否定课堂实践教学和课堂实践教学。另外,实践教学的课堂内外、校内外实践教学的内容和形式存在脱节的现象,即课外和校外实践教学偏于各种活动,而且活动的内容与教材的理论知识相脱离。出现了刷脸式问题、刷分式互动、完成任务式展示等弊病,使实践教学变成为形式而形式的表演式学习,实践教学结束后学生的体验并不深刻。

5.师资之困:师生能否完成预期目标?办好思想政治理论课关键在教师。高校实践教学实践如果没有教师的严格要求、有力指导、全程督促,更易沦为"形式""过场"。目前,从高校思政课教师的配备情况来看,教育部数据显示,"截至2021年年底,高校思政课专兼职教师超12.7万人,队伍配备总体达到师生比1∶350的要求;专职思政课教师年轻化成为新态势,49岁以下教师占77.7%,具有高级职称的占35%。全国高校专兼职辅导员24.08万人,31个省区市辅导员配备整体达标。"[①]但目前,从认知体系转化为实践体系的角度来看,师资方面依然面临着两大困境。首先,高校思政课教师实践教学的精力限制。目前高校思政课依然是大班或中班教学,每位教师任课的教学班负责的教学班级通常2个及以上,与之相应学生也是200人及以上。面对大规模的学生,一方面,尽管采用专题讨论、演讲活动、案例教学、现场辩论等课堂实践的方式,若要覆盖到每一位同学,其实践的难度依然很大;另一方面仅是课堂教学任务已经不堪重负,故很难腾出精力去研究和组织环节多、任务重、责任大的实践教学了。其次,高校思政课教师实践教学的素能限制。实践教学首先要求教师要走出传统的"知识为本"的传统教学理念,对开放型、综合型、研究型课堂课外都有较高驾驭能力。但一方面,目前思政课教师队伍普遍存在"从学校到学校"单一成长路径问题,尤其是青年教师多数是毕业后直接走上教学岗位,缺乏必要的实践历练和社会经验。这种"从理论到理论"的职业发展模式导致教师实践教学能力相对薄弱,具体表现为实践教学形式单一、实践指导能力有限。另一方面,由于经费、场地、资源等限制,

---

① 邓晖、周世祥:《写好立德树人"大文章"》,《光明日报》2022年3月18日,第7版。

高校思政课教师走出校门去参观、培训、考察、挂职的实践机会较少,在制约教师实践教学素能提高的同时,也必然影响实践教学效果。

6.评价之困:考核标准指标如何明确?长期以来,高校思政课的理论教学已建立起相对完善的考核评价体系,然而,实践教学的评估机制仍处于摸索阶段。故此,评估体系的缺失,是高校思政课实践教学面临的又一困境。首先,评价的学生维度。从高校思政课教学实践的本质属性和功能来看,其评价应该体现开放性、综合性、过程性等特点。但在现实具体操作中,由于考核评价标准模糊、评价内容片面、评价方法单一等问题,难以发挥其应有的规范和引导作用,严重制约了实践教学质量的提升。比如,多数高校实践教学评价偏重学生所提交的显性的调查报告、实践材料等结果,忽略了学生实践过程中的实践方法、智慧能力、理想信念等隐性要素的综合评价。这就导致部分学生对实践教学,态度简单应付、内容复制粘贴,最终流于形式而难有所获。其次,评价教师的维度。高校思政课实践教学相比理论课讲授,需要教师投入更多的精力、时间。但是在一些高校的考核评价中,一方面是仍以论文、项目、专著、经费等科研类为主,大部分高校实践教学尚未纳入物质奖励、职称评定当中,故此评价方式的激励作用并未凸显;另一方面实践教学难以量化,育人效果也很难在当下展现出来,故此尽管有研究意愿、研究能力的思政课教师也不愿意投入过多精力在实践课教学上。

(三)认知体系向实践体系转化的基本路径

思政课不仅应该在课堂上讲,也应该在社会生活中来讲。实践是高校思政课的基本属性。针对高校思政课实践教学面临的突出问题,确立"学生努力—老师尽力—管理发力—模式助力—资源给力"为驱动的实践路径,实现高校思政课人才培养的最大化"合力效应",推动新时代高校思政课内涵式发展。

1.学生努力:激发学生的实践主体性。学生是实践教学的主体,实践教学对学生的自主探索、自觉研究提出更高要求。从认知发展维度来看，大学生群体已具备较为成熟的心智水平，系统的专业知识储备、显著的主观能动性、较强的独立自主意识，以及明确的目标导向，能运用所掌握的知识、技能探究世界、解决问题。这些条件决定了大学生在实践课中的学习模式已超越传统的知识和技能学习，而更多地体现为以问题为导向的研究性学习。但只有学生充分认识到思政课的重要性，并产生理论需求和学习兴趣，才能在实践课中实现教学目标。比如，在课题制社会实践这一模式中，其基本步骤包括研究选题、研究审题、研究设计、调查研究、汇报答辩、资料归档[①]六个环节。每个环节都需要学生的发挥能动性。这就要求：一是在实践活动开始前，教师要做好动员工作，把实践的目的、意义、任务清晰地传递给学生；二是实践活动开始后，教师要全程监督和指导。有调研发现，在"你认为社会实践环节教学效果是否理想"这一问题上，教师点评之前，认为非常理想的为21%，认为比较理想的为32%；在教师点评之后，认为社会实践非常理想的为51%，认为比较理想的为38%"[②]。这一数据表明，教师提供理论、方法的指导，解决学生在实践中遇到的"疑难杂症"，及时给予学生鼓励、督促，对激发学生的实践主体性从而高质量完成实践任务是至关重要的。

2.教师尽力：组建专兼结合协同育人团队。鉴于高校思政课实践教学具有的主体多元、内容动态复杂多变、实施环节繁杂等特征，这就要求教师不仅需要具备理论指导能力，还要在日常生活、危机处置、人际交往等方面都能发挥引导学生作用。这一现实诉求要求高校思政课教师需要不断提升自己的实践教学能力。在"大思政课"理念指导下，一是在队伍建设上，要"配齐建强思政课专职教师队伍"。教育部数据显示，截至2021年年底，"高校思政课专兼职教师超12.7万人……此外，每年有300

[①] 蒋荣：《高校思政课研究型教学实施路径与效果评估》，北京：中国社会科学出版社，2021年，第173页。
[②] 郝书翠：《高校思想政治理论课实践教学中教师点评的作用及运用技巧》，《思想理论教育导刊》2016年第8期。

多位党政领导干部上讲台,400多位"时代楷模""最美奋斗者"等进校园,3年共有300多位"全国劳模""大国工匠"担任校外辅导员。"①。二是高校可选拔一批思想政治理论课教师,重点进行实践性教学的培训培养,专门负责策划组织校内外实践性教学活动。三是积极拓展教学交流合作平台,为思政教师提供较多的短期校外挂职锻炼及教学交流机会,使教师能够深入社会场域,在实践参与中深化对社会现实的认知与理解,从而提升其理论联系实际的能力。以此,着力打造一支理论底气足、方法灵气足、语言地气足、课堂生气足的教师队伍。

3. 模式助力:思政课程与课程思政同向同行。思政课实践教学模式,即在"大思政课"理念下,将实践教学诸要素以特定方式组合而建立起来的具有稳定性的教学模式。这一教学模式,从系统论视角来看,表现为教育者、教育对象、教育内容的有机统一。具体而言,教育省通过优化教学设计程序、创新教学实施策略、完善教学方法体系等中介要素,把教学内容迁移到受教育者身上,从而达成预定的教育目标和任务。从这一视角看,形成了"思政+思政""思政+专业""思政+学工""思政+网络"的四大实践教学模式。

一是"思政+思政"的实践教学模式。这一模式主要运用思政课本身的资源,如课堂教学中的专题调研、翻转课堂、情景模拟、辩论讨论等方面,由学生自由选择并组队完成课堂实践内容。思政课本身的资源的选取既要结合教材的重点难点,又要结合理论界的热点、学生的兴趣点和关注的焦点;既要贴近教材,又要贴近社会、贴近生活和贴近学生。

二是"思政+学工"的实践教学模式。思政课实践教学与校团委、学生处、辅导员等部门组织的大学生社会实践活动(如党团建设、三下乡、勤工助学、社会活动、学生创新创业)相互融合、一体实施、共同推进。比如,电子科技大学马克思主义学院与校团委、学工部联合举行都江堰大型暑期社会实践活动,围绕每年设定的主题,通过开展科技夏令营、灾后重建

---

① 邓晖、周世祥:《写好立德树人"大文章"》,《光明日报》2022年3月18日,第7版。

帮扶、信息化建设调研、文化宣传服务等系列,有效地服务社会主义新农村建设。①

三是"思政+专业"的实践教学模式。当下高校思政课实践教学流于形式抑或收效不明显的一个重要原因在于脱离了学生的"专业生活场"。当思政课实践教学脱离学生的"专业生活场"时,必然导致两者"隔靴搔痒",甚至"隔河相望"。②若能将思想政治理论课实践教学与不同的学院、学科、专业背景联系起来,利用专业课外出见习、实习、实训等专业教学活动开展思政课实践教学,不仅能增加学生实践教学的积极性和主动性,而且能利用比较稳定和成熟的高校专业课实习基地有效增加思政课实践教学渠道,更是"把思想政治工作贯穿教育教学全过程"的要求真正落到了实处。

四是"思政+网络"的实践教学模式。运用新媒体新技术可以推动思想政治工作传统优势与信息技术相融合,充分发挥新媒体技术优势,利用"报+网+端+微+屏"的融媒体矩阵来实现网络虚拟资源与思政实践教学的有效衔接。比如,有的高校开展征集"抗疫思政微视频""清明祭英烈""庆祝中国共产党成立100周年""党史学习教育"等新媒体类作品的创作活动,丰富实践教学形式。

4.管理发力:健全实践教学工作体系的体制机制。众所周知的是,高校思政课实践教学是一个系统工程,涉及学校各部门协同、师生双向互动、多门思政课实践教学内容整合、校内外,以及网络实践教学资源优化、资金经费保障等诸多问题。建立完整的实践教学领导体系、管理及运行机制,提供有力的组织保障、制度保障,是高校思政课取得实效的基础。

首先,落实主体责任。2022年,教育部印发的《全面推进"大思政课"建设的工作方案》明确指出,"高校要普遍建立党委统一领导,马克思主义

---

① 戴钢书等:《高校思想政治理论课实践教学论》,北京:中国人民大学出版社,2015年,第75页。
② 董杰:《高校思想政治理论课嵌入式实践教学的路径选择》,《学校党建与思想教育》2020年第17期。

学院积极协调,教务处、宣传部、学工部、团委等职能部门密切配合的思政课实践教学工作体系。"①故此,建立由校级党政领导牵头进行统一规划和指导,多部门协同,在经费投入、师资配备、宣传保障等方面给予政策支持并进行严格的监督考核使其组织保障。另外,可以成立专门的思政课实践教学指导委员会,建立全过程、全方位的质量监控机制,确保实践教学各环节的质量可控。

其次,建立系统测评体系。2021年,教育部印发的《高等学校思想政治理论课建设标准》要求,建立健全科学全面准确的考试考核评价体系,注重过程考核和教学效果考核。故此,需要建立起系统化的测评体系。这一体系包括:一是确立综合性评价方法。鉴于思政课实践教学过程的复杂性、效果显性的滞后性等特征,应使用单元内与单元外考评相结合、定性评价与定量评价相结合、长周期评价与阶段性评价相结合。二是建构评价指标体系。这一指标体系包括态度、纪律、能力、结果、知识获得、观念养成等多重维度。三是成立专门评价领导机构。成立一支由省市教委领导的、学校教研部门领导和思想政治教育专业人员组成的评价小组,根据教育部门制定的考核指标,对高校思政课实践教学的经费开支、教学成果、教学问题进行监督和评价。

最后,推行实践教学督导及反馈制度。推行实践教学督导制度。选拔有经验有能力的教师,成立实践教学督导小组,对实践教学全程进行指导与监督。同时,建构评价信息反馈、激励机制。为确保评价工作能持久、健康、有效地持续下去,需要建立相应的建构评价信息反馈、激励机制。其中,信息反馈机制旨在将师生在实践教学中的表现、问题、经验,以及建议全面反馈给师生。评价激励机制,即依据师生在教学实践中的具体表现,公平公正地进行奖励或惩罚,激励师生在实践过程中努力提高实践能力和道德素质。

---

① 《教育部等十部门关于印发〈全面推进"大思政课"建设的工作方案〉的通知》,《中华人民共和国教育部公报》2022年第10期。

5.资源给力:以"大思政课"理念驱动实践教学资源开发。实践教学资源的开发,是高校思政课实践性教学得以运行的必要条件。"作为协调教与学之间关系的信息纽带,教学资源不仅构成教学体系的基本要素,而且在教学过程中具有赋予内涵、引领方向的作用。高校思政课教学资源建设,事关以怎样的信息充实教育教学内容、以怎样的内容激发青年学生的学习需求、以怎样的方式丰富学生的理论视野,是一项推进教学过程中各个要素之间提质联动的系统工程。"[1]为此,2019年印发的《关于深化新时代学校思想政治理论课改革创新的若干意见》,明确提出要加大思政课"思想性、理论性资源供给"和"推动优质教学资源共享"[2]。2020年,中共中央宣传部、教育部印发的《新时代学校思想政治理论课改革创新实施方案》明确指出要"推进数字资源和网络信息资源库建设"。2021年,教育部印发的《高等学校思想政治理论课建设标准(2021年版)》明确提出在"大思政课"理念下,"调动各种资源用于思想政治理论课建设"。2022年8月,教育部会同八个部门联合公布了"北京协和医院""西京医院"等首批453家"大思政课"实践教学基地。这些文件、要求及作为,不仅明确了新时代思政课建设的战略定位,而且系统规划了教学资源的类型属性与建设路径。其中,在校内充分挖掘实践教学资源、在校外建立社会实践资源库、在云端打造数字化资源,是实践教学资源建设的三大着力点。

一是在校内充分挖掘实践教学资源。一方面,挖掘教学资源,即着力推进理论资源与实践资源、显性资源与隐性资源等各类资源的系统化融合。具体可通过演讲、辩论、经典阅读、模拟实践、时政研讨、理论宣讲、翻转课堂等课堂实践形式,构建理论思维实训平台。另一方面,搭建校园实践集成平台,即在大学校园这一限定场域内,利用大学校园内的校史馆、勤工助学基地、学生协会、实训基地等,利用校园调研、团体辅导、读书交

---

[1] 徐蓉、张琪:《新时代高校思想政治理论课教学资源建设研究》,《马克思主义理论学科研究》2022年第4期。
[2] 《中共中央办公厅、国务院办公厅印发〈关于深化新时代学校思想政治理论课改革创新的若干意见〉》,《中华人民共和国教育公报》2019年第8期。

流、影片展映、志愿服务等，与思政课实践教学融合对接。

　　二是在校外建立社会实践资源库。各高校按照"就近就便、优势互补、合作共建、双向受益"的原则，构建多层次社会实践资源库。具体包括：积极与校外企事业单位、社会团体、优秀校友共商共建大学生创新创业孵化基地、科技创新基地等，利用博物馆、展览会、纪念馆、党史馆、烈士陵园等公共文化资源，构建社会实践稳定的、高质量的资源库。聚焦社会、国家发展的关键领域和热点问题，采用社会调查、实地考察、公益活动等形式，激发学生发挥主观能动性观察分析社会现象，完成理论观点的个体转化和升华。

　　三是在云端打造数字化资源。应当充分运用大数据技术、VR（虚拟现实）、AR（增强现实）等技术手段，构建多主体协同、多渠道共享的数字化资源共建共享平台。与此同时，为了更为精准地匹配教学内容，要组织教师团队对资源进行分级分层分类，专题模块整合形成"实践课程链"，实现教学资源的精准匹配与高效利用，为教师提供系统化、便捷化的教学支持。

第六章

媒介化、智能化、分众化进程中的高校思想政治理论课发展

高校思想政治理论课的建设与发展需要立足世界百年未有之大变局和实现中华民族伟大复兴战略全局的宏阔背景予以审视,客观把握思想政治理论课的战略方位和角色使命,科学探究和研判思想政治理论课教育对象的新变化和教育环境的新挑战。媒介化、智能化和分众化正是高校思想政治理论课改革创新中需要积极应对的新问题和新境遇。

一、媒介化进程中的高校思想政治理论课

媒介化是指通过互联网、无线通讯网、卫星等渠道,以及电脑、智能手机、数字电视等终端,向用户提供信息服务的媒介传播形态。这一媒介传播形态呈现为印刷媒介、电子媒介和网络媒介等的融合,将信息传播方式由"平面"转变为"网状"、将单一媒介变革为多维媒介。这要求高校思想政治理论课直面媒介化的新挑战,以牢牢把握大学生思想引领和价值观塑造的主动性。

(一)媒介化视域下高校思想政治理论课的发展

媒介化是由现代信息处理、存储和传输技术构成的网络系统,实质是信息传播方式的革新,并进而影响个体的交往和行为方式。这种信息传播方式从教育对象和运行形态上对高校思想政治理论课提出了新要求。

1.媒介化的信息传播方式使大学生的精神世界呈现出多元一体的新形态。媒介化的发展使大学生群体的交流方式更加丰富多样,同时也让信息传播的渠道更加多元,越来越多的社交平台成为大学生获取资讯和发表观点的重要窗口。有调查显示,有近八成的大学生每天接触网络媒介的时间在两小时以上,而抖音、哔哩哔哩、小红书、知乎、豆瓣等更是成为大学生交流信息和分享生活的热门之选。媒介化与大学生生活的深度融合正在改变着大学生的精神世界和价值选择,这也给高校思想政治理论课建设提出了新的挑战。

第一,大学生群体的价值观在媒介化进程中的异质与多元。媒介技

术的不断进步和媒介环境的不断优化给予大学生价值表达更大的空间和平台,大学生群体在这个用技术搭建起来的虚拟空间中能够更加自由地获取自己感兴趣的信息并发表观点、分享经验甚至发现和自己在审美和风格上很接近的"搭子",媒介化的虚拟性和交互性让这种数字交往拉近了与大学生精神世界的距离。与此同时,大学生在思想观念、价值选择和行为趋向等方面也呈现出多元发展的态势。基于此,高校思想政治理论课需要准确把握大学生群体的思想动态和交往特点,用大学生乐于接受的方式对其进行价值观引导。

第二,媒介化推动大学生价值形塑的圈层化发展。基于算法技术的媒介化演进不仅为大学生群体提供了个性化的交流平台,也让他们能够更好地找到与自己"趣缘"相近的话题,进而融入属于自己的"圈层"。如明星超话、微博"意见领袖",以及百大 UP 主等,他们依靠"粉丝群"的关注和转发,能够迅速制造一些热议的话题或舆论,而这些基于共同话题或共同兴趣而生成的议题对大学生群体的价值判断和选择会带来重要的影响。高校思想政治理论课要贴近大学生,既需要了解大学生热衷讨论的议题,也需要引导他们理性看待这些热度飙升的话题背后的深层逻辑和基本立场,帮助大学生提升对网络媒介舆论的甄别和筛选能力,以其喜闻乐见的形式感召他们与社会主义核心价值观同频共振。

2.媒介图像化改变着大学生的认知和实践方式。随着媒介发展图像化进程的加快,人们与图像的双向互动越来越成为其把握世界的新方式。图像以其直观的呈现方式和巧妙的隐喻表达也愈发受到广大青年大学生的认可和青睐。大学生在参与图像化媒介交往实践中,不仅重塑着图像媒介的形态和话语,而且自身的价值判断和选择也随之变革。高校思想政治理论课需要精准研判媒介图像化的新特点,着力讲好大学生立德有为、奋发向上的时代故事。

第一,从信息传播的符号系统及其特征来看。图像化媒介与印刷媒介和声音媒介相比,其在信息传播的表现力上具有更强的感染力。这主要在于图像符号高度契合了受众的感官体验需求,将抽象的信息以具象化的形态呈现出来,激发了人们对信息本身的兴趣和关注度。一方面,媒介图像化让不同群体之间的信息隔阂被最大程度地消融。与印刷媒介不同,图像媒介对受众的年龄、职业和受教育程度没有过于严苛的要求,每个人都可以在"观看"的过程中找寻到属于自己的信息。这就最大可能地突破了因符号系统编码的复杂性而带来的信息差。另一方面,媒介图像化与大众生活和交往的深度融合,带来不同社会群体和社会角色界限的模糊,进而造成个人自我角色认知和行为选择的困惑和失序。例如,由于网络信息的分级审核制度不够健全,一些青少年过早接触包含暴力、犯罪、邪恶、性等内容的网络信息,致使其身心发展受到不利影响等。

第二,从信息传播的符号系统的意义来看,文字符号到图像符号的转变表征着个体认知世界和自我的方式的发展。"如果说话语符号是以语言、文字为中心的时间思维模式,图像符号则是以视觉为中心的空间思维模式,它表征着个体认知世界的方式由'思'转向'观看'、由'话语'转向'图像',从而与笛卡尔的'我思故我在'、康德的'理性批判'中的'思'相区别,构成人认识世界的图像化方式。"[1]海德格尔在《世界图像的时代》中把图像视为"世界客体化"和"人的主体化"的方式,他强调"对于现代之本质具有决定性意义的两大进程——亦即世界成为图像和人成为主体——的相互交叉,同时也照亮了初看起来近乎荒谬的现代历史的基本进程"[2]。在海德格尔看来,世界的图像化和人的现代化具有同源性,即图像符号的出现和发展不仅改变着世界的呈现方式也变革着人们的认知模式。例如,随着5G技术的发展,网络直播成为一种娱乐和销售的新形态。打扮时尚的网络主播用具有吸引力的现场演示与受众进行互动,给予其丰富的体验感,进而引导人们按照她所希望的方式行动的现象就是运用图像符号的优势进行自我品牌塑造和推广的实践。而这些信息传播的新变化

---

[1] 周琪:《思想政治教育的图像化转向》,《思想教育研究》2017年第1期。
[2] [德]马丁·海德格尔:《林中路》,孙周兴,译.上海:上海译文出版社,2008年,第81页。

也在影响着大学生的认知和行为方式。对此,高校思想政治理论课教师应该主动关注这一变化,积极适应图像媒介的新挑战,着力推动高校思想政治理论课守正创新。

(二)媒介化进程中高校思想政治理论课发展的方式转变

在媒介化进程中,需要运用新媒体这一信息传播方式建设高校思想政治理论课形态,推动高校思想政治理论课教师角色转变、高校思想政治理论课立体教学建设、高校思想政治理论课从宏大叙事向"微化"的转化。

1. 高校思想政治理论课教师应担起"把关人"的职责。媒介化时代的信息生产和传播超过了以往任何一个时代,以数字编码为载体的信息生产方式让新时代的每一个个体都沉浸在信息过载的场域中,如何在纷繁复杂的信息流中获取有益的信息,如何避免被无效的信息遮蔽我们对真相的探求热情,如何在多元化的信息集群中找到属于自己的价值坐标……这些问题的回答不仅关乎新时代大学生的成长与成才,也关乎高校思想政治理论课的认可度和有效性。为此,高校思想政治理论课教师作为教育活动的引领者,应积极主动地发挥自身的主导性,自觉担负起媒介信息"把关人"的职责。媒介化进程中的各种信息涵盖着多元化的价值观和意识形态,有些信息以反思中国的历史与现实为幌子,借机宣扬历史虚无主义、民主社会主义、新自由主义等思潮,故意淡化或者模糊资本主义意识形态与社会主义意识形态的区别,如果不加以仔细区分,很容易掉进他们精心设计的理论陷阱。面对这些信息,高校思想政治理论课教师首先需要进行甄别和判断,担起"把关人"的职责,对各种不同性质的信息进行研判,解读其背后所蕴含的价值取向和立场。在这一过程中,高校思想政治理论课教师的媒介素养直接影响其"把关人"功能的发挥。一方面,高校思想政治理论课教师自身的理论功底和专业素养关乎其能否正确识别和把握不同类型信息的实质,并引导学生用正确的立场观点予以审视;另一方面,高校思想政治理论课教师能否将这些甄别后的信息用大学生熟悉和乐于接受的媒介话语形态予以呈现,又关系到对大学生价值引导的实效。因此,高校思想政治理论课教师既要站稳政治立场,守牢政治底线,敏锐识别复杂信息背后的意识形态风险,同时也需要着力提升自身的专业能力和媒介素养,增强自己对媒介信息的转化能力,真正成为大学生成长路上的知心朋友。

2.高校思想政治理论课教学方式应向多维协同转变。随着媒介化进程的纵深发展,大学生获取信息的方式和样态也在悄然发生变化。越来越多的大学生倾向于接受以"观看"为主要体验方式的图像化信息,同时,大学生参与信息传播的方式也更个性化,这要求高校思想政治理论课教学需要转变固有的单一化模式,努力推动信息图像化、叙事场景化和演绎个性化的多维协同。

第一,构建图像叙事与人文关怀相融合的高校思想政治理论课教学形态。依托媒介化技术的强效赋能,高校思想政治理论课的教学形态正在发生新的变革,即从传统的理论讲授转向图像感知与人文体验相结合的教学新形态。具体而言,在媒介化的进程中,大学生在思想政治理论课的课堂上可感知和体验的环节和场域将更为丰富,它打破了传统教学形态中老师主导的话语模式,它将思想政治理论课的核心内容与大学生熟悉的生活化图像进行融合,让师生在共同参与的图像体验中实现思想对话和价值共享。这一教学新形态让抽象静态的理论以直观具象的形式走进师生中间,让价值观的塑造和引领由单一维度的说教变成多维度的实践体验,有助于推动大学生思想政治素养的知行转化。

第二,构建现场性与网络化相结合的高校思想政治理论课教学过程。传统的课堂教学通过特定的空间和时间设定教学过程和环节,而新媒体提供的网络技术推动高校思想政治理论课教学在时空上进行有效延伸,通过数字化教学平台、网络资源、微博学习、数字案例等建设高校思想政治理论课的网络课堂。这在于,课堂网络化能够适应网络时代大学生个性化、自主性和互动性的学习需求,大学生可以灵活选择学习的时间和方式,从而建构个性化的知识体系。高校"慕课""微课"建设即是高校思想政治理论课教学的网络化、媒体化和开放化。西南大学推进思想政治理论课"课堂教学·网络教学·实践教学"三位一体教学体系改革,运用云教学平台建设"导入+微课程+学习链接+测验+学分"为主体的网络教学模式,而课堂教学转向专题学习和问题探究,从而拓展高校思想政治理论课的时间和空间。另一方面,运用新媒体建设高校思想政治理论课数据资源库,把教学课件、教学微课、案例视频、阅读书目等资源上载云平台,教师和大学生可进行资源查询和共享。例如"高校思想政治理论课程网站"是专门针对思想政治理论课教师的主题网站,其精彩一课、课件制作、社区论坛、资源征集、网络申报评审平台等板块为高校思想政治理论课教学提供资源共享的平台。

3.高校思想政治理论课从"宏大叙事"向"微观叙事"转变。高校思想政治理论课聚焦于能否将党的创新理论与大学生成长成才的个人理想进行有效对接,激发他们自觉成为堪当民族复兴大任的时代新人。为此,如何将马克思主义中国化时代化的最新成果准确有序地传递给大学生,增进大学生对社会主义主流意识形态的正确把握和广泛认同,这需要在思想政治理论课的教学中将抽象的理论体系转化为大学生可感知的生活实践体系,即从理论的宏大叙事转向生活的微观叙事。

第一,"微观叙事"聚焦高校思想政治理论课从单向知识传输转向扁平化知识分享。在以图像符号为主要传播方式的媒介发展进程中,大学生群体获取知识信息的方式呈现出海量与碎片、去中心化与多中心化的特点,大学生在接受知识的容量、时效和思维方式上均具有图像符号传播的特质,如思维的跳跃性、信息的碎片化、知识的浅表化等,这一变化要求高校思想政治理论课在教学过程中实现整体性知识与阶段性知识的衔接,从单一的课堂教学转向专题教学、实践教学和研讨教学的统一。专题教学侧重于中国特色社会主义理论的认知,以各门课程的核心知识为导向,阐释中国式现代化中的"是什么"和"为什么",展示其历史之维和现实之维。研讨教学侧重于以问题为中心的小组合作探究,引导大学生关注现实问题并探讨其成因和解决方案,这一过程既是大学生对中国式现代化理论的内化,又是个体对这一理论的个性化阐释。北京大学"思想道德与法治"课程辩论赛以"建设法治社会更应侧重'关键少数'还是最大多数"为主题就是这种研讨教学的典型形式。实践教学侧重于引导大学生将中国特色社会主义理论体系从认知向实践转化,发挥大学生知行统一的主体性,如开展实践调研、"三下乡"服务、青年志愿服务等活动。

"微观叙事"聚焦高校思想政治理论课与大学生日常生活的融合及表现方式。在新媒体的图像化、视像性的信息传播方式中,大学生更倾向于大众化、通俗化和感性的信息内容和表现形式,因此高校思想政治理论课中理论话语与生活话语之间的张力日益凸显,突出表现为部分大学生在价值取向上对楷模、榜样等的漠视,甚至倾向于娱乐化和庸俗化。对此,高校思想政治理论课需要将"有意义"的内容呈现得"有意思",通过聚焦大学生日常生活中的话语内容和形式,用他们喜闻乐见的素材来回应这些理论问题。一是选取源于大学生日常生活的素材建设高校思想政治理论课的生活话语。这种素材应是大学生所理解和关注的生活形态,这要求把握当代大学生的思想动态,选取大学生关注度较高的社会热点问题,如当代大学生关心的时事政治、社会责任、社会思潮等主题。二是运用新媒体建设高校思想政治理论课的"微传播"。把新媒体的APP、手机、互联网等传播载体整合成信息传播网络,形成高校思想政治理论课与不同媒介之间的融合,包括贴近大学生日常生活的网站和网络互动社区等。同时推进高校思想政治理论课教师博客、微博、微信公众号等网络新媒体建设,通过微信、微博平台的跟帖、评论、点赞等及时把握大学生的思想动态并与之互动,使之成为把理论话语向大学生日常生活领域渗透的平台。

二、智能化时代的高校思想政治理论课

随着人工智能技术的不断发展,高校思想政治理论课的教学环境和育人方式正面临前所未有的变化和挑战。如何准确把握人工智能对大学生认知和交往方式的影响,如何深入挖掘人工智能的技术优势,助力高校思想政治理论课精准教学的效能提升,是当前高校思想政治理论课亟待回应的问题。习近平总书记指出,要"高度重视人工智能对教育的深刻影响,积极推动人工智能和教育深度融合,促进教育变革创新"[①]。因此,高校思想政治理论课要从规模的扩大再生产转向内涵式的高质量发展,需要充分认识到人工智能时代带来的技术红利。即在人工智能的赋能下,高校思想政治理论课可创设出具体创新、协同、精准、开放、高效的高质量教育生态。[②]例如,面对大学生日趋多元化、立体化、复合化的精神需求,高校思想政治理论课供给方借助人工智能可实现与大学生精神需求的精准对接,做到供需平衡的有效循环。人工智能时代的来临为高校思想政治理论课建设提供了新思路,即通过"人—机—环境"交互设计,创设不同话语场域的沟通情境,实现从"被动学习、权威认同"向"协同创新、交互认同"转型。在人工智能技术的融合嵌入之下,高校思想政治理论课的系统性与协调性的相互链接成为可能,知识教育与人文教育相交相融成为构建大思政模式下智慧教学体系的核心策略。高校思想政治理论课应主动回应时代变革,探索教学创新路径,完善新时代高校思想政治理论课教育变革,"不断增强思政课的思想性、理论性和亲和力、针对性"[③]。

(一)智能化时代高校思想政治理论课高质量发展的现实需求

新时代高校思想政治理论课发展正面临着高校思想政治理论课供给

---

① 习近平:《习近平向国际人工智能与教育大会致贺信》,《人民日报》2019年5月17日,第1版。
② 沈壮海、刘灿:《论新时代思想政治教育的高质量发展》,《思想理论教育》2021年第3期。
③ 习近平:《思政课是落实立德树人根本任务的关键课程》,北京:人民出版社,2020年,第17页。

不平衡不充分与大学生多元化精神需求之间的矛盾。如高校思想政治理论课教师队伍建设不平衡不充分同承担立德树人的关键课程的责任不相适应；高校思想政治理论课师生之间的教学评价体系科学性和有效性不足，同不断提高高校思想政治理论课的思想性、理论性、亲和力和针对性要求还不相适应；等等。显然，要从根本上破解高校思想政治理论课的主要矛盾，高校思想政治理论课需要转向高质量发展。

1.依托智能技术实现对大学生学情的精准把握。高校思想政治理论课能否切实落实立德树人的根本任务，将党的创新理论和社会主义核心价值观以春风化雨、润物无声的形式影响大学生的精神世界和价值观塑造，关键在于其能否准确把握大学生群体的思想追求、价值诉求和实践需求，而对大学生群体思想动态和行为方式的精准把握不能局限于师生之间的"在场"交流，还需要将课内与课外、线上与线下、校内与校外的交流与实践进行协同整合。长期以来，高校思想政治理论课囿于教学场地和技术的制约，主要通过课堂观察、调查问卷、个别访谈或社会实践等方式了解大学生的思想动态和兴趣偏好。虽然这些方式能够在一定意义上反映大学生群体的某些思想特质或问题，但很难精准雕刻出大学生群体的思想群像，不利于高校思想政治理论课的精准教学。随着智能化技术的不断成熟，高校思想政治理论课教师能够充分运用大数据爬虫和智能化技术等技术手段，分析大学生群体的兴趣偏好、思想动态和行为特征等，进而精准刻画出当前大学生在学习生活、人际交往、思想观念、价值追求等方面的独特标识，为高校思想政治理论课的精准化教学和科学化育人提供有益参考。智能化技术与高校思想政治理论课的全面结合，不仅让师生之间的对话和交流更便捷，也让高校思想政治理论课的教学更有针对性。但与此同时，我们也需要注意智能化技术对参与教学活动中的师生可能带来的主体性消解。具体而言，在教学活动中，如果师生对于智能化技术与思想政治信息的结合条件与方式没有明确的把握，只是把智能化技术作为一种知识传递或获取的便捷手段，那么这种对智能化技术的单一依赖将会弱化甚至消解师生的主体性。从这个意义上说,自觉加强高校师生的智能化技术素养是智能化时代高校思想政治理论课发展的应有之义。

2. 智能化技术赋能高校思想政治理论课教师创新素养提升。高校思想政治理论课是一门融思想性、理论性与实践性于一体的综合性课程。因而,高校思想政治理论课教师不仅是马克思主义理论的传播者和实践者,还是日常教学活动的组织者、管理者和评价者。高校思想政治理论课教学要实现高质量发展,关键在于高校思想政治理论课教师能否及时掌握先进的教学理念和教学技术,针对时代发展对人才素质的要求和大学生自身成长的需求开展创造性的教学和育人工作。而智能化技术的出现和普及,为高校思想政治理论课教师创新素养的培养和提升提供了良好契机。一方面智能化技术的广泛使用可以让高校思想政治理论课教师从繁重的重复性劳动中解放出来,进而投入更多时间和精力进行教学改革和育人实践。另一方面,智能化技术的运用也可以助力高校思想政治理论课教师不断突破自身的认知和实践局限,整合多种类型的教育教学资源,为思想政治理论课的创新改革提供有力的支持。在智能化技术的协助下,高校思想政治理论课教师"不断借助新技术、新工具挖掘思想政治教育各要素的潜力,通过思想政治教育传统优势和人工智能技术优势的融合,将自己'变身'为智能思政课堂的组织者"[①]。

3. 人工智能赋能建构高效的教学评价体系。人工智能通过解构和重构现有的评价体系可以形成新的有别于传统的高校思想政治理论课教学评价体系。首先,实施的关键在于将高校思想政治理论课教学评估指标体系分为校、院(系)、教师三级指标,分别适用于高校、马院、学生反馈和教师反馈。如"教师指标"在设计之初就可以选择向大学生反馈或仅向教师反馈的指标,从而保证高校思想政治理论课教师主动地将外界监督和

---

① 陶辉:《人工智能语境下思政教师的角色重塑》,《中学政治教学参考》2020年第5期。

自我反思结合起来,进一步提高自身的教学能力。[①]其次,在数据收集方面,高校思想政治理论课教师可以依托于穿戴设备、摄像头、监视器等多模态数据采集工具,挖掘到更加全面的"教"与"学"的相关数据,实现高校思想政治理论课教学数据从"单维"到"多维"、从"平面"到"立体"的转变,为高校思想政治理论课高质量教学评估提供科学的数据前提。再次,在数据分析方面,智能算法、用户建模、预测性分析等云计算技术既可以诊断高校思想政治理论课教师的教学行为数据,又可以分析大学生的学习行为数据,为动态化的师生交互提供了合理的沟通切入口,进一步缓解了高校思想政治理论课供给侧与需求侧之间的矛盾。最后,在评估反馈方面,区块链技术将以交互式、可视化的形式呈现原始的高校思想政治理论课教学评价结果以及排名情况,即高校思想政治理论课教师在全校、马院中的排位情况。简言之,借助人工智能既有利于高校掌握每位高校思想政治理论课教师的教学情况并及时调整教师培养计划,又有利于高校思想政治理论课教师根据评价结果调控和改进管理、教学、服务等进程,保证高校思想政治理论课教与学的共同提高。

(二)智能化时代高校思想政治理论课智慧教学的创新机理

人工智能技术的不断迭代,呼唤教育理念和教育形态的智慧化进程。高校思想政治理论课发展关乎大学生思想政治素质的培育质量,高校思想政治理论课教学需要在教学形式和运行逻辑方面着力提升智慧化水平。

1.智能化技术助推高校思想政治理论课教学形式创新。智慧教学是搭建智能技术赋能的知识传递、精准实时反馈的闭合式学习、全息场景教学实践范型。对教师来讲,智慧教学能够成为助教与科研助手的角色。智慧教学可以帮助教师完成耗时费力的工作,能够使教师的精力集中到现行模式教学的升级与改观中。对于学生而言,它提供个性化学习的载

---

① 郭丽君:《走向为教学的评价:地方高校教学评价制度探析》,《高等教育研究》2016年第6期。

体,它根据学生的接受能力构建个性化的知识地图。其次,智慧教学通过情境感知能够将学生面型表情和脑电信号进行数字化,实时动态监测、监测评价、监测反馈、降低认知负担,打造自主建构的教学环境,激发学生深度认知,促使知识学习上升到本体建构。再次,智慧教学运用智能技术将各种学习情境运用起来,通过"人—机—环境"交互设计创建多元对话场域的沟通情境,从被动学习、权威认同变成协同创新、交互认同,建立无处不在的学习模式。目前的智慧技术教学模式基本上有两类,一类是融合为主的辅助课堂教学模式,运用智能技术辅助开展课堂内部的多样学习。例如,运用"雨课堂+BOPPPS"的智慧教学模式,将课程教学中的重难点问题以研究议题的形式发布在智慧化学习平台中,课前收集学生对这些问题的基本看法和理解情况,为课堂教学环节的问题研讨提供依据。在授课过程中,运用智慧教学工具,实时捕捉学生对教学内容的关注情况,精准把握学生的兴趣点进行问题设置和价值观引导。例如在讲授"改革创新是时代要求"这一内容时,可以将"李约瑟之问"与"科技创新视角下的中美贸易之战"等议题发布在智慧教学平台,引导学生思考李约瑟之问与中美贸易摩擦本质上共同指向了什么问题,进而在正式授课时,以课堂辩论的形式加深学生对新时代创新驱动发展的本质把握。另一种则是以潜移默化为主的全方位教学系统,通过日常生活学习场景的构建对受教育者的思想观念、价值理念等进行引导。例如,在进行新时代的爱国主义专题教学时,可以结合所在学校和地区的红色历史文化资源,将校史和地方史中的红色英模人物和事迹通过VR形式进行情境再现,让学生身临其境地感受这些革命志士对待革命信仰的坚定和忠诚,以及为实现民族解放和人民幸福而不惜牺牲一切的大无畏精神和崇高爱国情怀。这样的智慧教学网络的构建极大促进了不同教育信息之间的交流沟通,达到了教育资源的及时互补、整合统一。

2.高校思想政治理论课智慧教学运行逻辑。高校的思想政治理论课教学不同于知识教育,主要是认知层次的说服教学,在构建高校思政课智慧化的教学模式上,不能简单将思想政治教学过程作为一种一般的教育教学过程,而是实现通贯的教育表达,充分考虑宏观的社会运行和微观的个体接受的过程,形成一种以隐性场景教学和显性场景教学交互的知识网络。隐性场景的活动是隐喻性话语符号的镶嵌过程,它以隐性符号浸染为媒介渗透和影响受教育者价值观念的形成,显性场景的活动则是以思想政治理论教学第一课堂、校园文化第二课堂和社会实践第三课堂为核心融合的方式巩固价值理念。这一模式对接了学校、家庭、社会、学生等,连通了"知"与"行"两个环节,让各种主体场景聚力作用于思政课教学过程之中,打造了全时空、时时能学的全员、全过程、全方位的教学生态网络。智慧学习能够将学习者的知识学习转向本体构建,锻造出学习者的认知逻辑,减少认知负载,开启学习者的深度认知。智慧课堂打破传统思政教学空间场所的界限,实现多维度多学科的思想政治教学信息交流,扩大了学习者的视角。智能教学实现了信息载体间的互联,改变了传统思想政治理论课教学中静态的单向理论教授模式,向着生动活泼的体验式教学方向进行。由此可见,智能技术的运用大大提高了高校思想政治理论课的教学效率,在高校构建了上下同欲、内外联动的良好格局。

(三)智能化时代高校思想政治理论课智慧教学的实践路径

目前,人工智能背景下的高校思想政治理论课教学研究多集中在教学资源模式的优化与创新,包括多学科的融合创新视角与融媒体整合传播视角。随着人工智能技术在教学体系构建中的应用愈发深入,人工智能对高校思想政治理论课教学思维的转变、平台运行、数据处理和信息传播的影响也逐渐发挥作用。整体化和系统化的全数据模型要求教育者具备分析数据、处理数据的能力,基于大数据分析结果科学预判学生的学习实践行为,这对高校思想政治理论课教学采取相应变革尤为重要。人工智能背景下的高校思想政治理论课教学应革新人才培养观念,提升教师专业素养,完善知识体系构建,聚焦于立体化、智慧化的教学载体研究,这样才能切实增强高校思想政治理论课的整体效果。

1.坚持以学生为主体的人性化教学。高校思想政治理论课教学不仅要关注知识的教学延展,更需要强化教学中的学生产出感,让学生拥有更多的"学有所得"。习近平总书记指出,高等教育思想政治工作的三大规律是指思想政治工作的规律、教书育人的规律和学生成长成才的规律。在智能时代,学生成长成才的规律成为新的聚焦点,思想政治工作规律与教书育人规律不断转向以学生为中心。在人性化的教学模式潮流下,培养学生的独立学习能力、创造性学习能力、深度学习能力胜过知识的灌输,在对学生实行个性化教学时更需要引导学生主动地获取信息,发展他们深度学习的认知结构,对已有的知识结构不断创造出新的学科智慧。这样,在学生产出的过程中,学生在教学中从受动的状态转变为在教学中主动创造的状态,实现了人才培养多元化、创新型的特点,拥有了真正的"智慧型教育"。这就要求高校思想政治理论课教学树立一个具有兼容性与包容开放性的教学方式,担负起受教育者创造力的激发,使其也能够参与到知识传播的行列。因此,高校思想政治理论课革新教育方式应该注重引导受教育者强化问题的解决,培养学生的创新意识,实现人机合作人才培养教学的目标。

2.教学知识体系需实现学科融合与知识重构。人工智能时代呼唤开放度更高、精准度更强的教学知识体系。高校思想政治理论课教学应由偏重单一学科发展向多学科融合视角转变:受教育者思想活动的复杂性与多变性要求心理学视角的考量;社会现象的纷繁复杂需要从社会学视角看透本质;海量的数据对统计学视角下的信息处理能力提出了新要求;教学团队管理与构建需要管理学视角助力。传统思想政治理论课教学知识体系构建路径集中在教育者的单向传输,缺乏对学生学习认知能力的整体把控。智能学习过程则通过动态的辅助工具检测,基于数据反馈结果构建学习认知地图,梳理不同领域知识点间的逻辑关系,形成网状知识体系,达到知识能力结构的智能表征化。与此同时,还可通过实时的学习负担检测及时调整知识模型,完善个性化学习内容。基于此,高校思想政治理论课教学能够进一步完善知识结构,构建定制化的"一对一"教学体系。

3.教学生态多元:构建"知行合一"的教学环境。随着智慧时代的到来,高校思政课堂的教学渠道扩大了,教学的环境也趋向立体化,学生学习知识的渠道不再是局限在学校课堂,由于教学资源更加多样、方法更加多元,课堂内外逐渐融为一体。基于教学的实际情况,在这种教学氛围下,一定程度上可以解决教育资源不均衡的问题,实现弱势群体受教育的公平权,促进教育上的相对公平。

高校的思想政治理论课程不应仅仅局限在课堂之中,而应通过实践来验证知识和发现真理。生成式智能技术为高校思想政治理论课程的"情境化"转变提供了支持,"虚拟仿真技术为思想政治课带来了一种新的可能性,它通过计算机创建与现实相符的虚拟情境",让学习者在实践中亲身体验,自主探索,增强学生的理论理解,同时降低实践教育的成本。打破时间和空间限制的教学环境,也更容易实现高校思想政治理论课程中"知行合一"的教育理念。

4.教学评价智慧化:进行实时动态的反馈指导。智能教学评价构建了多角度、持续追踪、长期规划的评价系统,通过各类数据搜集对受教育者完整行为过程进行监测,将其处理事件能力、心理健康状况与社交动态指标化,能够更敏锐地察觉到问题,也能发现问题的根本原因,对症下药。除此之外,还可通过持续性观察,对受教育者未来规划提出建设性意见。在这一层面上,高校思想政治理论课的师生关系不再是单一的"传—授"关系,除了知识内容的获取,学生也会从老师那里获得未来人生发展的方向性建议,这也是高校思想政治理论课亲和力与针对性的体现。

总之,智能化时代下的高校思想政治理论课创新在本质上与传统思想政治理论课的革新不同。它对教育者、受教育者、教学过程、教育环境,以及教育体系都产生了颠覆性的变化。这一方面导致了高校思想政治理论课教学人才培养观念的革新，为智能时代高校思想政治理论课教师的技术素养与专业需求划定了新的高度；另一方面，也对高校思想政治理论课教学课堂提出了更加精细化、科学化甚至更加个性化的要求，从而使高校思想政治理论课教师不得不重新审视当下的思想政治理论课教学体系。因此，高校思想政治理论课应主动结合智能化时代的新要求，积极推进自身教学形式的创新发展。

三、分众化场域中的高校思想政治理论课

党的十八大以来，高校思想政治理论课教学改革不断深化，多种教学方法被广泛应用，教学实效得到显著提升。与此同时，学生到课率低、抬头率低、点头率低的现象依然存在，主动参与教学的积极性尚显不足，课程对学生的吸引力和影响力还有待增强。如何针对教育对象的差异化需求进行课程内容和教学方式的优化升级，成为高校思想政治理论课必须积极回应的重要课题。由此，以问题为导向的高校思想政治理论课分众教学模式应运而生。这一模式凸显"问题"与"分众"两个要素。"问题"要素着重发现学生在学习生活和思想认识上存在的困惑与问题，并以此为导向，使教学内容的选择更有针对性；"分众"要素在于区分受众，整合多方教育力量，针对不同学生群体采取不同的教学手段，建构起立体化、多层次的教学体系，以求最大限度关注学生的个体需求。这种教学模式在一定程度上克服了当前高校思想政治理论课大班授课的弊端，将单向度教学转变为双向实时反馈，将单一方法转变为多种教学方法综合运用，将重视学生的普遍性转变为关注学生的差异性和层次性，实现了真正意义上的因材施教。

（一）高校思想政治理论课分众教学模式的出场

当前，高校思想政治理论课多采用大班教学，师生之间很难开展有效的交流互动。面对来自不同院系、不同专业、不同学习背景的大学生，教

师极易忽视学生的个体差异和个性化需求,导致学生感受不到学习的乐趣,轻视思想政治理论学习,教学改革面临瓶颈。出现这些问题的原因很多,如果单纯从教学过程本身看,主要在于教师对当前"00后"大学生群体的思想特点和学习方式研究不够、把握不准。

1."00"后大学生的群体文化认知具有多元化与小众化并存的特点。互联网不仅让人们的思维方式和交流方式产生了变革,也在潜移默化中改变着这些大学生的文化认知方式。一方面,这些大学生思想活跃,对于社会上的分歧问题和边缘群体显示出了更高的包容性,具有开放包容的文化认知;另一方面,以"饭圈文化""二次元文化""恶搞文化""佛系文化"等为代表的青年亚文化持续发展,这些大学生还积极参与将亚文化的表达方式融入主流文化中,他们的群体认知模式中既存在主流文化与青年亚文化共同存在的相互包容融合,在小众化方面,大学生的群体认知模式也呈现出以兴趣为纽带进行小众化分化的特点。例如,目前这些大学生的网络兴趣社群类型主要有以下几种:一是痴迷于"人"的热爱和崇拜,以"饭圈"为典型代表;二是痴迷于"物"的追求,以盲盒群、汉服群为代表;三是痴迷于"活动"的热爱与关注,以痴迷于自由行和探险着迷的驴友群为代表;四是对媒体与文案的热衷和追捧,如各种国家和类型影视剧迷、书籍迷等。这些大学生可以在网络中自由选择自己兴趣所在的栏目和话题,进行互动与交流。

2."00后"大学生对社会的认知呈现出认同与困惑并存。"00后"是直接享受改革开放成果的一代人,这也使他们将对这种红利的享受视为一种常态。在社会公平、公正的认知上,一方面,在新媒体和社会化媒体的影响下,"00后"大学生获取了大量相关的信息,并对社会公平、公正形成了独立的价值判断和态度倾向;另一方面,主流价值话语对公正、平等等价值观的宣扬,也提高了"00后"大学生对社会公平的期待,使他们更易对社会公平议题持更为强烈的批判态度。此外,伴随着市场化的冲击,以及西方文化价值观的渗透,"00后"大学生对社会道德标准产生了迷茫,部分人表现出以"承认"代替"判断"、以"多元道德规范"代替"正义道德共识"的道德相对主义倾向。

3."00后"大学生的国家认知呈现出耦合与张力交错的态势。当代大学生更倾向于从个体视角出发设定人生追求,以自身为准绳而非统一的权威来判定外部世界。这种对自身独特性的肯定使他们不盲从于权威,并在适当评估个体能力的基础上,在可选择的范围内形成了多元和开放的价值认知,在个人与国家关系以及对国家主导价值观的认知上表现出耦合与张力并存的认知模式。一方面,"00后"大学生表现出对国家和民族的高度认同,这是他们过去经历的主观映射,但不排除因个人发展受挫和社会发展空间收缩带来沮丧和挫败的可能,在特定思潮的影响下,其国家和民族认同易出现激进化的趋势。另一方面,尽管"00后"大学生多元开放的价值认知并不与国家主导价值观所倡导的思想内核相悖,但其表现形式、表达程度与国家主导价值观的具体实现路径并不完全相同,甚至超越了国家主导价值观框定的范围,去权威、小众化和自我意识强烈的认知倾向表现出碎片化和浅层化的特点,消解了国家的主导价值观。

"00后"大学生思想活跃,崇尚个性与自由;观念前卫,乐于追求新鲜事物;竞争意识、独立意识较强;价值取向趋于务实,功利色彩较浓;热衷社会活动,喜欢团队建设和共同成长;生活去大众化,追求个性化元素;善于通过网络获取信息,注重发表个人观点和利益诉求,整体上呈现出早熟、独立、自信、张扬、务实的鲜明轮廓。这些思想行为特征反映到学习上则表现为:一是在学习内容上,对教学的内容的要求日益个性化和务实化,希望得到对自身发展和解除困惑有切实帮助的知识;不喜欢章节目的编排方式,而喜欢问题化的知识体系和讲授逻辑;朋辈的引领在学生接受教学内容、形成正确的思想意识方面具有重要作用。二是在学习方式上,不喜欢被动地听课,而要求参与其中,发表意见;喜欢团队学习,热衷于问题的争论和思想的碰撞;网络成为大学生求知学习的重要途径,电子图书和智能手机正在悄然改变大学生的阅读习惯;等等。这些特点要求教师从学生的个性化成长出发,通过选用符合学生认知规律的教学内容和方法,实现良好的师生互动。以问题为导向的思想政治理论课分众教学模式就是依据"00后"大学生的学习特征,从教学理念、教学内容、教学方法、师资队伍等方面进行整体改革的一项尝试。

(二)高校思想政治理论课分众教学模式的运用

以问题为导向的思想政治理论课分众教学模式,其基本框架可简单表述为以问题为导向、以发现为起点、以分众为手段、以专题为路径、以协同为支撑。

1. 以问题为导向。教学的本质在于对问题的解决,教师的任务就是引导学生发现问题和回答问题。如果教师忽略对问题的揭示而简单向学生传授知识,学生就无法对理论和知识产生透彻的理解与正确的运用。思想政治理论课涉及大学生思想发展过程的方方面面,从个体到群体到国家无不涵盖,其中必然会引发学生诸多疑问与困惑。"问题"是引领学生思考的前提,没有准确地对学生存在问题的把握和解读,教学就无法引起学生的兴趣,就无法对学生进行有目的的引导。在整个教学过程中,教师应牢固树立问题意识,努力发现问题、分析问题,以理论解答现实问题。

2. 以发现为起点。没有问题的发现就没有问题的解决,发现问题是教学活动开展的起点和基础。问题的发现不是一蹴而就的,需要在整个教学过程中不断地去寻找和判断。在课程运行之初,教师可以通过发放调查问卷,掌握学生已修课程情况和已有的知识储备;在整个教学过程中,还可以通过多次课堂反馈、课下交流等方式了解学生面临的问题。同时,应建立与辅导员队伍的密切联系,以获得学生在生活、学习、思想等方面的详细情况,最后将上述信息进行汇总、分析,并结合教师对教学内容的思考,形成对学生中存在问题的准确把握。

3. 以分众为手段。分众原是传播学的概念,指传播者依据受众的动机、需要、欲望等诸方面的差异,划分若干个受众群,从而确定传播方式的过程。我们将这一理论运用到思想政治理论课教学中,按照前期问题调研的情况,以及学生的不同特点(如兴趣、能力、需求、专业等),将学生细分为多个子群体,针对不同群体选择不同的教育内容和教学手段。主要分为三个层次:针对大多数学生,以课堂教学为主要形式,辅之以网络课程、实践教学、小组讨论等手段,引导他们认识和解决存在的普遍性问题;针对一些具有同质性问题的学生小众群体,以课下的师生对话、团队辅导为主要形式,回答不同群体学生的困惑;同时,选择少数有较强的思维能力、有强烈参与意愿的学生,建立课外研究团队,由任课教师、专家学者等进行单独辅导,引导他们深入思考,并将学习成果、心得体会在课堂上分享,实现对其他学生的朋辈引领。

4.以专题为路径。要在有限的课时内讲好思想政治理论课,就要解决好把教材体系转化为教学体系的问题。这就要求教师对教学内容进行再创造,把教材中的重点、难点与疑点进行梳理,以专题教学的形式加以呈现。需要特别注意的是,专题的选择和形式必须与大学生的所思所想密切结合,根据前期反馈的问题类型和学生实际需求,形成多个教学论题,进行深入的理论挖掘,以提升理论深度和对现实问题的解释力。

5.以协同为支撑。人才培养是高校的根本任务,各个部门都应当参与到教育教学活动之中,以实现各项教育活动的有机联系和最佳配合。在整个教学过程中,多种教育主体对大学生思想政治教育发挥着不同的作用,充分调动他们的教育力量,是提升思想政治理论课实效的有效助力。在思想政治理论课分众教学模式中,不仅要调动任课老师的积极性,也要注重发挥相关教师和学校优势教育群体的作用,使其都参与到思想政治理论课教学中,形成教育合力。

(三)高校思想政治理论课分众教学模式的环节

一个完整的教学过程包括教学设计到教学成果检验的多个步骤,具体到思想政治理论课分众教学模式的教学实践,主要包括以下几个环节:

1. 建立团队。吸纳与整合思想政治理论课教师、相关学科专家学者和辅导员队伍三个群体的力量。其中,思想政治理论课教师贯穿教学的各个环节,通过与辅导员、专家组的配合,完成问题发现、专题分类、小组讨论、实践活动等环节的具体工作;辅导员承担补充完善学生思想状态和学习情况、配合开展第二课堂活动的主要职责;专家组在教学过程中则承担教学内容的分类与指导任务,以及优秀学生群体的理论思维能力提升工作。三类教育主体分工明确、协同配合,使思想政治理论课形成一个完整的立体化教学体系。

2. 发现问题。问题的发现是一个多方位了解、探究的发展性过程。为全面了解学生的实际问题和真实需求,可以通过课前、课中和课后三个环节开展工作。一是课前环节,采用问卷调查和辅导员座谈两种方式全面了解学生中存在的问题与困惑。在问卷调查中,可以设计两类调查问卷,其中一类用于了解学生当前的思想实际和知识水平,为课程的设计提供依据和基础;另一类用于了解学生的兴趣点,为下一步的分众教学搜集资料。在辅导员座谈中,在院系选择、辅导员梯队选择等方面都予以考虑,形成辐射文、理学院,涵盖老中青三代的教学支持队伍,更加客观全面地掌握学生的思想状态和个性特征。二是课堂环节,注重与学生的课上互动,通过互动获取学生反馈的信息,并根据学生的反馈发现问题。三是课后环节,主要采用学生代表座谈与作业分析等方式发现问题。在学生代表座谈中,从所在班级中按照不同专业随机抽取学生,开小范围交流会,掌握其所代表群体的实际问题。通过对平时作业的分析,掌握学生中存在的问题和倾向,有针对性地设计专题教学的内容。

3. 专题设计。专题设计建立在问题发现的基础上,并致力于解决相关问题。首先,通过前期的问题发现环节,了解学生的实际情况和学习需求;其次,对搜集到的问题进行分类归纳,划分不同层次,从中找出核心问题;再次,思想政治理论课教师与专家组组成专题设计团队,根据教材要求,有针对性地划分专题,确定教学重难点,安排教学进度,设计实践教学和相关教育活动。这里需要特别说明的是，专题的设计不能脱离教材的核心要求，不能过分关注学生基于生活层面的疑问和求助，而应时刻遵循引导学生树立正确的世界观、人生观和价值观的教学目的，善于从学生的各类问题中发现其思想深处的认识误区和理论困惑，有针对性地进行教学内容的选择。

4.区分教学对象。该环节根据教学对象的具体问题及个体实际，选择不同的方法，进行分众分层教育引导。通过前期问题的发现和整理，考虑不同学生的不同兴趣和能力层次，将学生划分为普通群体、小众群体及优秀学生群体三个层次，确定不同的教学目标，采用相应的个性化教育教学方式。具体来说，对于普通群体，他们反映出的是大众化的问题，统一采用专题教学，最大限度地使用资源，实现知识的最快传播和最大共享。对于小众群体，根据不同的分众类别选取相应的教学方法。以"思想道德与法治"课为例，根据教学内容设计出6~8个核心问题，让学生从这些问题中选择1~2个感兴趣的话题进行回答，并根据学生的选择和回答进行兴趣分类，同时结合课上学生对教学内容的反应程度和课下交流的参与程度，完善小众群体的划分。根据各小众群体的兴趣、能力、特点，采用小组讨论、课堂展示、实践活动等方式，开展有针对性的教学工作。在此基础上，通过平时表现、辅导员推荐和教学参与度等情况遴选优秀学生群体，每班10人以内，组成研究团队，配备专家组进行课余指导，致力于提升他们的思维能力和理论水平，并将学习成果在课堂上分享，发挥示范引领作用，提高思想政治理论课的实效。

5.开展教学。思想政治理论课分众教学模式的实现过程包括课上和课下两个部分。限于师生比情况，教学方式的主体依然是大班教学，采取专题教学轮班授课制，教师分成多个教学组，分别承担不同的专题，轮流在各班授课。这样保证了教师能够发挥自己的学术专长，集中时间和精力深入研究所承担的专题内容，提升教学的准确性和理论深度，体现大学教学的学术特色。同时，每位教师也定向承担一个大教学班的实践教学、互动教学任务,每学期留出部分课时组织本班学生针对专题教学的内容进行课堂讨论和实践体验。对于小众群体和优秀学生的培养主要在课下进行。在专题教学的情况下,教师有更多的时间与学生进行课下交流,这样的交流和指导由任课教师组织相关专家、辅导员共同完成,通过午餐会、学术沙龙、网络讨论等形式进行。交流学习的成果在互动教学环节时进行分享,起到引领同辈的作用。

6.成效检验。成效检验是整个教学环节的结尾,也是下一个教学环节的起点。成效的检验主要通过教学评价、实验班与普通班的对照、假期作业等方式获取。教学评价即教务系统中学生的打分和评语,通过教学评价发现该模式的优势及需要进一步改进的问题;实验班与普通班的对照即通过设置实验班(全程采用分众化教学模式)和普通班(原有大班授课方式)开展不同形式的教学活动,学期末分别发放调查问卷了解学生对课程及教师的评价,进行数据对照,检验该模式的成效;假期作业作为评估成效的方式主要体现在学生能力的提升方面,通过假期作业观察,分析学生经过一个学期的思想政治理论课学习,在能力和认识方面的提升情况。此外,我们还可以通过对部分学生的成长追踪,进一步延伸教学,真正做到长远关注学生发展,并从一个更长的时段里分析思想政治理论课对学生的影响。

(四)提升高校思想政治理论课分众教学模式效能的路径

通过前期的教学实践,我们认为,实施思想政治理论课分众教学模式,必须注重转变教学理念,重视方法设计,强化朋辈引领,并建立稳定的工作机制。

1.转变教学理念是前提。首先,教学不仅仅是课堂的事情,必须与日常教育活动相互配合,思想政治理论课教学尤其如此。思想政治理论课教师必须加强与专家学者、辅导员队伍的深入沟通,盘活教育资源,走出课堂,走近学生,用更加丰富有效的教育形式提升课程的吸引力。其次,教师与学生的充分交流是有效课堂实现的重要因素。虽然教师普遍面临较大的科研压力，但教学作为教师的本职工作，需要教师投入极大的热情和付出足够的时间成本，用于教学方法的探索和教学形式的改革创新，用于与学生充分交流和沟通，这是教师不可推卸的职责。再次，在当前学生数量大、教师资源相对不足的情况下，短时间内改变大班教学的现状仍有困难，但如果方法得当，大班教学同样能够实现因材施教。

2.做好方法设计是基础。方法的选择是思想政治理论课教学取得实效的基础，教学方法和教学活动要设计得有针对性、层次性。以"思想道德与法治"课为例，我们在采用专题教学的前提下，将课堂讲授、案例分析、小组讨论、网络教学、实践活动等多种教学方法综合运用。同时，对不同分众群体的教学方法各有侧重，对于大多数学生，我们主要采用教师讲授和课堂讨论相结合的方法，用以解答普遍存在的疑问。对于兴趣一致或特质相近的小众群体，我们根据不同的群体类型和不同的教学重点选择不同的教学方法，如：对于国家观念教育，采用师生讨论、研读历史等形式进行深度讲解；对于自我探索教育，采用沙盘辅导的方式帮助学生实现自我认识和心理调适；对于公德教育，配合采用志愿服务进社区的活动形式；对于法律意识教育，结合普法宣传活动展开。对于优秀学生群体的培养，则选用共读经典、专家讲座、国情调研等方式开展教育教学工作。

3.实现朋辈引领是有效补充。所谓朋辈教育，是指具有相同背景或具有共同兴趣爱好的人在一起分享经验、观念或行为技能，借以见贤思齐、激发上进、实现优势互补、互相促进、共同成长的教育方式。在思想政治理论课教学实践中，我们从学生群体的分众入手，不管是普通群体、小众群体，还是优秀学生群体，始终注重发挥朋辈群体的情感共鸣、思想认同和行为带动作用。教学实践证明，朋辈之间的影响，特别是在思想观念层面的正向引导，往往能够起到明显的效果。

4.建立稳定的工作机制是保障。思想政治理论课分众教学模式涉及多种教学方法的运用，教学活动不局限于课堂，还涉及网络教学、实践活动、座谈交流、小组展示、作业分析等,需要任课教师有极大的投入,同时也需要学校提供相应的教学辅助。一方面,学校有关部门应指导、帮助建立稳定的专家、辅导员与任课教师的交流和协同机制,保证各类教师资源的整合和充分利用;另一方面,要为任课教师提供更好的教学支持。学校应为思想政治理论课教师配备助教,负责协助任课教师开展教学活动,如问卷的发放和数据统计、座谈活动的联络和安排、小组讨论的组织和跟踪、网络资源的整理和发布等,更好地推进分众化教学模式的运行。

教学改革无止境,就思想政治理论课分众教学模式的进一步提质增效而言,还有以下几个方面的工作亟待完善:

首先,目前思想政治理论课分众教学模式在不同课程中实施的情况差异较大。以"思想道德与法治"课程为例,这门课程从其特点上来讲,是通过回答学生的人生困惑,实施思想的引领和世界观、人生观、价值观教育,具有较强的个体性,教学内容相比于其他思想政治理论课程来说,对顺序性、连贯性的要求不是非常高。这种特点比较有利于专题教学和分层分众指导。但如何将这一模式扩展到其他思想政治理论课程的教学中,如何在运用分层分众教学的同时,关注不同课程本身的特点和风格,如何设计符合各门课程特点的专题内容,如何保证专题教学带来的轮班讲授不打乱课程内容的内在逻辑和历史顺序,是需要着力解决的问题。

其次,分众教学的基本前提是对教学对象的深入研究,而这项研究是没有止境的。在当前社会加速发展变化的大背景下,每一届学生都可能呈现出新的思想特点,各种社会思潮的冲击、各种社会问题的出现都会在学生中形成新的热点、新的话题和新的疑问,直接影响他们的价值取向和行为选择。因此,教学改革必须将研究学生的思想状况和学习特点作为重中之重,进一步深化对问题的把握和提炼,完善专题的设置和对相关教学重点、难点的梳理和分析,确保教学的实效性和针对性。

再次,在我们的教学实践中,无论是小众群体的划分,还是优秀学生的遴选,目前尚有一定的随意性,多由任课教师根据授课班级的情况进行区分,遴选的标准并不十分统一。比如,小众群体的种类、划分的标准,优秀学生的选择比例、特点把握、培养方式等,还未形成比较稳定的教学机制,这是促进该教学模式进一步完善和成熟必须解决的问题。

最后,从教学管理来看,思想政治理论课分众教学模式需要教师在课余投入较多的时间与学生进行交流沟通,指导学生开展理论学习,解决学生个体的思想困惑。在目前教师科研压力较大、科研时间和教学时间不能完全平衡的情况下,需要在制度设计上给教师以更大的自主空间,在工作量测算、教学评估、成果考核等方面制定有助于吸引教师更多投入教学的政策和规则,鼓励思想政治理论课教师积极开展教学改革和创新研究。

第七章

新时代高校思想政治
理论课教师队伍建设

党的十八大以来,以习近平同志为核心的党中央高度关注教育事业的发展,先后召开了一系列重要会议并发表了重要讲话,立足世界百年未有之大变局,立足党和国家事业发展全局,为新时代教育事业的发展举旗定向。2019年3月18日,习近平总书记主持召开了学校思想政治理论课教师座谈会并发表重要讲话(以下简称"3·18讲话"),他强调:"思想政治理论课是落实立德树人根本任务的关键课程。""思政课作用不可替代,思政课教师队伍责任重大。""办好思想政治理论课关键在教师,关键在发挥教师的积极性、主动性、创造性。""有了我们这支可信、可敬、可靠,乐为、敢为、有为的思政课教师队伍,我们完全有信心有能力把思政课办得越来越好。"[1]习近平总书记的讲话旗帜鲜明地指出了思政课的重要使命,也为新时期思政课教师队伍建设提供了根本指导。

一、新时代高校思想政治理论课教师队伍建设的目标

目标是对活动或行为预期结果的主观设想,它能激发主体的主观能动性,也能为活动或行为指明方向。人的有意识的行为总是同某个预期目标相伴随的。在人类历史发展的长河中,越是伟大的实践活动,其目标越是宏大高远;越是有序的实践活动,其目标越是科学合理。因此,充分考量主客观条件以确立合理的目标,是实践活动顺利开展的第一要件。

(一)新时代高校思想政治理论课教师队伍建设目标的确立依据

新时代高校思想政治理论课教师队伍建设的目标主要基于两大方面,一是落实立德树人根本任务的需要,二是讲好思政课道理的关键。

1.落实立德树人根本任务的需要。2018年9月10日,习近平总书记

---

[1] 张烁、谢环驰:《习近平主持召开学校思想政治理论课教师座谈会强调:用新时代中国特色社会主义思想铸魂育人 贯彻党的教育方针落实立德树人根本任务》,《人民日报》2019年3月19日,第1版。

在全国教育大会上指出:"要把立德树人融入思想道德教育、文化知识教育、社会实践教育各环节,贯穿基础教育、职业教育、高等教育各领域,学科体系、教学体系、教材体系、管理体系要围绕这个目标来设计,教师要围绕这个目标来教,学生要围绕这个目标来学。凡是不利于实现这个目标的做法都要坚决改过来。"[1]这一论断表明立德树人作为我国教育的元价值理念,贯穿各教育阶段和领域始终,它既是教育工作的根本目标导向,又是教育实践活动开展的根本遵循。

立德树人继承了以德性教化为核心的传统教育理念。"立德"一词最早出现于《左传》一书,《左传》载:"大上有立德,其次有立功,其次有立言,虽久不废,此之谓不朽。"(《左传·襄公二十四年》)这段话的意思是:最上等的功业是树立德行,其次的功业是建立世功,再其次的功业是著书立说,即使时光荏苒也不会被废弃遗忘,这就叫作不朽。"树人"一词最早出现于《管子》一书,《管子》载:"一年之计,莫如树谷;十年之计,莫如树木;终身之计,莫如树人。"(《管子·权修》)这段话的意思是:一年的光景种粮食是最好的;十年的光景种树是最好的;一辈子的光景培育人是最好的。可见,立德、树人是以儒家为代表的中国传统哲学对安己、安人的重要理解和人生追求。可以说,在中国古代贤先圣哲看来,对教育而言,培育人远比传授知识本身更为重要。教育的根本目标和更高境界,不在于知识层面的获取,而在于德性层面的提升。学习各类知识固然重要,但如果只是按照知识论的进路去展开人生,这样的人无疑是低层次的。只有以德性论的进路展开人生,通过知识的学习,成为具备理想道德人格、能够承担社会责任的"大人",才真正实现了自己的价值,才不枉此生。正因此,在中国古代对教师使命的架构中,"传道"就成了最重要的使命。

另一方面,不论是社会主义市场经济的健康发展,还是社会主义现代化建设的顺利推进,抑或是中华民族伟大复兴中国梦的实现,都离不开一代又一代社会主义事业的建设者和接班人。这样的建设者和接班人主要

---

[1] 习近平:《习近平著作选读》(第二卷),北京:人民出版社,2023年,第203页。

是由人生成长各个阶段的教师来培养。大学是人生成长的关键时期，高校思政课教师队伍的上述使命自然更加重要，也更加艰巨。因此，在立德树人的漫漫征途中，"拔节孕穗"时期的特殊要求决定了高校思政课教师队伍建设的目标。

2.讲好思政课道理的关键。2022年4月25日，习近平总书记在中国人民大学考察时指出："思政课的本质是讲道理，要注重方式方法，把道理讲深、讲透、讲活，老师要用心教，学生要用心悟，达到沟通心灵、启智润心、激扬斗志。"[①]这一深刻论述向广大思政课教师指明了讲好思政课的基本要求，也为新时代思政课教师队伍建设的发展明确了目标。

思政课讲的是"道理"，那么深刻理解"讲道理"是关键。首先，"讲道理"是讲思想，而不是单纯授知识。从知识与思想的区别来看，知识通常指的是具体的信息、数据、事实或技能，是可以通过学习、观察、经验等方式获得的。思想则是指个体对事物、现象、价值等的理解、判断和观念体系，它包含了更深层次的思考、分析和综合。"讲道理"必须有理有据，有逻辑地进行分析和论证，因为"讲道理"不仅仅是对事实的描述或知识的堆砌，更重要的是要能够透过现象看本质，它要求思政课教师不仅要传递信息，更要传递思想的力量，用思想的力量去说服人、影响人。

其次，"讲道理"是讲规律，而不是单纯摆事实。从规律与事实的区别来看，事实通常指的是客观存在的事物、现象或事件，是可以通过观察、实验等方式验证的。规律则是指事物之间内在的、本质的、必然的联系，它揭示了事物发展的必然趋势和结果。规律是更深层次、更普遍性的真理，它超越了具体的事实和现象。"讲道理"的本质，实际上是揭示事物背后的规律，用这些规律来解释现象、预测未来、指导行动。而单纯地摆事实可能只是描述了事物的表面现象，并没有触及其内在的本质和规律。思政课教师要通过"讲道理"来揭示规律，帮助教育对象更深入地理解事物，把

---

① 习近平：《坚持党的领导 传承红色基因 扎根中国大地 走出一条建设中国特色世界一流大学新路》，《人民日报》2022年4月26日，第1版。

握事物的本质和发展趋势。同时，讲道理也能够增强教育对象的逻辑思维能力和判断力，提升其综合素质。

再次，"讲道理"是讲政治，而不是纯粹谈学术。从政治与学术的区别来看，学术主要关注知识、理论、方法和技术的探索与创新，它强调客观性、科学性和系统性。政治则涉及权力、价值观和社会关系等方面的内容。"讲道理"不仅仅是在讨论学术问题，更是在阐述政治立场、价值观和政策主张。这些内容往往涉及国家利益、社会公正、人民福祉等重大问题，需要我们从政治的高度去理解和把握。因此，思政课要"讲道理"，就必然要求思政课教师具备坚定的政治立场和极高的政治素养。

最后，"讲道理"是讲世界，而不是仅仅看中国。在当今全球化的时代，任何国家、文化或社会现象都不可避免地与全球背景相联系。因此，"讲道理"应当超越国界，考虑全球范围内的共同价值观、挑战和机遇，这有助于我们准确地认识世界，并准确认识世界中的中国。同时，世界各地的文化、历史和传统各不相同，这使得人们在理解和处理问题时会存在差异。在"讲道理"的过程中，我们还应当尊重并理解不同文化的视角和逻辑，避免以偏概全或过度解读。不论是广博的国际视野，还是开放和包容的态度，都需要思政课教师具备全球视野、多元文化理解，以及科学精神。

（二）新时代高校思想政治理论课教师队伍建设目标的主要内容

高校思政课教师是讲好思政课的主体，习近平总书记明确了思政课教师的"六要"准则，要求思政课教师要做到"政治要强、情怀要深、思维要新、视野要广、自律要严、人格要正"，自觉发挥"关键作用"。

1.培养政治意识强、政治信念牢的思政课教师。政治意识强、政治信念牢是思政课教师使命担当之"根"，它要求高校思想政治理论课教师首先要始终与党同心。思政课要解决学生理想信念问题，要让有信仰的人讲信仰。"坚持党的领导是中国特色社会主义教育事业最本质的特征。思想政治理论课教师要始终与党风雨同舟、患难与共、心系人民、求真务实，积极拥护党的路线、方针、政策，站稳政治立场，明辨是非，自觉担负起时代所赋予的历史使命。"①其次，高校思想政治理论课教师要始终与党的最新理论成果同频。高校思想政治理论课教师要深入学习领会党的二十大精神核心要义，把党的二十大提出的新理念、新提法、新论断、新要求、新部署与思政课的具体教学内容有机结合，用党的创新理论最新成果武装学生头脑，进而引导大学生立志做有理想、有本领、有担当的时代新人。政治意识强、政治信念牢还要求高校思想政治理论课教师要始终与中华民族伟大复兴的中国梦同进。习近平总书记在学校思政课教师座谈会上指出："当前形势下，办好思政课，要放在世界百年未有之大变局、党和国家事业发展全局中来看待，要从坚持和发展中国特色社会主义、建设社会主义现代化强国、实现中华民族伟大复兴的高度来对待。"②从这一时代图景出发，高校思政课教师的主要责任是毫不动摇地为培育一代又一代拥护中国共产党领导和我国社会主义制度、立志为中国特色社会主义事业奋斗终身的有用人才而不懈奋斗。

高校思想政治理论课教师是党执政的有力护航者。中华民族实现从站起来、富起来到强起来的伟大飞跃不是一蹴而就的，更不是唾手得来的，而是在不断选择马克思主义、选择中国共产党、选择社会主义道路、选择改革开放的胜利前行中得来的，这是历史的选择、人民的选择。作为高校思想政治理论课教师，就是要在政治立场上与中国历史的选择、人民的选择保持一致，不断引导学生强化对中国共产党的信任、对中国特色社会主义事业的信心。树立了对中国共产党的信任、对中国特色社会主义事业的信心，学生才能成为拥有政治定力的时代新人，才能成为政治信仰不动摇的新时代建设者。在这个意义上，思想政治理论课教师不仅是一份

---

① 王易、岳凤兰：《关于加强新时代高校思想政治理论课教师队伍建设的思考》，《思想理论教育》2018年第5期。
② 吴丹、丁雅诵、闫伊乔：《不负重托办好学校思想政治理论课》，《人民日报》2024年3月18日，第1版。

职业的选择，更是一份信仰的确证。

高校思想政治理论课教师是党的教育方针的坚决执行者。党的方针需要坚定地贯彻落实和执行才能够真正推进社会主义现代化建设，高校思想政治理论课就是贯彻落实党的教育方针的重要途径和力量，是贯彻落实党的教育方针的主阵地和主渠道。可以说，高校思想政治理论课的特殊性之一，就在于它的教育教学活动直接关系着党的教育路线、教育方针、教育政策的落实情况，也关系着学校培养目标的实现情况。社会主义中国的高校是为社会主义事业蓬勃发展培养人才的重要基地，只有保证把党的路线、方针、政策落到实处，才能最大限度确保我们的培养方向是可靠的、培养效果是显著的。这也就必然要求高校的思想政治理论课全体教师必须全心全意忠诚于党的教育事业，牢记自己的社会责任与历史使命，不负重托、铸魂育人，积极主动用习近平新时代中国特色社会主义思想去说服人、教育人，自觉做党教育方针的坚定执行者。

2.培养学科基础厚、理论视野博的思政课教师。习近平总书记强调，要"理直气壮开好思政课"。"理直"才能"气壮"，"理直"才敢"气壮"，何以"理直"？必须深深扎根马克思主义理论本身，从马克思主义理论的生命力中获得高度的理论自信和理论自觉。这就要求思政课教师不仅要有高度的政治觉悟，还要具备扎实的知识学识和深厚的马克思主义理论功底，这是思政课教师的"看家本领"。这一本领的养成需要思政课教师立足国家发展所处的新的历史方位，紧密联系中国特色社会主义事业建设的鲜活实践，将问题前沿与理论深度结合，提高自身马克思主义理论水平。要做到这一点，具体而言，要求高校思想政治理论课教师必须朝着两方面努力迈进，一是具备深厚的马克思主义理论学科专业基础知识，二是具备广博的理论视野、成熟的致思逻辑和较为完整的知识结构。

马克思主义理论学科专业基础知识是否扎实、马克思主义理论研究素养是否深厚决定着一名高校思想政治理论课教师的学科归属和学养特质，也就是说，看一名高校教师究竟是思想政治理论课教师还是别的学科的教师,就是要看他的学养基础是否是马克思主义理论。现代大学教育体系的特色是学科划分越来越细化,交叉学科越来越多,这也是当今科技开发和学术研究的发展趋势。学科划分愈加细化意味着该学科之下的教师对本学科领域理论的掌握就必须更加精深,只有一名具备本研究领域深厚学理积淀并且能够把握该学科研究前沿的高校教师,才能在教学和科研工作上得心应手。而且从另一个方面来说,虽然新时代思想政治理论课要想真正入脑入心,必须要"接地气",要紧密联系学生的学习生活、深度契合新时代大学生的特质,避免抽象空洞的说教,但思想政治理论课终归而言是具有学理性的课程,要真正讲清、讲透、讲好、讲活通俗的知识背后深刻的道理,要让学生深刻明白"中国共产党为什么能""中国特色社会主义为什么好""马克思主义为什么行",没有深厚的学理积淀是难以实现的。

  广博的理论视野和完整的知识结构决定了一名高校思政课教师的综合素质。"高校思想政治理论课教师必须不断解放思想、更新观念,学习新事物,了解新情况,才能找到与大学生进行沟通和交流的'共同语言'。同时,教师还要潜心学习先进的思想理论、教育理念,不断提升自己的理论素质和科学文化素养,从而为开创高校思想政治工作的新局面提供理论依据。再次,思想政治理论课教师要做教书育人不打折的指导者和引路人。思想政治理论课教师要牢固树立全面发展的教育理念,不断提高思想政治理论课教育教学、教书育人的本领,关注、关心、关爱学生,贴近学生实际生活,积极投身教育教学改革,把先进的教育理念、先进的教学方法、宝贵的知识传授给大学生,做大学生健康成长的指导者和引路人。"[1]现代互联网的发展,以及各学科间的交叉融合,对教师是否具备多学科知识结构和广博视野提出了更高的要求。运用多学科知识、前沿知识,旁征博引地讲解问题,不仅有助于高校思政课教师把一个问题讲透,也有助于

---

[1] 王易、岳凤兰:《关于加强新时代高校思想政治理论课教师队伍建设的思考》,《思想理论教育》2018年第5期。

把一个问题讲活,更有助于把问题讲到学生的心中,利于其理解和接受。因此,培养学科基础厚、理论视野博的思政课教师,自然也就成为了新时期高校思想政治理论课教师队伍建设的重要目标。

3.培养业务能力强、育人水平高的思政课教师。教育部印发的《新时代高等学校思想政治理论课教师队伍建设规定》明确指出:"思政课教师的首要岗位职责是讲好思政课。"[1]"首要岗位职责"这六个字意味着思政课教师的立身之本是讲好思政课,思政课教师的工作中心是思政课教学活动。一名合格的思政课教师必须自觉地将教学放在第一位,不断提升授课水平、育人水平,肩负起思政课改革创新的时代使命。这一时代使命主要呈现为"八个相统一"的要求。

"八个相统一"即坚持政治性和学理性坚持相统一、坚持价值性和知识性相统一、坚持建设性和批判性相统一、坚持理论性和实践性相统一、坚持统一性和多样性相统一、坚持主导性和主体性相统一、坚持灌输性和启发性相统一、坚持显性教育和隐性教育相统一。"八个相统一"实际上要求思政课教师必须做到两个遵循。一是遵循思政课教学规律,用积极的现实关切回应学生,用透彻的学理分析说服学生,用科学的理论武器引导学生,引导学生有关切现实之心、有分析现实之力、有推进现实之志,有坚定的马克思主义理想信念,做到"真学、真懂、真信、真用"。二是遵循学生成长规律,不回避问题、不生硬说教、不推诿责任,运用新思想、新理念、新技术,创造性地对教学素材进行萃取、加工和运用,以学生喜闻乐见的话语和方式展开教学,帮助学生在错综复杂的国际局势和社会现象中认清道路、辨明方向、坚定信念、持之以恒、久久为功。

4.培养师德师风正、人格魅力优的思政课教师。

韩愈说:"古之学者必有师,师者,所以传道受业解惑也。"(《师说》)在古代贤者看来,教师的天职之首是传道,传大道、引正道是教师的终身志业。美国学者马克斯·韦伯在谈到政治领域的职业问题时,曾经区分过两

---

[1]《新时代高等学校思想政治理论课教师队伍建设规定》,中华人民共和国教育部令第46号。

种职业状态,一种是将政治作为生存的工具,另一种是将政治作为生存的终极价值。也就是说,在前一种职业姿态中,人是靠政治活着,通过从事政治活动中的某种职务,获得报酬、取得社会地位等等;而在后一种职业姿态中,人活着是为了政治理想、政治价值、政治目标等等。这一区分在教育领域同样适用,其本质就在于如何看待自己的职业、如何理解教育以及教师的使命。对教师而言,在两种以教育为业的姿态中,一种教师是以教育活着,通过成为教师获得报酬、获取社会地位,也就是说,他们只是把"教师"这一身份作为谋生的手段;另一种是为教育而活着,通过履行教师的天职,传道受业解惑,也就是说,他们是将"教师"这一身份视为自我的存在方式和价值实现方式,是人生意义的源泉和人生价值的展现。毋庸置疑,这两种姿态带来的是两种截然不同的师德师风和人格魅力。

师德是教师在从事教育教学活动时、在履行教书育人职责时所要遵守的道德和行为规范。它体现了教师的职业道德修养,是教师的基本素质之一。师德属于社会意识范畴,是教师在整个教育活动过程中道德规范与自身素养的一种外在表现。师风则是指教师这一行业的风尚风气,具体表现为教师的学术作风、教学作风,以及日常行为中的工作作风等,师风是教师职业道德的具体体现。可以说,师德与师风相互促进,共同构成教师职业道德的整体。一方面,师德建设为良好师风的形成提供了基础和支持;另一方面,良好师风的形成又进一步推动了师德建设的深入发展。二者相互联系、相互依存,共同影响着教师的职业形象和教育的效果水平。良好的师德师风形成离不开教师队伍里一位又一位的优秀教师。因此,师德师风正除了要求高校思想政治理论课教师要做事正气、为人正派,还要求教师要具有卓越的人格魅力。究其原因,一是因为教师作为学生学习和成长的引路人,其言行举止对学生有着深远的影响。良好的师德师风和卓越的人格魅力能够为学生营造一个积极向上、健康和谐的学习环境,促进学生全面发展。二是因为教师品德、风貌、人格的优化,能够促使教师不断提升自身专业素养和教学能力,以更加饱满的热情和责任心投入到教学工作中,从而提高教学质量和效果。三是因为教师的师德师风和人格魅力直接影响着学生的道德观念、行为习惯和校园风尚。通过注重师德师风建设,教师可以以身作则,通过言传身教的方式引导学生树立正确的价值观和道德观,培养学生的良好品德和社会责任感。四是因为教师的形象和声誉直接关系到教育的公信力。注重师德师风建设,提升教师人格魅力,能够提升教师队伍的整体素质和形象,增强社会对教育的信任和认可,从而推动高校思政课建设的健康发展。

二、新时代高校思想政治理论课教师队伍建设的现状

党的十八大以来,高校思政课教师队伍不论是从规模还是素质来看,都有了稳步的提升,为培养堪当民族复兴大任的时代新人贡献了重要力量。但是同时我们也应当看到,与党和国家对高校思政课教师队伍的目标设定和殷切期盼相比,与学生的成长成才诉求相比,与时代对新时代思政课教师不断提出的新要求相比,需要进一步在素质和能力上提升优化。

(一)新时代高校思想政治理论课教师队伍建设的成就

充分梳理新时代高校思想政治理论课教师队伍建设的成就,不仅是为了准确把握建设现状,更是为了总结经验、坚定信心,培养一支政治强、情怀深、思维新、视野广、自律严、人格正的思政课教师队伍。

1.高校思想政治理论课教师队伍的总体规模扩大。党的十八大以来,党中央加强了对高校思想政治理论课建设的顶层设计,出台了一系列针对高校思想政治理论课教师队伍建设发展的重大方针政策措施,为高校思想政治理论课教师队伍的壮大提供了宝贵的发展机遇。2013年6月,教育部印发了《普通高等学校思想政治理论课教师队伍培养规划(2013—2017年)》,这是新的历史方位下思政课教师队伍建设的第一个培养规划。《规划》设立了一系列针对思政课教师的研究项目和培训项目,

如骨干教师研修项目、示范培训项目、专项研修项目、社会考察项目、攻读博士项目;规划还为思政课教师的教学科研工作提供了充足的经费支持,设立了诸如思想政治理论课教学研究项目、优秀中青年教师择优资助项目、马克思主义理论教学与研究文库出版资助项目等。2017年2月,为落实全国高校思想政治工作会议精神,加强和改进新时代高校思想政治工作,中共中央和国务院两部门联合印发《关于加强和改进新形势下高校思想政治工作的意见》,对高校思想政治理论课的指导思想、基本原则、主要任务、建设思路、主要举措提供了宏观指导和明确部署。2017年12月,教育部制定了《高校思想政治工作质量提升工程实施纲要》,从目标原则、基本任务、主要内容、实施保障四方面,为新时期加强高校思想政治工作创新发展勾勒了"四梁八柱"。2018年1月,中共中央、国务院颁发了《关于全面深化新时代教师队伍建设改革的意见》,强调要深入贯彻落实党的十九大精神,打造党和人民满意的高素质专业化创新型教师队伍。2018年,教育部办公厅印发《高校思想政治理论课教师队伍建设专项工作总体方案》,对高校思想政治理论课教师队伍建设专项工作进行部署。教育部从2018年起,开始实施"高校思想政治理论课教师队伍后备人才培养专项支持计划",从国家层面提供政策保障以提高教师的学历层次。

党和国家高瞻远瞩,立足国家发展的新阶段和国际国内发展的新形势,针对高校思政课教师队伍建设发展出台了一系列重大方针政策措施,有力地推动了高校思政课教师队伍的蓬然勃兴,其最直观和显著的表现就是高校思政课教师队伍人数和规模的壮大。自2016年12月全国高校思想政治工作会议召开以来,全国思政课教师数量大幅增加。截至2021年年底,高校思政课专兼职教师超过12.7万人,较2012年增加7.4万人,队伍配备总体达到师生比1∶350的要求;专职思政课教师年轻化成为队伍发展新态势,49岁以下教师占77.7%,具有高级职称的占35%。[①]2021年,本学年授课的专任思政课教师总数达到了60977人,2022年半学年授

---

① 《让更多学生爱上"真理的味道"》,《人民日报》2022年6月5日,第2版。

课的专任思政课教师总数增加到了66528人。从统计数据可以看到,高校思政课教师总数保持了持续高增长,增幅明显。

2.构建了高校思想政治理论课教师队伍建设的长效机制。新时代高校思想政治理论课教师队伍建设的高效提升,离不开一整套健全、完备的建设机制。"改革开放40年来,随着高校思想政治理论课教师队伍建设的深入探索和不断推进,高校思想政治理论课教师队伍建设的顶层设计、选聘配备、管理使用和培养培训等日益完善,逐渐形成了思想政治理论课教师队伍建设的长效机制。"[①]正是这套机制的构建与运行,保障了队伍建设工作的推进更加规范化、有序化、制度化,为一支高素质高校思政课教师队伍的形成提供了最具可靠性、持续性、稳定性的保障。

其一,在顶层设计上,出台和制定了一系列重大方针政策措施。实际上,从2004年开始,党和国家就针对思政课建设出台了一系列政策措施,比如2004年10月15日,中共中央、国务院颁布了《关于进一步加强和改进大学生思想政治教育的意见》;2005年2月7日,中宣部、教育部颁布了《中共中央宣传部 教育部关于进一步加强和改进高等学校思想政治理论课的意见》;2008年9月25日,宣传部、教育部出台了《普通高等学校思想政治理论课教师队伍建设的意见》,擘画了关于高校思政课教师队伍建设的发展蓝图。党的十八大后,党和国家进一步完善了相关决策机制,2013年6月27日,教育部出台了《普通高等学校思想政治理论课教师队伍培养规划(2013—2017年)》,2017年2月27日,中共中央、国务院出台了《关于加强和改进新形势下高校思想政治工作的意见》,2017年12月5日,中共教育部党组出台了《高校思想政治工作质量提升工程实施纲要》,2019年4月17日,教育部出台了《普通高等学校思想政治理论课教师队伍培养规划(2019—2023年)》。这一系列顶层设计的宏观擘画,为高校思政课教师队伍建设确立了正确方向和行动路径。

[①] 骆郁廷:《改革开放40年来高校思想政治理论课教师队伍建设的历史发展》,《思想理论教育导刊》2018年第10期。

其二,在全过程管理上,实行遴选、管理、培育各环节规范运行。一是注重遴选,规范教师任职条件,从政治立场、思想素质、心理素质、教学水平、科研能力等方面,严格把关高校思政课教师准入,遵循严格的标准和程序遴选政治坚定、才德优良的新教师,保证思政课教师队伍生生不息、充满活力。二是注重管理使用,对考核、评价、奖惩、晋职、晋升各环节进行规范化管理,不断建立健全各项制度,使得各项工作的开展都有章可循,最大限度保证营造教师成长的良性竞争环境。三是注重教师培育,提供学习平台,构建并持续推进各级各类教师培训培养机制,涉及教师的各方面素质成长。比如,2013年7月,成立由河北师范大学、上海市学生德育发展中心等12家单位负责的首批全国高校思想政治理论课教师社会实践研修基地;2018年5月教育部办公厅公布第二批全国高校思想政治理论课教师研修基地名单,并将基地统称为"全国高校思想政治理论课教师研修基地",制定四类高校思政课教师在职攻读博士学位的专项计划,即"高校思想政治理论课教师在职攻读马克思主义理论博士学位"专项计划、"高校思想政治工作骨干在职攻读博士学位"专项计划、"马克思主义理论骨干人才计划"、"高校思想政治理论课教师队伍后备人才培养"专项支持计划,为教师提高马克思主义理论学科的专业知识和业务能力提供专门的平台支撑。正是这些长效机制的建立和完善,推动了高校思政课教师队伍不断优化,提升了思想政治理论课教学质量和效果,也极大地激发了教师尤其是青年教师自我成长的内驱力。

3. 高校思想政治理论课教师队伍的整体素质提升。党的十八大以来,随着我国改革开放深入推进,中国特色社会主义进入新时代,高校思想政治理论课教师队伍建设在习近平新时代中国特色社会主义思想的指引下有了更为长足的发展。新时代高校思想政治理论课教师的重要职责之一就是推动习近平新时代中国特色社会主义思想"三进",即进教材、进课堂、进学生头脑,全面提升课堂教学水平、育人水平,把思想政治理论课打造成名副其实受学生欢迎的"金课"。2013年6月,教育部印发了《普通高等学校思想政治理论课教师队伍培养规划(2013—2017年)》(以下简称规划),这是新时代思想政治理论课教师队伍建设的第一个培养规划,要求进一步完善多层次的思想政治理论课教师培养培训体系。《规划》明确要求,以加强师德建设和提高教师业务水平为中心,以提高理论素养为基础,以创新方法为载体,以强化科研能力为支撑,以完善制度措施为保障,以提高教育教学质量为目的,通过全员培训、骨干研修、在职攻读学位、国内考察、国外研修、以项目选人和选人给项目等多种途径,建设一支高素质、专业化、创新型的思想政治理论课教师队伍。经过一系列高效有力的举措,高校思想政治理论课教师队伍建设在改革创新中不断加强和改进,形成了一支政治坚、业务精的高素质教师队伍。

高校思政课教师队伍整体素质提升的表现之一是政治立场更加坚定。高校思政课教师队伍过硬的政治素质首先来自源头严格把控,即在"入口关"进行严格考核和对"出口关"淘汰机制的不断完善。首先是对思政课教师入职政治身份的严格把控,要求"进必党员",并且在选拔过程中,增强了对应聘人员的思想政治素质、心理素质、家庭关系、学术道德等方面的审查,考察应聘者是否存在政治立场和思想倾向方面的错位、是否存在心理问题、是否存在人格缺陷等问题,确保新进教师拥有坚定的政治立场、端正的思想品格和健全的人格。其次,兼职思政课教师的思想政治素质也是严格遴选和考察的对象。在哲学社会科学专业课教师、优秀政工干部、辅导员队伍中选拔符合条件的兼职思政课教师时,并不因为身份的"兼职"而降低遴选要求、忽视思想政治素质。通过严格考察,高校逐渐形成了以专职思政课教师为主,兼职思政课教师协同发力的队伍结构。再次是建立和完善淘汰机制,加强"出口关"把控。对于那些政治立场不坚定、价值观严重扭曲、道德品行恶劣、师德师风败坏的教师,予以坚决清退,保证思政课教师队伍的风清气正、纯净底色。

高校思政课教师队伍整体素质提升的另一大表现是业务精湛,这集中体现在科研成果和教学水平两个方面。思政课教师的科研能力和教学能力是相互促进的,科研工作的质量和科研成果的产出能够帮助思政课教师在教学时有更强的理论支撑,教学能力的提升能够使教师在授课中更敏锐地发现问题,通过科学研究形成理论突破。近年来,高校思政课教师承担了大量各级各类课题的研究工作,国家社科基金、教育部社科基金更是设立了千余项思政课专项,支持思政课教师展开科研工作。这些项目的立项,有利于思想政治教育理论的深入推进,更有利于鼓励教师积极投入教学科研工作,以成就感激发使命感,以获得感提高其内驱力,从而促进整个思政课教师队伍在科学研究领域取得更好的成绩。此外,近年来,国家、教育部、各省市和各高校还积极开展高校思想政治理论课教学比赛、思政课教师基本功大赛等比赛,锤炼教师教学功力,打磨教学内容,思政课教师队伍的教学水平也得到了明显提升。

4.高校思想政治理论课教师队伍的影响力扩大。立德树人的工作成效是检验高校思政课教师影响力的重要指标,其主要指向之一是学生思想道德水平。党的十八大以来,高校思政课教师把立德树人的使命感、责任感转化为日益精深的理论水平和教学水平,有力促进了高校思政课的影响力提升。"据全国大学生思想政治状况滚动调查显示,青年学生对中国特色社会主义理论体系的认同度,从2003年的66%上升到了2016年的91.2%;对坚持中国特色社会主义道路的赞同度,从2008年的67.7%上升到2016年的89.9%;对中国共产党是中国特色社会主义事业的领导核心的赞同度,从2005年的88.1%上升到2016年的90.5%。思想政治理论课教学不仅提高了大学生的思想认识和政治觉悟,还增强了大学生复杂形势下对大是大非问题的判断、选择能力。充分展现了高校思想政治理论课教学对学生成为德才兼备的人才乃至一生的健康成长发展产生的重要基础作用。"[1]

高校思想政治理论课教师队伍的影响力不仅体现在促进大学生的成

---

[1] 骆郁廷:《改革开放40年来高校思想政治理论课教师队伍建设的历史发展》,《思想理论教育导刊》2018年第10期。

长成才上,也体现在推进马克思主义中国化创新成果的大众传播上。有力推动马克思主义、中国化的马克思主义尤其是习近平新时代中国特色社会主义的大众化,是队伍影响力提升的另一重要体现。在党中央和教育主管部门的统一领导下,各高校党委积极部署,组织高校思想政治理论课教师发挥集体的智慧和力量,认真深入学习党的最新理论成果,结合社会热点开展对马克思主义中国化创新成果的学习研究,并通过组织理论宣讲、"慕课"教学、网络直播、大型电视专题教学等各类型、各层次、多形式的活动,用人民群众喜闻乐见的语言风格和形式,"把学习、研究马克思主义、中国化马克思主义尤其是习近平新时代中国特色社会主义思想的创新成果,及时广泛地传播到社会的各个行业、各个方面、各个群体的社会成员尤其是基层的人民群众中去"[1]。通过这些内容丰富、形式多样、深入浅出、生动活泼的宣讲,人民群众对党的百年发展历程、中国特色社会主义的道路选择、马克思主义的科学性等诸多根本问题有了更深的理解和体悟,"增强道路自信、理论自信、制度自信、文化自信,坚定了全国人民在党的领导下走中国特色社会主义道路的政治信念,推动了党的路线、方针、政策的深入落实,为全面建成小康社会、实现社会主义现代化和中华民族伟大复兴增添了强大的精神动力"[2]。这些丰富多彩的宣讲和传播活动,也使得一大批高校思政课教师在青年学子和基层人民群众中"实力圈粉",充分展现出高校思政课教师队伍的生机与活力。

(二)新时代高校思想政治理论课教师队伍建设的瓶颈

虽然高校思政课教师队伍建设总体向好,取得了诸多瞩目的成绩,积累了宝贵的经验,但从可持续发展的角度来看,我们仍然必须正视建设实践中遇到的一些瓶颈。

---

[1] 骆郁廷:《改革开放40年来高校思想政治理论课教师队伍建设的历史发展》,《思想理论教育导刊》2018年第10期。
[2] 骆郁廷:《改革开放40年来高校思想政治理论课教师队伍建设的历史发展》,《思想理论教育导刊》2018年第10期。

1.思政课教师队伍师资配比达标压力大。一支数量充足、结构合理的高校思政课教师队伍是践行高校思政课使命的基础和保障。作为各高校课程体系中的重要组成部分,思政课教学有它的特殊性。一是思政课的授课对象是全校本科生和研究生,包括了各年级、各专业、本硕博三级,授课对象基数大。二是高校思政课是用社会主义核心价值观引领各种思潮的主渠道,也是马克思主义占领高校意识形态的主阵地。因此,各个高校的思政课教学都存在课时多、任务重、要求高的特点。2016年,中共中央、国务院要求思政课师生比达到1∶350的规定,保障思政课教育实效性。但从现实情况来看,由于各学校存在学生基数不同、重视程度不同、经费投入不同、办学条件不同等诸多因素的限制,不少学校同中央要求的1∶350的师生比存在不小的差距,有个别高校教师配比缺口甚至超过一半。

为补足高校师生配比缺口,给予思政课教师队伍充足的人员保证,党和国家要求各级教育主管部门认真落实相关文件精神和政策要求,在限定时间内补足配齐教师队伍人数。各高校积极行动、认真贯彻落实教育管理部门的要求,给予政策倾斜,加大配比力度,通过引进、转岗、外聘、借调、兼职、双肩挑等途径和措施,在短时间内快速扩充思政课教师队伍,有相当大的一批高校在短时间内完成了1∶350的配比数量要求。尤其是2017年和2018年,在相关举措的刺激下,高校思政课教师数量迅猛上升,截至2020年11月,登记在册的全国高校思政课专兼职教师总数超过10万,思政课教师紧缺现象得到一定程度的缓解。

随着思政课教师数量的补足,新的问题也随之出现。一方面是高校思政课教师扩充的速度远远赶不上各高校本硕博学生扩招的速度。以2018年为例,2018年普通高校本专科招生人数共7909931人,其中本科招生4221590人,[①]而同年,全国高校思政课新进教师人数为5053人,师生比仅为1∶6.39,缺口随扩充更为明显。另一方面,队伍快速扩充也使得部分

---

① 教育部:《2018年全国教育事业发展统计公报》,2019年7月24日。

高校思政课教师队伍本身又出现了质量参差不齐、结构失衡等一系列连锁反应。比如，一些兼职思政课教师是由辅导员担任，一些转岗思政课教师来自非教师岗或者非马克思主义理论专业，不论是从学科背景、理论基础、教学经验、经验积累等方面，这部分教师都难以在短时间内达到高校思政课教师的要求。同时，这部分教师的快速补充也不可避免地造成整个高校思政课教师队伍学缘结构、学历结构、职称结构的失衡，过于庞大的教师体量也会对学院的绩效分配、评优评奖等与教师切身利益相关的环节带来极大压力，处理不好这些问题，就会极大影响原有专职思政课教师的工作积极性。

2.思政课教师的核心竞争力亟待提升。科研能力和教学能力是高校思政课教师综合素质的两大支柱。正如前文所述，党的十八大以后，通过各级各类提升思政课教师队伍质量的政策措施的出台，高校思政课教师的综合素质有了长足的提升，不论是从理论成果的产出，教学效果的显现，还是从社会影响的扩展来看，高校思政课教师队伍建设的质量都是总体向好。但不可否认，在思想政治理论课教学活动和思想政治理论课教师队伍自身的成长中，也确实存在许多重大的理论和实际问题。

一是缺少交叉学科的学术视野，教学过程中存在一定程度的"自说自话"。上好思政课是思政课教师的中心任务。要上好思政课并不容易，它需要教师具备扎实的理论基础、完整的知识结构、广博的人文素养、敏锐的现实观照和接地气的话语风格。高校思政课教师面对的对象是全校本科生和研究生，这些学生有着不同的学科背景和理论兴趣，甚至有着不同知识背景浸润之下独特的思维方式。部分思政课教师在日常教学活动中容易简单地"从马克思主义理论到马克思主义理论"，这样学生是不可能真正对这些理论和知识感兴趣的。只有教师在教学活动中，运用不同知识背景的学生更贴近的案例、更关注的理论和现实话题，基于马克思主义理论的观点立场方法，去给予不同学术视野之下相关问题以理解和诠释，才会让学生真切感受到马克思主义理论的科学性和生动性。这一不足是造成思政课堂生动性的瓶颈之一。

二是教学和科研之间的统筹兼顾仍然不够。理论研究和教学活动在一名思政课教师的成长过程中是相辅相成的,因此,合理统筹兼顾教学和科研是任何一个高校思政课教师在自身成长发展过程中必须面对的问题。由于各个高校考评机制设置,以及教师自身经历、能力等多方面的问题,要处理好这对关系并非易事。比如,一些高校在职称评定与考核的时候标准不够全面、合理,偏重科研类成果指标,忽略教学类成果指标,导致思政课教师或主动或被动地将大量精力投入科研工作,课堂教学水平长期得不到提升。还有一些教师认为科研成果才是"自留地",成果显示度高,而教学工作是"公家田",成果显示度低,所以这部分教师通常在科研上干劲十足,在教学上"划水应付"。当然,也有一部分学校使用同一套考评标准考核思政课教师和其他学科教师,忽视思政课教师教学任务重的现实,影响思政课教师的工作热情。虽然近年来在政策导向上对这一问题给予了充分的重视和纠正,但传统观念和制度惯性影响仍然不容小视。这一不足也是造成思政课堂生动性的瓶颈之一。

3.思政课教师队伍帮带传承有阻力。高校思政课要想实现稳步发展,就需要组建一支结构优、学历高、潜能大、聚力强的师资力量,保证队伍强劲势头不减退。从这支队伍的整体结构看,既要有举旗定向的领军人才发挥示范引领作用,也要有凝心聚力的中青年骨干人才发挥主力军作用。从这支队伍的成员能力看,既要有深厚扎实的理论素养,也要有春风化雨的教学能力。从目前思政课教师队伍的整体结构来看,"70后"和"80后"中青年骨干教师已经越来越成长为一支成熟的力量,"90后"青年教师作为这支队伍的新生力量,正展现出越来越靓丽的光芒。从这支队伍的成员的综合能力看,不论是理论素养还是教学能力都得到了提高,这是值得肯定的。但实事求是来看,目前思政课教师队伍在理论素养和教学能力的帮带传承方面仍然存在一些阻力。

理论素养的帮带传承受阻同中青年学者的学术成长环境是密不可分

的。相比于老一代马克思主义理论学者,"80后"和"90后"学者是在改革开放之后的中国成长起来的一代,他们不论是在价值取向、基本观念还是思维习惯上,都受到了社会主义市场经济和西方价值观念很深的影响。这种影响不可避免地造成了这一代年轻学者从事马克思主义理论研究工作时,相较于老一辈学者而言存在一些不足,比如缺乏对文本的重视,欠缺马克思主义经典文本的熟稔功力,缺少深厚的马克思主义理论造诣并能够运用于解决理论和现实问题的能力;欠缺对调查研究的高度重视,欠缺坚持实事求是的作风;缺乏对党史、新中国史的切身体验,对理论知识的情感认同不够深;等等。这些问题在"90后",以及更年轻的学者身上体现得就更为明显了。

教学能力的帮带传承受阻同目前中青年学者的职业发展环境是密不可分的。在各种不利因素中,最主要的是评价体系导向问题、激励机制失衡问题和资源分配不均问题。从评价体系导向来看,当前,许多高校在评价教师的综合能力时,或隐或显地更加强调科研成果,如论文发表数量、引用次数、科研项目立项及经费等,而对教学质量的评价则相对弱化,教学工作的表现虽然被提及,但往往不是晋升和获得学术地位的核心指标。受这一制度的影响,中青年学者在职业发展中更倾向于投入科研,以获取更多的学术成果和资源。从激励机制失衡来看。在许多高校,科研成果往往能够获得更多的物质奖励、学术声誉提升和职业晋升机会,而教学工作的回报则相对有限。中青年学者自然更倾向于选择能够带来更大收益的科研工作。从资源分配不均来看,部分高校在资源配置上更倾向于科研领域,为科研项目提供充足的经费支持、先进的实验设备和良好的研究环境,而教学方面的投入则相对不足,其中既存在资源投入总量不足问题,也存在资源投入方式单一问题。这种资源分配的不均衡使得中青年学者在教学工作中难以获得足够的支持和保障,从而影响了他们投入教学的积极性。

当然,职业发展环境是由多个方面的因素共同作用而形成的,除了评价体系导向问题、激励机制失衡问题和资源分配不均问题,学术氛围、职业发展路径、教师个人因素等等都是其中重要因素。因此,要强化思政课教师队伍的帮带传承,也要从这些方面着力,以综合举措提升综合素养。

三、新时代高校思想政治理论课教师队伍建设的路径

新时代高校思政课教师队伍建设关乎思政课本身的发展,围绕思政课高质量发展这一核心主题,新时代高校思政课教师队伍建设从价值引领、人才培养、制度建设、法律完善四方面予以推进。

(一)强化思政课教师队伍的价值引领

价值引领是指通过说服、教育、示范等方式,影响、改变或强化人们的世界观、思想认识、政治观点和道德品质的活动,它旨在引导个人与组织树立和践行正确的价值观念,形成积极向上的社会风尚。强化思政课教师队伍的价值引领,是提升高校思想政治理论课教学质量、培养德智体美劳全面发展的社会主义建设者和接班人的关键举措。

1.遴选环节把好"政治关"。在"进必党员"的基本要求之上,对应聘人员的思想政治素质进行更为严格的考察,避免走过场、重形式。可以通过函调、现场面试、"四史"基础知识测试等形式,对应聘人员的政治立场、思想导向,以及政治理论基本常识进行考核,确保新进教师政治立场坚定、价值观端正、人格健全、心理健康。对于那些存在心理问题、政治立场问题的应聘人员,应当坚决不录用。此外,由于招聘对象是思政课教师,因此在考察环节应当格外注重对政治理论基本常识的考核,对于那些欠缺最基本的政治常识及"四史"基础知识的应聘人员,应当慎重录用。

2.淘汰环节守好"政治关",守好政治纪律红线。对政治立场、政治方向、政治原则、政治道路不能与党中央保持一致的教师坚决予以清退;对政治理论素养极度欠缺,政治理论学习自觉性严重缺乏的教师坚决予以

清退;对坚决不执行党中央关于思政课建设系列要求的教师坚决予以清退。

3.在日常管理环节狠抓"思想关",高校思政课教学内容的特殊性使得高校思政课教师的师德师风显得尤为重要,一个在师德师风上不合格的教师是无法胜任高校思政课教师的角色和使命的。师德师风的考察不适宜采用过于量化的标准,一是因为风尚、道德等要素无法精确测量,二是因为过于机械量化的考察有可能会挫伤教师的积极性和自尊心。在实践中,各高校应认真贯彻落实《新时代高校教师职业行为十项准则》《高校教师师德失范行为处理的指导意见》等文件精神,可采取建立师德师风建设领导小组的形式,制定相关校级管理文件,明晰权责,分级管理,层层压实。一方面,在日常年度考核、课题申报、职称评审、导师遴选、评优评奖等各项工作中,将师德师风作为重要考核指标。另一方面,对师德师风方面表现突出的教师加大奖励与宣传力度,树立先进典型,形成良好的舆论氛围和校园风尚。

4.在培育培训环节强化"理想信念观",善用当地红色文化资源。文化建设是高校的一项特殊任务,同样也是建设高校思政课教师队伍的有效路径。红色资源不仅能够充实高校文化建设的形式,丰富高校文化建设的内容,而且能够增强高校文化建设的感染力。同样的道理,善用当地红色文化资源,不仅能够丰富高校思政课教师教学的内容,提升课堂感染力,而且能够增强教师本身的政治认同和情感认同,并感染学生、引导学生。当然,红色资源内容非常丰富,涉及政治、思想、道德、文化等方方面面,不同的高校应当结合自身实际,充分挖掘、开发利用,不同的教师可根据自身学科背景、研究兴趣、授课风格、自身体悟来灵活运用。

(二)打造素质和能力双优的强师队伍

高校思政课教师队伍的核心构成要素是教师,教师规模的强弱、教师综合素质的高低同这支队伍的优劣息息相关。只有一支数量充足、结构合理、质量优良的高校思政课教师队伍，才能真正践行教育立德树人的根本使命，才能为新时代中国特色社会主义的发展奠定最可靠、最有力的人才支撑。

1.保质保量扩充教师队伍数量。高校思政课教师队伍由专职思政课教师和兼职思政课教师共同构成。作为这支队伍中的主力军，专职思政课教师是建好队伍的关键，保质保量配齐专职思政课教师队伍是扩充高校思政课教师队伍规模的关键。成规模地扩充专职教师离不开科学、合理、有力的人才管理制度，对此，各地区、各高校应当根据自己的实际，有针对性地制定好相应政策。首先，在思想认识方面必须到位，要充分认识到高校思政课教师队伍补齐配强，不是普通的教师扩编工作，而是一项十分重要的政治任务，它密切关乎党和国家教育事业的发展，关乎国家意识形态安全，关乎中国式现代化的实现。其次，要在新进教师引进上制定严格、科学、合理的标准，把好"入口关"。再次，在职称评审、评优评奖、职业发展方面给予重点支持和政策倾斜，使得高校思政课教师这一角色和工作对优秀人才具有持续性的吸引力，这样才能吸引优秀人才愿意致力于这份事业，源源不断地成为高校思政课教师队伍的活水源头。此外，各高校还应当在队伍扩充时立足当下、着眼未来，高度关注队伍的学历结构、职称结构、年龄结构问题，充分运用"引""聘"结合的方式，优化队伍结构，使得队伍能够新陈相接，既有定力又有冲劲。

除了保质保量配齐专职思政课教师队伍之外，大力增加思想政治理论课兼职教师"引""聘"数量也是扩充队伍规模的有效途径和重要环节。具体而言，主要包括以下方面：首先需要拓宽兼职思政课教师引、聘渠道。当前，各高校的兼职思政课教师大多是由本校辅导员或政工干部担任，渠道单一、数量有限、稳定性不足。对此，可拓宽思路，基于"大思政"格局，从其他专业的专业课教师、校外专家学者、知名企业人士、具有重要社会影响力的劳模和道德模范等各行各业的优秀人才中引、聘兼职教师承担思政课教学任务，充分利用他们的专业背景、行业背景、社会背景，推动

"思政课程"与"课程思政"深度融合、主渠道与主阵地有机耦合、显性教育与隐性教育相互配合、网上引领与网下引导紧密结合,建设"大课堂"、搭建"大平台"、培养"大先生"、拓展"大格局",不断强化对高校思政课对大学生的价值引领和理论武装,培养出大批有理想有才华有担当的优秀学子。当然,兼职思政课教师队伍建设不仅需要注重数量扩充,同时也需要注重质量提升。要最大限度发挥兼职思政课教师的学科优势、职业优势、专业素养优势、社会经验优势,提升高校思政课的视野、格局、内涵,必须着力解决两个问题,一是如何克服兼职思政课教师本身流动性大的问题,二是如何形成专职思政课教师和兼职思政课教师的教育合力问题。对此,可以组建思政课专兼职教师教学科研团队,通过"专职+兼职""课堂+实践""校内+校外"的模式,在保证教师队伍的稳定性的同时,形成团队内部成员的优势互补、资源共享、经验互鉴。同时还可以定期组织各团队之间的学习交流、集体研讨和社会实践等活动,增强团队凝聚力,促进各团队之间相互学习,提升综合素质。

扩充高校思政课教师队伍还需要大力加强后备人才队伍建设,对此需要在两个方面狠抓落实:一是实行马克思主义理论学科"本硕博一体化"人才培养方式,夯实专业人才理论基础,提升人才培养质量,确保后备人才的专业背景和理论基础。二是启动"雏鹰"工程建设,在硕士、博士、博士后队伍中认真遴选具有发展潜力的未来思政课教师,通过系统培育,确保后备人才队伍的质量。

2.内外兼修提升教师育人水平。政治素养、理论素养、教学素养、德性素养是高校思政课教师必须具备的核心素养,提升教师育人水平就是要着眼提升教师的上述素养。政治素养的提升需要强化制度建设,定期开展政治理论学习,将加强政治理论学习作为一种政治责任和精神追求,增强党性、坚定信仰,加强政治敏锐性,提高政治站位,加深对"四史"的理解体悟,加深对共产主义远大理想和中国特色社会主义共同理想的认知认同,加深对高校思政课教师这一职业的认同感、使命感和荣誉感。

理论素养的提升不是一蹴而就的,持之以恒地积累和沉淀是具备深厚马克思主义理论功底的不二之路。要通过帮带传承、氛围营造、学术交流、教学相长等途径,引导高校思政课教师"甘坐冷板凳",深耕马克思主义理论经典文本,夯实专业理论基础,在深读原文、深学原理、深悟精神的过程中,深刻把握党的最新理论成果及其精神实质,并在日常的工作和生活实践中,不断用马克思主义的立场、观点、方法解决实际问题,不断将党的理论成果转化为指导人生的指南针。

教学水平是任何教师的"看家本领",教学水平的提升是高校思政课教师队伍建设的重点工作。从教师个人的角度讲,要不断完善自身知识结构,广泛涉猎教育学、心理学、哲学、伦理学、神经科学、传媒学等交叉学科知识,拓宽学术视野,丰富分析视角,充实教学内容,从而能够在课堂上针对不同专业和知识背景的学生,旁征博引,增强课堂的吸引力、说服力。同时要统筹兼顾教学和科研工作,以教学促科研,以科研带教学,实现教研互哺。从教育管理的角度讲,各高校、各学院要为教师提升教学水平提供更多的途径、平台、政策支持和经费支持。比如,通过"走出去"和"请进来"相结合,选送中青年骨干教师到国内各高校跟随教学名师进行实地随堂学习,选派中青年骨干教师到国内外知名大学访学交流,邀请知名专家学者、教学名师开设教学沙龙、专题讲座、内部研讨,实行教学名师示范领教、中青年教学拔尖人才课堂示范、学科带头人领衔集体备课,组织各高校、各教学科研团队集体备课等制度,实现教学能力提升工程系统化、规模化、常态化。

引导教师将师德师风内化于心、外化于行,是师德师风建设应当遵循的根本路径。在师德师风建设中,要充分发挥教学团队传帮带的作用,以老一辈马克思主义理论工作者的人格风范、职业操守,激励中青年教师坚强党性、敬重学问、严于律己、为人师表。当然,教师这个职业有它的特殊性,师者,人之模范也,师德既体现在教师参与公共生活领域的活动之中,也体现在教师参与私人生活领域的许多活动之中。古人云:"其身正,不令而行;其身不正,虽令不从"(《论语·子路》),一个在私生活领域道德败坏的教师,不论他有多么深厚的理论功底,多么高超的授课能力,都很难得到学生真心诚意的尊敬和爱戴。因此,对高校思政课教师进行师德师风的规范,不仅要强调底线约束,对逾越师德师风底线的行为严厉惩戒,更要树立高位标杆,激励教师以德施教、以德立身、培根铸魂,启智润心,率先垂范以影响和带动学生,做学生为学、为事、为人的"大先生"。

(三)完善思政课教师发展的机制建设

提升高校思政课队伍建设成效,还需要各级管理部门在"惠师"方面积极探索,统筹协调,注重建立健全联动发展机制、绩效考评机制、条件保障机制,尤其要注重管理制度和政策导向对教师自我发展的内驱力的激发,为队伍发展提供强有力的制度支撑,为教师个人成长提供强有力的机制保障。

1.完善联动发展机制。系统内部各要素的发展离不开系统整体性能的提升,因此,建设高校思政课教师队伍需着眼马克思主义理论学科的整体发展,以及马克思主义学院的建设,从学科整体发展和学院发展的高度,合理统筹、顶层设计,保证队伍发展有高度、有格局、有依靠、有保障、有动力。马克思主义理论学科目前共有马克思主义基本原理、马克思主义发展史、马克思主义中国化研究、国外马克思主义研究、思想政治教育、中国近现代基本问题研究、党的建设七个主干学科方向,各学科方向在研究范围和研究重点方面有着清晰而明确的要求,共同构成了马克思主义理论学科内在的逻辑体系。加强马克思主义理论学科建设,需要正确明晰、紧密结合各二级学科特点,做到统分有序、集成创新,坚持马克思主义在意识形态领域的指导地位。同时,在交叉学科蓬勃发展的今天,发展马克思主义理论学科建设还需要注重与其他人文社会科学的沟通融合,互相借鉴、互相启迪,从而更好地把握马克思主义理论学科的学科特质,并为其他学科的创新发展提供马克思主义理论的智慧和资源。马克思主义学院是学科建设、科研教学、教师发展的主体和载体,思政课教师团队建设同样离不开马克思主义学院的保障和支撑。认真贯彻落实中共中央办公厅印发的《关于加强新时代马克思主义学院建设的意见》,扎实推动马克思主义学院内涵式发展,是推动高校思政课教师队伍建设的基础工程。

2.完善绩效考评机制。完善高校思政课教师考评机制是一个系统性工程,旨在科学、全面地评价高校思政课教师的教学效果和价值引领能力,从而激励教师不断提升教学质量和育人成效。

首先完善绩效考评机制要明确考评目标。考评目标应充分体现立德树人的根本任务,以提升学生的思想政治素养和综合能力为核心,重点考察高校思政课教师在知识传授、能力培养、价值引领等方面的成效。同时,考评目标应兼顾共性和个性,既要符合国家对思政课教学的总体要求,也要结合各个高校自身的发展特点和实际情况。

其次,完善绩效考评机制还需要制定科学的考评原则,要做到定性与定量相结合、过程与结果相结合、多元主体评价相结合。定性与定量相结合是指既要注重对教师教学态度和效果的定性评价,也要通过量化指标如学生满意度、教学效果评估等来客观反映教师的教学质量。过程与结果相结合是指不仅关注教师的教学成果,还要重视教学过程中的师生互动、教学方法创新等,确保考评的全面性。多元主体评价相结合是指在对教师的评价考核中,要注重区分学校管理部门、教学督导、同行教师、学生等不同口径的评价的功能,形成交叉式、立体化、多层级、多口径、多角度的考评体系和科学合理的评价指标体系,确保考评的公正性和客观性。

最后,完善绩效考评机制还需要实施科学的考评方式,做到自评与他评结合、定期与不定期结合。一方面鼓励教师积极进行自我反思和总结,同时结合学生、同行、专家等多元主体的评价意见,形成全面的考评结果。另一方面除了每学期的定期考评外,还可以根据教学需要开展不定期的抽查和评估,确保考评的时效性和针对性。此外,在对考评结果的运用与反馈方面,可将考评结果作为教师职称评定、绩效考核、奖励激励的重要依据,并及时向教师反馈考评结果和改进建议,帮助教师明确努力方向和提升空间。

3.完善条件保障机制。完善条件保障机制要从强化组织领导、保障经费投入、加强软硬件设施建设、加强现代信息技术与专业教学融合建设几方面下功夫。一是要强化组织领导保障,要增强对思政课建设的认知,提高思政课建设的政治站位。习近平总书记在"3·18"重要讲话中特别强调,党委要保证高校正确办学方向,各高校要加强对思政课教师队伍建设的领导和指导,形成党委统一领导、各部门各方面齐抓共管的工作格局。高校党委要强化主体责任,掌握高校思想政治工作的主导权。强化组织领导保障需要在纵向上建立"学校党委—院系党委—基层支部"三级立体化的思想政治工作体系,统一部署、分层领导,在学校宏观决策层面,把思想政治理论课作为重点课程、把马克思主义理论学科作为重点学科、把马克思主义学院作为重点学院,纳入学校总体发展规划进行建设。建立健全以校党委书记为组长,以分管的校党委副书记、副校长为副组长,以有关职能部门主要负责人为成员的"思想政治理论课建设领导小组""深化思想政治理论课改革工作组""思想政治工作领导小组"等各类领导小组,有针对性地开展工作,为思政课的建设与发展提供了强有力的组织保障和高效的机构支撑。对有条件的高校,还应当积极开展"省校共建""市校共建"试点,推进学校思想政治理论课的建设与发展。

第八章

高校课程思政建设的基本问题

高校课程思政建设生发于高校全员、全过程和全课程育人这一理念，习近平总书记在全国高校思想政治工作会议上强调："各类课程与思想政治理论课同向同行，形成协同效应。"[①]这一重要论述指出运用学校课程对青年价值观的拔节孕穗期进行引导，不仅要抓好思想政治理论课这一关键课程，还需要运用课程思政形成育人合力。另一方面，课程思政建设既面临课堂革命和信息技术进程下的创新发展，又面临课程思政"为何"和"如何"之追问。这需要从课程思政的缘起、把握方式和建设方式中予以回答。

一、高校课程思政之缘起

课程思政源起于运用学校课程对青年价值观的拔节孕穗期进行引导，将价值观教育贯穿于专业课程之中，与思政课程在价值观教育上形成全员、全程、全课育人的协同效应。从2017年开始，教育部印发关于《高校思想政治工作质量提升工程实施纲要》《关于深化新时代学校思想政治理论课改革创新的若干意见》《高等学校课程思政建设指导纲要》等文件，强调建设高水平人才培养体系必须将思想政治工作体系贯通其中，必须抓好课程思政建设，解决好专业教育和思政教育"两张皮"问题。2020年，教育部印发《高等学校课程思政建设指导纲要》，进一步指出课程思政建设是落实立德树人根本任务的战略举措，强调全面推进课程思政建设要寓价值观引导于知识传授和能力培养之中。为了改变这种孤岛效应，需要建立以价值观教育为核心的学校育人同心圆，贯穿于学校课程、管理、服务、科研和文化等领域始终，在传授专业知识过程中进行价值观引导，提升学生的思想道德水平。如此，价值观教育被涵化在学校教育的全过程、全员和全方位之中，与思想政治理论课产生惊涛拍岸和润物无声的共振效果。

---

① 张烁、鞠鹏：《习近平在全国高校思想政治工作会议上强调 把思想政治工作贯穿教育教学全过程 开创我国高等教育事业发展新局面》，《人民日报》2016年12月9日，第1版。

另一方面,大学生价值观形成是外部的价值观注入与个体积极建构相统一过程,从而引导个体从"不知"到"知"、从"知"到"信"、再从"信"到"行"的转化。这一转化过程首先是把洗炼、抽象的理论话语、学术话语、教材话语转化为大学生喜闻乐见的话语、情境和具体教育活动,在个体的亲历性学习和体验中内化为深刻而稳定的心理、情感和行为践行,以使价值观获得具有主体自觉性。正如霍夫曼用移情唤醒强调道德行为发生的自我建构:"这些亲社会的道德文本不是被动获得的,而是儿童在持续不断地建构、综合,以及在语义上组织诱导信息,并把它和自己的行动及受害者的状况联系起来的过程中主动形成的"①。因此,大学生价值观教育需要建立在一定的知识储备和情景之上,如同盐溶于水中,既满足大学生对知识的渴求,又为价值观建构建立必要的知识基础,增强价值观的解释力、吸引力、感染力。正如马克思强调用理论彻底说服人,"理论只要说服人,就能掌握群众;而理论只要彻底,就能说服人。所谓彻底,就是抓住事物的根本。而人的根本就是人本身"②。例如,理工科课程中的牛顿运动三定律和万有引力定律、爱因斯坦的相对论知识为理解"人可能两次踏进同一条河流"的运动观提供了科学依据。否则,脱离知识基础的价值观教育与脱离日常生活的价值观教育一样,将演变为失去生活根基的抽象理论,很难为大学生感知和理解。"中国古代史""中国近代史""中国古文"等课程用历史之真为讲清楚500多年世界社会主义史、中国人民近代以来170多年斗争史、中国共产党100年奋斗史、中华人民共和国70多年发展史提供史料证明,以引导大学生自觉反对和辨析历史虚无主义。"医古文""中药饮片鉴识"课程的中国古代医家学术、中医知识为讲清楚中国传统文化中深邃的哲学智慧、生命观伦理观奠定医学知识,以培养个体对中华民族优秀传统文化的传承和发展。

---

① [美]霍夫曼:《移情与道德发展——关爱和公正的内涵》,杨韶刚,万明,译,哈尔滨:黑龙江人民出版社,2003年,第184页。
② 《马克思恩格斯选集》(第一卷),北京:人民出版社,2012年,第9-10页。

二、高校课程思政的把握方式

课程思政主要是指深入挖掘学校各类课程中蕴含的思想政治教育资源,帮助学生塑造正确的世界观、人生观、价值观的课程体系。从这一术语出发,其关键词是课程和思想政治教育。

(一)课程思政是一种课程观的变革与发展

这一课程观涵盖课程内容、教学方法、课程评价、课程模式等各个要素创新发展,实现知识与价值观之间、课程与课程之间、显性教育与隐性教育之间的融合转换。这种课程观改变长期以来立德树人主体责任窄化的误区,把大学生的价值观教育仅仅归结于思想政治理论课,这种窄化认识不仅使专业课对思想政治教育疏离,并与马克思主义在一些学科中"失语"、教材中"失踪"相叠加,而且使思想政治理论课成为育人孤岛而导致不能承受之重。为了改变这种孤岛效应,习近平总书记在全国高校思想政治工作会议上强调:"要用好课堂教学这个主渠道……其他各门课都要守好一段渠、种好责任田。"[1]这里课堂教学主渠道便从思想政治理论课拓展到所有课程,强调发挥学校所有课程的思想政治教育功能,对专业课程进行价值观提炼和建设,使其与思想政治理论课形成课程育人合力。2018年9月17日,教育部发布《关于加快建设高水平本科教育全面提高人才培养能力的意见》中明确规定强化课程思政与专业思政,使思想政治教育元素融入课程设计、课堂教学的各方面、全过程。

(二)课程思政是价值统合、教学改革和人的塑造的统一

价值统合是指从知识内容的应用到价值能力的统整性规划。课程思政是一种价值教育活动,是在各类课程的知识教学中融入价值观引领,在课程体系、课程达成目标中体现理想信念、价值理念和道德观念教育,以

---

[1] 张烁、鞠鹏:《习近平在全国高校思想政治工作会议上强调 把思想政治工作贯穿教育教学全过程 开创我国高等教育事业发展新局面》,《人民日报》2016年12月9日,第1版。

塑造学生精神品格。特别是课程思政并非一门独立的课程,其实践必须在具体学科的教学内容和环节中实现。教学改革则是专业课程教学及其标准的持续改进,以提升课堂效能为目标,同时运用"浸润式"的隐性教学方式。在所有课程的教学设计中引入思想政治教育元素,应用启发式、讨论式、参与式、翻转课堂、慕课等新型教学方式,在互动与讨论中将价值教育内容无形地传递给学生。按照这一理念,课程思政不是把授课学分重新分配或课程知识的排列组合,而是在知识教育中引导学生获得社会价值判断与价值选择,"不是增开一门课,也不是增设一项活动,而是将高校思想政治教育融入课程教学和改革的各环节、各方面,实现立德树人润物无声"[①]。在教学评价方面,呈现为全过程非标准评价体系。这在于,高校课程思政与思政课程具有多种多样的计划和活动,旨在向学生灌输共同的价值观、综合方法、群体情感,根据教学目标评估教学的有效性和价值性,向教师提供有关其教学的反馈,并向学习者提供有关其学习的反馈。因此,不仅要考查学生的知识成就,还包括价值态度、兴趣和理想、思维方式、社会适应性等方面的全面性评价。

(三)把握好高校课程思政中课程与思政

课程和思政是高校课程思政的两个关键词,其核心在凸显专业课程的价值观和个体的价值观生成过程。

1.课程思政中的课程是思政课程之外的专业课程。按课程性质划分,课程思政的课程主要有专业课程和综合素质课程,其下又有多种课程科目和类别。专业课程旨在通过知识观教育培养学生的知识素质和能力素质,赋予学生在某一职业领域中进行社会实践的专业能力。能否在专业课程中培育学生的"德性"成长影响课程思政的成效。综合素质课程侧重培养学生的思维能力、人文素养、综合素质等,以多元化、生成性的课堂教学实现课程思政的价值生成。同时,按课程展开方式,课程思政包括理

---

① 高德毅、宗爱东:《课程思政:有效发挥课堂育人主渠道作用的必然选择》,《思想理论教育导刊》2017年第1期。

论讲授和实践教学课程。理论讲授课程因其理论灌输性强,在课程思政实践中应注重价值启发与价值共情共感,而实践教学课程以自主操作和经验习得为主体,则应格外注重教学预先设计,从而引导学生的价值生成。

2.课程思政中的课程是价值生成过程。学校课程是多元、动态和递归的经验生成过程,它是在教与学的互动过程中有规律地展开,而课程思政是建立在多元课程形态基础之上的价值提升,如同用珍珠的链条串起课程在价值观引领上的合力,凸显知识教育中的价值观导向、科学规律中的求真精神、专业知识中的家国情怀、实践实验中的社会责任与担当。因此,课程思政表现为多元课程与一元价值观主导相统一,在课程形态上表现为多样性,它是理工科、人文社会科学、艺术学科等课程的联合。在课程的价值观引领上凸显一元性,用多元课程体系培育学生的马克思主义理想信念、文化认同、国家认同、中国精神等。例如,"岩土工程勘探"讲授的是地基与基础、地质灾害治理等知识,"长江生态学"讲授的是生态学的基本原理和长江水生态治理保护,而大河文明、国家发展战略理念、家国情怀、工匠精神则是"岩土工程勘探""长江生态学"的价值引导主旨。而经由价值观提升的专业课程能防止"去意识形态化""西化""价值中立"的误区,实现用马克思主义世界观、方法论引领各类课程体系、教材体系和教学体系建设。上海大学课程思政"创新中国"便是典型的"价值观教育主题+课程"模式,它用"世界等待着什么、国家需要什么、上海承担什么、我可以学什么"为主题链联合理工、经管、艺术等专业课程。

3.课程思政的思政侧重于知识传授、能力培养与价值引领之间的结合。这一过程是挖掘和转化知识体系中的社会核心价值观、科学发展中的价值和精神、专业中的国计民生关联度、实践实验中的生活参与等思想政治教育资源,运用到课堂教学中对学生进行思想价值观的引领。而这一价值观教育的共识也体现在世界各国的学科和专业建设中。以北美的工程伦理教育为例,它进入职业工程师评估的重要内容,认为是培养卓越工程师的价值观支撑,并体现在课程和专业教材建设中。不仅设置专门的"工程伦理"课程,要求以责任感为基础,以道德规范为核心,以解决道德困境为目标构成该课程的主要内容,而且有专门的教材,如《加拿大职业工程实践和伦理》《工程伦理概念和案例》等。与之相比,思政课程中的思政是系统化理论化的科学内容,旨在用党的创新理论引导学生的思想价值观念塑造,从而在教学科目、教学活动、教学评价、课程结构等要素上具有明显边界。因此,需要遵循课程思政在课时安排、教学方式上忽视本课程的自有逻辑,既不能与思政课程同质化或简单叠加,也不能在教学内容、教学方式、教师队伍上相互替代。

(四)高校课程思政的主要矛盾

高校课程思政的主要矛盾是课程知识教育与价值观教育之间的矛盾。现代知识观蕴涵着三个维度,一是以语言或抽象符号表征的事实性知识,二是关于"做""实践""体验"等的方法性知识,三是关于如何把握客观存在与自身的价值性知识。在伴随科技革命、社会分工、人的活动方式的快速发展,人的价值危机、精神危机挑战人们的认知,这呼唤将价值观教育与知识教育优势融合,寓价值观教育于知识传授与能力培养之中。知识教育与价值观教育在课程教学中的矛盾主要表现为价值观教育的多维度与知识教育的单向度之间矛盾。一方面,价值观本身的意识形态性、形而上性和抽象性决定了价值观教育首先要关注社会主流意识形态、道德秩序规范、思想样态与精神生活、人的存在与终极价值等宏大主题,这些特点体现在价值观教育的学理性与情感性、知行转化的维度。更重要的是,价值观教育指向的是从认知到实践的转化,即知行合一,它需要遵循学生从感性认识上升为理性认识、从理性认识向行为选择的转化规律。从这一维度出发,价值观教育指向的是个体的行为,它以感性认识、理解、情感等为基础,引导个体行为养成。以课程思政"比较思想政治教育"建设的课程目标为例(表8-1),从课程目标2可以看出,通过价值观教育形成的道德素养目标指向的是社会核心价值观的理解、认同和践行。与之相比,知识观教育注重知识的客观性,强调世界是由"真或假""是与非"构成的事实世界,因此,知识观教育关注于脉络化的真理、规律、由浅入深的逻辑推理的记忆、理解和运用。另一方面,在价值观引领上,课程思政坚持马克思主义意识形态、社会主义核心价值观等一元价值观对学生价值取向、政治观念、道德规范的指导地位,但在新的文化观念和价值观念并存的社会进程中,不同的专业课程蕴含的多元的文化观念容易与一元价值观导向之间形成冲突,如何在价值观教育与知识观教育的感性与理性、认知与行为、一元与多元之间找到契合点是课程思政面临的主要矛盾。

表8-1　课程思政"比较思想政治教育"的课程目标与毕业要求的关系

课程目标	支撑的毕业要求	支撑的毕业要求指标点
课程目标1	专业知识	准确掌握马克思列宁主义、毛泽东思想、邓小平理论、"三个代表"重要思想、科学发展观和习近平新时代中国特色社会主义思想的基本要义。
		全面掌握思想政治教育的基本理论,灵活运用思想政治教育的基本方法。
		能够自觉关注和正确把握思想政治教育理论与方法的发展动态。
课程目标2	道德素养	能够高度认同并自觉践行社会主义核心价值观,能够正确理解并实践立德树人的根本要求。
		具有良好的思想品质和职业道德,能够在学习与工作中模范践行实事求是、守正创新的基本要求。
课程目标3	知识整合	扎实掌握教育学、心理学、哲学、政治学、伦理学、法学、经济学、文化学等学科的基础知识、基本思想与主要方法。
		能够建立以马克思主义基础理论为核心,其他相关学科知识为支撑的知识结构同心圆。
		能够综合运用马克思主义理论和其他相关学科知识分析解决实际问题。

续表

课程目标	支撑的毕业要求	支撑的毕业要求指标点
课程目标4	反思能力	能够运用批判性思维从学习、研究、调查等活动中反思学习问题。
		能够在思政教育实践过程中进行自我诊断、自我改进与自我完善。
课程目标5	研究能力	能够运用科学的思维方式和研究方法分析思想政治教育专业领域的理论问题和实践问题。
		能够依托现代信息检索技术进行文献检索和信息查询,掌握思想政治教育理论与实践研究的现状与动态。
		能够围绕思想政治教育领域的基本问题撰写符合学术规范的论文。
课程目标6	合作能力	具备较强的人际沟通、协调和合作能力。
		理解学习共同体的作用,能够组织或参加小组互助和合作学习。

三、认识高校课程思政与思政课程之间的关系

高校课程思政与思政课程之间相互协同,共同构成学校思想政治工作课程育人体系。

(一)高校课程思政与思政课程同向同行

课程思政与思政课程的同向同行指向着思政课程的"向"和"行",即坚持思政课程的教育方向,共同在立德树人上的合力。在这一关系中,思政课程是领航和核心课程,课程思政是辅助和关键课程,二者通过合力构筑课程共同体实现思想政治教育。

1.课程思政与思政课程的根本方向一致。我国是中国共产党领导的社会主义国家,这就决定了我们的教育必须把培养社会主义建设者和接班人作为根本任务,这就指明课程思政与思政课程在根本方向上是一致

的。思政课程立足马克思主义意识形态要求,通过系统的党的创新理论的理论彻底实现价值培育和实践引领。课程思政在高校思想政治工作中拓宽全员、全程、全方位育人的路径,实现思想政治教育贯穿高校教育教学全过程,二者在教育的根本方向上是以实现培养社会主义建设者和接班人的根本任务。

2.课程思政与思政课程共同前行。课程思政与思政课程的同行意味不同学科基于价值观教育要求思考知识与价值的整合。这种基于价值观教育的课程合力建设在世界各国课程建设中已是共识,他们十分重视挖掘专业课程中的价值观,以与学校公民道德教育课程形成合力。美国学校课程强调:"学术课程在价值观培养方面的作用是一个沉睡中的巨人……如果我们不能把这种课程利用为培养价值观和伦理意识的手段,我们就正在浪费一个大好的时机。"[1]德国认为培养学生核心价值观不能仅仅囿于几门通识教育课程,其他专业课程同样具有责任,这些课程旨在传递本国的价值观、培养本国公民的公民意识和国家认同。英国强调所有学校课程旨在培养负责的公民,具有进取心、与他人合作、尊敬、诚信、尊重多元文化等多维价值特质。因此,课程建设中的知识能力与核心价值观教育相融合在20世纪八九十年代已有实践,如法国密特朗时期学校教育的职责是培养具有能力素养的劳动者和有责任感的社会公民,实现学校教育中培育能力素养与根植公民意识的贯通。布迪厄提出在寻求课程连贯性与不同专业之间的平衡与融合,特别应该要努力"调和科学思想中固有的普遍主义和通过历史科学传授的相对主义"[2]。换言之,学校教育需要各类课程形成的教育合力,而非消除具有不同知识建构标准和过程的课程领域之间的界限,在此基础上培育共同的价值观念、道德操守和政治方向。

---

[1] [美]托马斯·里克纳:《美式课堂 品质教育学校方略》,刘冰等,译,海口:海南出版社,2001年,第152页。

[2] Bourdieu, 'Principles for reflecting on the curriculum', *The Curriculum Journal 1*, 1990(3):313.

（二）高校课程思政与思政课程组成课程育人的一体两翼结构

2017年,教育部颁布的《高校思想政治工作质量提升工程实施纲要》提出课程、科研、实践、文化、网络、心理、管理、服务、资助、组织等"十大育人体系",其中第一个体系就是课程育人质量提升体系。在课程育人质量提升体系中,集中贯彻了习近平总书记"要用好课堂教学这个主渠道"论断,对高校课程思政与思政课程的组织关系进行了专业化描述,即基于思想政治教育与知识体系教育的有机统一形成课程思政与思政课程一体两翼结构。把握这一结构关系,需要区分思政课程的主渠道与课堂教学主渠道的关系。在高校课程体系中,思政课程作为大学生思想政治教育的主渠道,是落实立德树人根本任务的关键课程。思想政治理论课凸显课程的思想性、政治性和理论性,讲清楚中国共产党为什么能、马克思主义为什么行、中国特色社会主义为什么好,体现社会主义大学的本质要求。而课堂教学的主渠道意味在于十大育人体系和众多育人方式方法中,课堂教学始终是最主要和最重要的渠道,通过课堂教学的价值引领与思政课程这一主渠道形成各自守好一段渠和种好责任田,从而形成同向同行的育人格局。

（三）高校课程思政与思政课程的合力

高校课程思政与思政课程教学之合是在高校立德树人的大图景中,变思政课程"单曲独奏"的局面为各类课程与思政课程的"交响合奏",实现合力育人。

1.课程思政与思政课程发展同力。课程思政与思政课程发展同力的共振点在于立德树人的育人方向。一是课程思政与思政课程合力方向规定了合力的质。课程思政与思政课程的不同教育作用力相互渗透融合产生综合效应,当各个教育力量的方向一致、结构合理时,新的合力将超出分力的教育效果;而当各个教育力量的方向不一致、结构不合理时,其合力的教育效果不仅可能小于分力之和,甚至可能相互抵消。二是课程思政与思政课程的聚合需要系统设计。这不是各课程的简单叠加,而是用价值观引领主题对课程进行再建设,这涉及课程数、课时数、师生数及其他教学要素。因此,需要对各教育要素进行系统组织,准确定位各方能动作用,在教学资源开发、教学质量提升、教学过程管理等方面保持协作和联动。具体而言,高校课程思政与思政课程合力,是为"道法术器"结合的作用结构(图8-1)。围绕价值观、思想政治教育因素等"道"的层面,遵循教育教学之"定法",在具体课程中有的放矢地开展多种教学"术",并寻求辅助教学的"器物"。

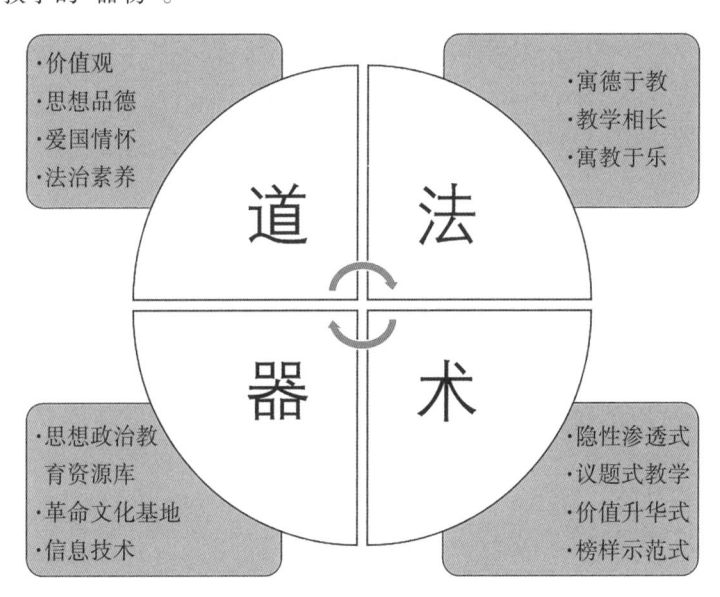

道
- 价值观
- 思想品德
- 爱国情怀
- 法治素养

法
- 寓德于教
- 教学相长
- 寓教于乐

器
- 思想政治教育资源库
- 革命文化基地
- 信息技术

术
- 隐性渗透式
- 议题式教学
- 价值升华式
- 榜样示范式

图8-1 高校课程思政与思政课程合力体系

2.课程思政与思政课程的互补。课程思政与思政课程的互补旨在形成学校思想政治教育的贯通体系。这主要源于人们的思想运动变化发展是一个复杂的动态过程,因此对各种思想、价值观、意识形态的接受过程也处在动态变化中。特别是青年大学生思想行为呈现出分众化、圈层化等特质,《2019腾讯"00后"研究报告》中对"00后"青年的新面貌进行分析,指出"00后"在价值观层面更加注重开放、自我超越、关注社会、强调自主。因此,大学生思想引领需要全过程的各类课程渗透价值观教育,与思政课程之间形成育人贯通体系。相较于思政课程,其他各类课程承担学科专业知识与技能培养的功能,具有知识传授的专业性、系统性、权威性。由专业课程承载和实现思想政治教育功能,能有效提升思想政治教育的针对性、悦纳感、认同度和影响力。基于专业知识的课堂教学情境和实践情境更易实现与大学生之间的互动,在知识传授中解答思想困惑、引导价值追求。而思政课程具有显著的马克思主义意识形态性及马克思主义理论性、政治性、价值性,着眼于学生价值观的直接塑造。通过二者之间的互补,既把专业课程的知识传授方法上升到价值观引领,又按照价值引领对专业课程教学提供方向指引。

四、高校课程思政建设之道

高校课程思政建设是从理念、方法论到课程运行的整体推进,需要在课程观引领下推动教学一体化、深化课程思政管理方式。

(一)建设以价值观引导为核心的课程思政体系

价值观教育具有特定的规律和方式,遵循人的知、情、意、信、行转化,其核心在于意义和价值,它为大学生提供价值导向和精神动力,构成国魂、社会共同理想和个体精神之钙。课程思政建设的课程观正是着眼于此,它在已有课程建设基础之上,对课程进行从知识观到价值观的提升。一是理顺各类课程的课程知识与价值之间的逻辑关联,挖掘专业课程背后的思想政治教育元素,把价值观培育和塑造融入所有课程的知识传授中。从学科专业发展史追溯中寻找人文情怀、专业伦理,从社会民生现象与问题中挖掘专业与价值意蕴,从国际国内的对比中增强习近平新时代中国特色社会主义的道路自信、理论自信、制度自信、文化自信。二是找准课程思政价值引领的切入点,转化为知识传授中的价值观阐释和引导。阿德勒在《让生命超越平凡》中展示出如何用价值对事实性知识进行提炼,并构筑人的价值世界:"我们所感受的不是现实的本身,而是经过我们解释之后的东西。'木头'指的是与人类有关系的木头,'石头'指的是能作为人类生活因素之一的石头。假如有哪一个人想脱离意义的范畴而使自己生活在单纯的环境之中,那么他一定非常不幸——他将自绝于他人"①。这一提炼方式同样适用于课程思政,形成价值指向与事实性知识的融合。例如,无论在人文社会科学还是自然科学中都会运用图像方式呈现知识的真实和具象,他们或者指向艺术人物的个性化,或者指向事物本身的真实,当进入课程思政之中,这些图像在求美和求真的基础上,转变为事实呈现、情感呈现和意义呈现之间的统一,用看得见的形式表达价值观和情感,即"通过图像或文字理解和感知其传递的善与美,而不是单纯的读图或认字"②。因此,课程思政是从数学课程中提炼审慎的思维和逻辑推理,从历史学课程提炼家国情怀和爱国主义的历史之真,从艺术类课程中感知传统文化之美和以人民为中心的文化传承创新,从而形成基于价值观教育的课程思政同心圆(图8-2)。三是建设开放、共享的课程思政体系。这种体系除了体现为不同专业课程之间的融合联通,还体现为互联网、大数据、媒介融合进程中课程思政形态发展。这在于,信息技术革命引发信息传播方式、信息本身和人的交往方式变化,大学生不再满足于教学的旧有的内容表达和话语形式,这一变化要求改变传统的课程形态和教学模式,才能提高课堂质量。正如大众媒介催生思想政治教育变化:"在新时代思想政治教育话语建设中,需要根据思想政治教育对象和内容,在选择主要媒介形式的基础上进行跨媒介融合,将图像学的话语体系、语言结构学的话语体系以及声音研究的话语体系主动地、有意识地纳入进来,才能够将思想政治教育效果最大化。"③因此,课程思政同样需要以学生发展为中心推进课堂革命,由单一的线下教学模式转向网络化、数字化、智能化

---

① [奥]阿德勒:《让生命超越平凡》,李心明,译,北京:西苑出版社,2003年,第1页。
② 周琪:《论思想政治教育图像的界限及实践》,《思想教育研究》2017年第3期。
③ 周琪:《大众媒介与思想政治教育实践方式演进》,《思想理论教育导刊》2020年第7期。

的线上线下融合,运用音像视频、课堂研讨、MOOC、沉浸体验等多元矩阵教学实现课程思政在时间、空间、内容、资源、技术上的共通共融。

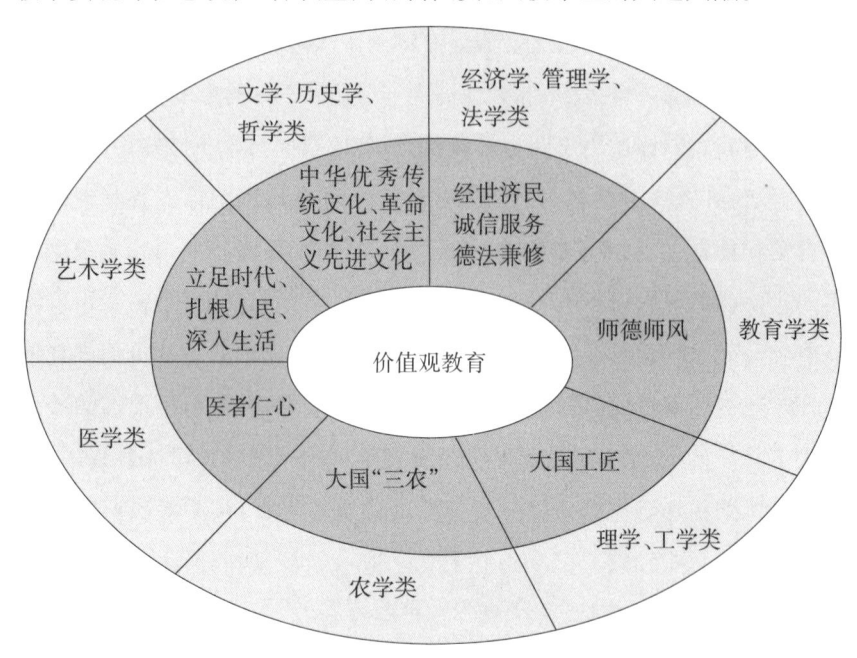

图8-2 基于价值观教育的课程思政体系

（二）构建课程思政一体化的教学体系

破解思想政治教育的"孤岛困境",就是要打通专业课程与思想政治理论课的壁垒,建设一体化教学体系。一是以课堂教学革命为核心推动课程思政的教学规范性。课程思政运行的有效性依托于课堂教学这一主渠道,这需要根据课程选择教学方式、教学内容和教学评价等。教育部《关于一流本科建设的实施意见意见》中高水平一流本科课程的高阶性、创新性和挑战性同样适用于课程思政,按照知识和能力形成、价值观知行转化的阶段性建设挑战性的学术课程。在课程高阶性上,强调从知识传授上升为创新精神,在课程创新性上,强调从学术前沿上升为问题探究,在课程挑战性上,强调从过关性评价上升为选拔性评价。因此,在课程思政的课堂教学中,建立混合式教学、案例式教学、探究式教学、体验式教学、专题式教学等,把浸润价值引领的学术前沿和专业能力教育贯穿课堂教学始终。二是建设以问题导向为核心的教学方式。问题导向的教学方式强调知识建构性、能力实践性和创新挑战性,由此形成师生交往和学生发展的协同。在这一教学过程中,教师的角色不再是单向的知识传递者,而是学生自主学习的引导者、促进者和合作伙伴,教师的讲授转变为问题提出、学生自己做、教师协助做和师生共同做,在问题探究中体验和感悟价值观、价值立场和方法论,这正是课程思政的价值引领知行合一的着力点。三是链接第一课堂与第二课堂,运用小组研学、专业实践等延展价值观教育。第一课堂基于学科知识的间接经验实现知识体系向价值体系的转化,第二课堂通过课程与生活、学生专业实践相结合,以引导学生认同和外化社会核心价值观。第一课堂与第二课堂有机链接就是在专业知识与实践融合过程中实现价值观提升,利用专业实践、社会服务、课外活动等将价值认知转化为价值体验和践行。面对脱贫攻坚和春耕生产的关键时期,高校农学专业、生物学专业、园林园艺专业把"云课堂"教学转化为下沉农村和社区,引导运用专业知识服务春耕备耕生产活动,在社会重大事件和第二课堂延展中践行社会责任和担当。

(三)建设课程思政的管理方式

深化课程思政管理方式是深层次推进课程思政建设的保障。在课程思政管理上,加强顶层设计、集体研讨、考核评价、常态化机制等建设。一是打造课程思政的"金课"。选择凸显中国道路、中国特色、中国风格的专业课程进行重点建设,依托和深度开发区域资源、学校特色专业课程和学校优势学科,形成学科、学术、课程、区域资源的联合,产生示范引领效应。北京科技大学"大国钢铁"课程发挥学校冶金一流学科优势,联合冶金工业规划研究院、宝武集团、首钢集团等校外资源,凸显该课程的科技报国意识和情怀。在教育部公布的2020年全国普通高校中华优秀传统文化传承基地中,每一个基地都体现出与学校特色专业和学科的紧密关联,如北京科技大学的传统工艺项目、南开大学的中国书画项目、华东师范大学的篆刻项目等,这些都是学校课程思政金课建设的特色资源。二是建立课程思政集体教研制度,组织专业课程教师和思政课教师联合协作备课,提升课程思政教师队伍的思政问题意识与研究能力。集体教研制度以专业课程为基础,通过小组研讨、合作教学、教学反思、互评互鉴等方式形成知识、教育资源上的优势互补和教学相长。中国农业大学"大国三农"由主题负责人、相关领域专家、传播系教授、专业制作公司、本科生院组成的教师团队,合力开发课程内容、实行课程主题设计、内容框架、亮点特色、素材准备等集体备课模式,培养知农爱农创新人才。三是制定有效的考核评价制度,引导专业教师改变教学的惯性和模式化,主动参与课程思政建设。在各类评优评奖、教学比赛、考核评价、岗位聘用中,将价值教育、育人实效、师德师风等纳入考核评价指标体系,在课程遴选、评比中设置课程思政的评价指标、思政评分点等。四是建立课程思政常态化建设机制。遴选理想信念坚定、榜样示范、教学能力扎实的名师团队、学科带头人、党政领导进课堂。在校际、院际、课际三级层面组织教研研讨会和示范课程展示活动,通过设立课程思政专项研究项目和教学研究示范中心引领课程思政建设的新成果、新经验和新模式。

(四)建立全过程非标准答案评价体系

高校课程思政教学评价是一个连续的系统的过程,它强调人格的显在变化和教育计划的主要目标成就。形成性学业评价和非标准答案总结性评价是以评促教、以评促学的重要手段。

1.实施形成性学业评价。综合运用形成性学业评价是推进课程思政全过程学业评价的重要方式。由于高校课程思政育人的成效涉及价值观念与价值行为的显隐两重性,仅仅依据学生标准化测验难以形成合理评价,因此需要综合对学生学习过程中思想观念、行为习惯的转变进行考量。

形成性评估用于监控教学期间学生的学习进度，其主要运作是在教学过程中向教师和学生提供有关学习成败的持续反馈。给老师的反馈有助于教师确定学生的学习进度，提供阶段性学习效果信息，可用于修改教学计划和教学方式，对学生的反馈有助于成功学习，并确定需要纠正的特定学习错误。因此，形成性评估基本上是即时进行的，生成用于修订或改善教育实践的信息，是形成性评估的核心概念，形成性评估与教学改进必须齐头并进。形成性评价的步骤主要是学生学习信息的收集和信息的判断，利用特定问题或主题的诊断性评价，关注学生"获得了什么知识？开发或增强了哪些技能？态度发生了哪些变化？"的三重层级问题。测评指标可以包括学生课程参与度、价值学习的自我评估、学生价值认知的转变提升等，因此建立合适的评价量表记录阶段性变化是必要的，还可以通过布置作业、发布讨论、课外阅读，进行测试、讨论答疑等环节加强形成性评价。

2.非标准答案总结性评价。形成性评价对课程思政教学过程中价值观念教育保持关注，而总结性评价是对课程育人成效的最终检验。总结性评价是在课程结束或相当长的一段时间（例如一个学期）结束时进行的，它指示学生掌握课程内容和价值学习的程度，有助于判断教学目标的适恰性。一般而言，总结性评估提供定量数据，并着重于结果，当前课程思政总结性评价方式往往以有标准答案的试卷考试进行，以检测学生是否以及在何种程度上掌握了相关价值知识，但由于价值观念的潜隐性，以知识问答形式展开的考试在准确判断学生价值观念转变与提升效果上具有较大局限性。

因此，在不脱离课程教学大纲和课程目标的基础上，可采取试卷考核、大作业、调研报告、课程论文、作品制作、路演录像、面试答辩等多种评价考核方式。同时，由于价值观念的教育与评价具有长期性，课程的终结不代表价值教育的终结，对学生正确价值观念习得的评价应与毕业考察相挂钩,在这一层面上,辅导员和相关管理教育工作者需要发挥合力,鼓励第三方进入教学评价之中,以提升人才培养的公信力。

(五)建设高校课程思政与思政课程的合力

高校课程思政与思政课程合力是在课程思政与思政课程的建设基础上,通过对课程思政关键环节与思政课程主渠道功能的有机融合,推动高校思想政治工作贯通人才培养体系建设,形成融入式、嵌入式、渗入式的立德树人协同效应。

1.目标之合。高校各类课程的定位呈现在课程教学目标、隐性知识与外显知识、知识观与价值观的融合之中。由于课程受到学科知识制约,课程的内容受到社会变迁与文化选择的影响,因此,不同的课程价值导向便会产生不同的课程组织形式。例如:自然科学的课程多重视各种定理与公式、实验与观察,课程重视逻辑分析,人文学科的课程以知识结构为中心,重视学习陈述式知识或宏大叙事,伦理学注重伦理知识的规训与守矩。这需要在专业课程的知识转化能力基础上强调价值观的培养。而课程思政与思政课程目标之合是跨越不同知识领域的边界和价值观的教育目标联合。学生运用知识和技能的方式受到他们所采取的价值观,以及他们采取行动的意愿影响,当前各课程的专业教学目标各异,但在价值观上都践行社会主义核心价值观的培育目标。另一方面,由于价值观具有宏观性和抽象性,因此价值观目标在落地与实施上需要进一步细化的层级目标,在课堂教学的知识与技能;过程与方法;情感、态度和价值观的目标之上,应借由感觉、移情、想象与反省等情感共振建立课程教学目标。

2.教学之合。当知识与价值进入课程教学层面,首先面临的是"怎样培养人"的定位,这既包括教与学之间的积极互动,又包括以学生为主体、能力目标、实践养成的师生共建。

首先,课程思政与思政课程教学之合是学生的认知发展结构与教师的教学内容知识的契合。切里霍姆斯十分强调课程的共识,"课程的常态基准并非一致、稳定的,或毫无争议的;而是充满冲突、不稳定性及争议的"[1]。这需从学生的认知发展与知识的结构出发予以考量,遵循学生认知发展规律。这在于,不同专业的大学生有不同认识方式,如文艺类专业学生注重感性体验,理工科专业学生具有强推理和逻辑思维。另一方面,不同学段大学生的认知思维具有差异性,如入学新生需要陌生到熟悉的学校文化价值观的融入,毕业学生需要职业选择和人生价值的启迪释惑。这需要教师在不同学段的专业课程中注意知识与价值观的内在逻辑,设计出在结构、内容、课程目标等具有差异性的课程方案。更重要的是,需要考虑不同学段和学情的学生的生活经验、知识基础等,从简单到复杂的循序渐进设计价值观教育的逻辑。

其次,课程思政与思政课程教学之合是知识、价值的关联与学习活动的贯通。一般而言,课堂教学设计需要遵循学生成长发展规律,注意知识内容的关联与学习的连贯,亦即能顾及学习内容的横向衔接与纵向连贯,让学生获得完整的学习经验,形成以社会实践活动为中心的认知体系。另外,从课程思政与思政课程合力的层面而言,教师需要将"教"与"学"结合在一起,打破课程内容的时间、空间,以及学科之间的疏离,涵盖知识、技能、信念、价值、态度与行动等内容。

最后,课程思政与思政课程教学之合是教学方法的融会贯通。教学是知识和价值观从教师与学生之间、学生与学生之间的习得。因此,课程思政与思政课程合力之教学方法是系统整合教学资源的途径,是全方位引导学生实现社会主义核心价值观内化于心外化于行的方法。这需要精心挑选符合本专业学生价值认知层次的知识、案例,穿插辩论、演讲等方式,紧密结合知识教学的重点难点、社会热点前沿与学生特点,运用沉浸式、引入启发式、反思式教学方法,深入浅出地引导大学生习得和践行正确价值观。

---

[1] Cleo H. Cherryholmes. *Power and Criticism: Poststructural Interventions in Education*. New York: Teachers College Press, 1988: 149.

3.内容之合。课程思政与思政课程合力是有机的课程组织与有意义的知识观、价值观的整合,这既是课程知识观中蕴含的专业精神与传承,又是课程发展的联动。一方面,课程思政与思政课程内容之合是对课程内容价值方位的重新定位。知识的层次很大程度影响到人的理性思考能力、选择判断能力,并进一步影响人的行为选择,这表明课程教育中知识与价值观的不可割裂。在课程思政与思政课程合力中,课程知识与价值观融合表现为知识、能力与价值三者的"基因式"融合,这种融合不是简单地植入或嵌入,"专业课程的思想政治教育碎片化植入本身也不符合加强和改进大学生思想政治教育的初衷"[①],而是在课程教学中有机融合学科知识、专业能力、创新思维、创造能力、政治素养、道德与价值等,将知识体系中的核心价值观、科学发展中的价值和精神、专业中的国计民生关联和实践实验中的生活参与感结合起来。另一方面,高校课程思政与思政课程合力中的学习指向的是学生知识观、价值观获得的发展性。课程思政与思政课程内容之合强调重视学生如何将所学与自身经验联结、内化,进而培养在生活情境脉络中实践的社会主义核心价值观。这需要将学生的学习视为有生命的个体自我建构知识观、价值观的过程。思政元素与专业知识的融合旨在推动这一过程运行,让课程内容契合专业学生、契合专业发展、契合专业价值。

4.队伍之合。习近平总书记在全国思政课教师座谈会上强调全方位推动学校思想政治工作的两个维度,一是完善课程体系,解决好各类课程与思政课相互配合的问题,二是鼓励教学名师到思政课堂上讲课,解决好推动其他教职员工和思政课教师相辅相成的问题。由此可知,教师育人、课程育人是自觉的合力。高校课程思政与思政课程教师队伍之"合"旨在形成教师之间的有规律、有组织的融合,改变扁平化合作结构下教师队伍之间的隔离。一是课程思政与思政课程教师共同设计核心价值观教学。课程思政与思政课程合力呈现出多主体、多环节和多领域的特征,教师间

---

① 朱飞:《高校课程思政的价值澄明与进路选择》,《思想理论教育》2019年第8期。

的沟通、参与、合作,以及积极性、主动性、创造性的发挥是课程思政与思政课程合力实践的决定性力量。这需要各课程教师基于价值观教育主线,共同设计课程和协同教学,提升课程内容和价值的纵横向连接与连贯,让学生在连贯的价值教学与氛围中习得知识与经验。二是各课程教师共同肩负立德树人的责任。美国学者吉鲁在《教师作为知识分子迈向批判教育学》一书中强调教师是转化型的知识分子,不应被窄化成教育的高级技师,为了发挥知识分子的功能,教师必须创造意识形态与组织上的必要条件,致力于知识的价值,以及提高年轻人的批判能力。这一论断同样适合课程思政与思政课程教师之合。在课程与教学中间,教师不是操作型、技术型、机械型的知识传达者,而是社会核心价值观念的知识转化者,通过相互协同不仅传授学生的知识和能力,而且塑造学生的道德和品行。

第九章

大中小学思政课一体化建设基本问题

大中小学思政课是社会主义学校课程体系的重要组成部分,承担立德树人的关键课程功能。2019年3月,习近平总书记在学校思政课教师座谈会上指出:"要把统筹推进大中小学思政课一体化建设作为一项重要工程,坚持问题导向和目标导向相结合,坚持守正和创新相统一,推动思政课建设内涵式发展。"[①]这是新中国成立以来党中央第一次在贯通国民教育整体性上对大中小学思想政治教育进行观照,这一命题成为学校思政课内涵式发展的应有之义。

一、大中小学思政课一体化建设的政策回溯

自新中国成立以来,为贯彻落实立德树人根本任务,党和国家逐步健全思政课一体化建设政策体系,从学校德育体系一体化向学校思政课一体化推进和整体规划。

1. 党的十八大之前大中小学思政课一体化建设政策分析。新中国成立后,党和国家开始有计划有步骤地改革旧的教育制度、教学内容和教学方法,以使社会主义学校在培养什么人、为谁培养人、怎样培养人上体现社会主义方向。因此,党和国家十分重视大学和中学德育工作,对中学、大学学段思想政治理论课作出规划与部署。1949年9月,《中国人民政治协商会议共同纲领》第四十二条规定:"提倡爱祖国、爱人民、爱劳动、爱科学、爱护公共财物为中华人民共和国全体国民的公德。"[②]这是新中国成立后以党的文献的方式强调对全体国民进行社会主义公德教育和社会主义公德教育的内容。1949年,第一次全国教育工作会议提出"新区学校安顿后的主要工作,是进行政治与思想教育"的观点。[③]1952年,教育部颁

[①] 习近平:《思政课是落实立德树人根本任务的关键课程》,北京:人民出版社,2020年,第27页。

[②] 中共中央文献研究室编:《建国以来重要文献选编(第一册)》,北京:中央文献出版社,1992年,第11页。

[③] 中共中央文献研究室编:《建国以来重要文献选编》(第一册),北京:中央文献出版社,1992年,第91页。

发的《小学暂行规程(草案)》和《中学暂行规程(草案)》中明确规定应在小学、中学实施智育、德育、体育、美育全面发展的教育,正式把社会主义公德教育纳入学校课程体系中。1955年,教育部召开高等工业学校、综合大学校院长座谈会,围绕高等学校的政治思想教育工作上强调学生的共产主义道德教育;"对学生进行共产主义道德教育,主要应采取正面教育的方法来进行,反复讲清楚什么是共产主义道德和行为的标准,注意表扬奖励'三好'的优秀学生,树立榜样,扶植正气"[1]。基于此,大中小学德育工作在学校教育体系中推进。1994年,中共中央发布的《关于进一步加强和改进学校德育工作的若干意见》首次明确提出要整体规划学校德育体系的理念。1995年,国家教育委员会发布的《普通高校德育大纲》中鲜明地提出思想政治教育要坚持整体性和层次性原则的要求。以此为基础,2005年5月教育部发布的《关于整体规划大中小学德育体系的意见》强调:"整体规划大中小学德育体系,就是根据不同教育阶段学生身心特点、思想实际和理解接受能力,准确规范德育目标和内容,科学设置德育课程,积极开展德育活动,努力拓展德育途径,有针对性地进行教育和引导,使学校德育更具科学性,更好地促进青少年学生全面健康成长"[2],并对学校思想政治教育体系进行系统化设计,规定大中小学各教育阶段的德育目标和内容,要求科学设置各阶段德育课程。在小学阶段开设以公民基本道德素质教育为基本内容的品德与生活、品德与社会类课程,更注重综合性、活动性,更符合低中高年级小学生身心发展的特点,为形成良好的品德奠定基础;在中学阶段开设以提高学生思想道德水平为基本内容的思想品德、思想政治类课程,帮助中学生初步形成正确的世界观、人生观、价值观;在大学阶段开设"马克思主义基本原理""毛泽东思想、邓小平理论和'三个代表'重要思想概论"和"思想道德修养与法律基础"

---

[1] 教育部社会科学司组编:《普通高校思想政治理论课文献选编(1949—2006)》(第2版),北京:中国人民大学出版社,2007年,第24页。
[2]《教育部关于整体规划大中小学德育体系的意见》,《中华人民共和国教育部公报》2005年第6期。

等德育课程,以此形成大中小学德育课程体系。2010年7月,教育部发布《国家中长期教育改革和发展规划纲要(2010—2020年)》,从战略发展角度明确提出构建大中小学有效衔接的德育体系、树立系统培养观念、推进大中小学有机衔接等要求。

2.新时代大中小学思政课一体化建设政策分析。在习近平新时代中国特色社会主义建设进程中,社会生产方式、生活方式、人的交往方式的易变多元呈现在社会精神生活领域,需要用社会主义核心价值观引领人的思想观念,形成社会价值共识。尤其青年思维和思想观念进入最活跃状态,需要精心引导和栽培。这需要发挥学校思政课作为关键课程的功能。基于此,国家逐步颁布实施《关于培育和践行社会主义核心价值观的意见》《关于全面深化课程改革 落实立德树人根本任务的意见》《关于培育和践行社会主义核心价值观进一步加强中小学德育工作的意见》《关于在各级各类学校推动培育和践行社会主义核心价值观长效机制建设的意见》等政策文件,推动学校培育和践行社会主义核心价值观的实效性。由此提出学校思想政治工作全程、全方位育人体系。2017年,教育部颁发《中小学德育工作指南》、编印《中小学德育工作指南实施手册》提出分层次的德育目标,明确不同阶段具体目标要求,既强调学校德育工作的针对性,又突出学校德育的有机衔接和逐级递进。2018年,习近平总书记在北京大学师生座谈会上强调要把立德树人的成效作为检验学校一切工作的根本标准,努力形成全员育人、全程育人、全方位育人的思想政治工作格局:"人才培养体系涉及学科体系、教学体系、教材体系、管理体系等,而贯通其中的是思想政治工作体系"[1]。2019年,习近平总书记在学校思想政治理论课教师座谈会上首次提出大中小学思政课一体化,指出大中小学思政课具有渐进性和上升性的基本特点。之后,教育部颁布《关于深化新时代学校思想政治理论课改革创新的若干意见》《新时代学校思想政治理论课改革创新实施方案》《关于开展大中小学思政课一体化共同体建设

---

[1] 习近平:《在北京大学师生座谈会上的讲话》,北京:人民出版社,2018年,第10页。

的通知》等政策文件,把大中小学思政课一体化建设作为新时代思政课高质量发展的重要内容。同时,教育部根据《教育部办公厅关于成立教育部大中小学思政课一体化建设指导委员会的通知》《教育部大中小学思政课一体化建设指导委员会章程》等成立教育部大中小学思政课一体化建设指导委员会,指导大中小学思政课一体化建设。

根据这一理念,全国各省市从课程、教学、队伍、共同体建设等维度推进新时代大中小学思政课一体化建设,颁布《关于开展"一省一策思政课"集体行动的通知》《"新时代高校思想政治理论课创优行动"工作方案》《关于加强新时代中小学思想政治理论课教师队伍建设的意见》《全国大中小学教材建设规划(2019—2022年)》《新时代高等学校思想政治理论课教师队伍建设规定》《关于加快构建高校思想政治工作体系的意见》《高等学校课程思政建设指导纲要》《新时代学校思想政治理论课改革创新实施方案》《全面推进"大思政课"建设的工作方案》《关于进一步加强新时代中小学思政课建设的意见》《关于健全学校家庭社会协同育人机制的意见》等政策文件,全员、全过程、全方位推动大中小学思政课一体化建设。尤其聚焦劳动教育、中国传统文化教育、革命传统教育等重大主题进学校,从课程、教材、队伍等层面推动同课异构和异课同构的大中小学思政课建设,印发贯穿各学段和学情的相关课程教材指南、纲要,如《习近平新时代中国特色社会主义思想进课程教材指南》《中华优秀传统文化进中小学课程教材指南》《革命传统进中小学课程教材指南》《大中小学劳动教育指导纲要(试行)》《大中小学国家安全教育指导纲要》《"党的领导"相关内容进大中小学课程教材指南》《国防教育进中小学课程教材指南》《生命安全与健康教育进中小学课程教材指南》《教育部办公厅关于在思政课中加强以党史教育为重点的"四史"教育的通知》等,进一步增强课程教材育人导向和育人功能。在课程体系上构建以习近平新时代中国特色社会主义思想为核心内容的大中小学思政课课程群。小学阶段开设"道德与法治"必修课程和选修课程;初中阶段开设"道德与法治"必修课程和相关选修课程;

高中阶段开设"中国特色社会主义""经济与社会""政治与法治""哲学与文化"等"思想政治"必修课程和"当代国际政治与经济""法律与生活""逻辑与思维"等选择性必修课程;大学阶段开设"马克思主义基本原理概论""毛泽东思想和中国特色社会主义理论体系概论""中国近现代史纲要""思想道德与法治""形势与政策"等"思想政治理论课"必修课程,以及围绕马克思主义经典著作、"四史"、中华文化、宪法法律等内容开设选择性必修课程。其中,小学和初中思政课优化了课程设置,将小学原品德与生活、品德与社会和初中原思想品德整合为"道德与法治",强化课程设计的整体性(表9-1)。

表9-1 大中小学各学段思政课课程设置

学段		课程设置
小学		"道德与法治"必修课程+选修课程
中学	初中	"道德与法治"必修课程+选修课程
	高中	"思想政治"必修课程+选择性必修课程+选修课程
大学		"思想政治理论课"必修课程+选择性必修课程+选修课程 (全国重点马克思主义学院:"习近平新时代中国特色社会主义思想概论"课)
总		构建以习近平新时代中国特色社会主义思想为核心内容的思政课课程群,结合大中小学各学段特点构建形成必修课加选修课的课程体系

(根据《新时代学校思想政治理论课改革创新实施方案》整理)

二、大中小学思政课一体化的把握方式

大中小学思政课一体化是指按照学情、学段逻辑将大、中、小学学校思政课的互不相同、相对独立的纵向学段,以及横向主体整合为一个相互衔接、密切联系、贯通融合的有机整体。它是新时代学校思政课提质增效的重要内容之一。

(一)大中小学思政课一体化溯源

新时代大中小学思政课一体化来源于德育一体化,德育一体化内在地包含了大中小学德育工作一体化、大中小学德育课程一体化,而思政课一体化是德育一体化的应有之义。德育一体化主要是指学校德育、家庭德育与社会德育相结合形成一种德育合力,一方面是德育课程与日常生活中的德育内容相结合,使德育实效形成同向同行的合力。另一方面是从学校课程视角强调大中小学德育课程之间相互衔接,并主要指向学校思政课一体化。2019年,习近平总书记在学校思想政治理论课教师座谈会上首次提出大中小学思政课一体化这一命题,把其纳入建设新时代学校立德树人关键课程的重要内容。党的二十大报告和二十届三中全会公报中专门提出大中小学思想政治教育一体化建设、大中小学思政课一体化改革创新,作为完善思想政治工作体系和立德树人机制的着力点。

(二)大中小学思政课一体化内涵

一体化是指使多个相对独立的个体处于一种有机整体的状态。《现代汉语词典》将"一体化"解释为:"使各自独立运作的个体组成一个紧密衔接、相互配合的整体。"[1]基于此,一体化主要是遵循一定的原则将多个互不相同、相对独立的主体融合为一个相互衔接、贯通融合有机整体或共同体。从这一阐释出发,大中小学思政课一体化在纵向上表现为各学段思政课螺旋上升、有效衔接,横向上表现为思政小课堂与大课堂同向发力,以实现课程目标、课程内容、教学方法、教师队伍一体化的发展过程。

1.大中小学思政课的定位。大中小学思政课是指构成属性相同、指称一致的思想政治理论课。2019年,学校思想政治理论课教师座谈会对中小学德育课进行新的定位,在属性和指称上统一解决了中小学德育课与高校思政课的差异性,明确将中小学德育课与大学思政课都被统称为思政课。这个"新"主要体现在思政课体系和目标上,一是用思想性和理

---
[1] 中国社会科学院语言研究所词典编辑室编:《现代汉语词典》(第7版),北京:商务印书馆,2016年,第1538页。

论性统率学校思政课程,内在要求大中小学思政课在学情、学段的纵向贯通和相互衔接。二是立德树人的学校思政课体系。新时代大中小学思政课一体化的指向是培养一代又一代社会主义建设者和接班人,回答好培养什么人、怎样培养人、为谁培养人这个根本问题。立德树人要遵循思想政治理论教育规律和学生成长规律,把思想的知情意信行转化与学生认知的阶段发展性相结合。

2.大中小学思政课一体化的特质。一是时代性,大中小学思政课一体化是新时代思政课改革守正创新、内涵式发展的重要内容,其时代背景、回应的问题等呈现出鲜明的时代性,聚焦面对最活跃的青少年,通过改革创新为思政课赋能。二是目的性,新时代大中小学思政课一体化建设以立德树人为根本目的,并在这一目标指引下整合大中小学各学段以及学校、家庭、社会各主体目标,发挥合力,推进培育堪当民族复兴大任的时代新人。三是整体性与阶段性的统一。整体性是打破学段壁垒,将各个学段的思政课进行系统的规划,对各个学段的思政课目标、内容、方法和教师等相关内容进行整体设计,形成一体化的思政课体系,而阶段性是将思政课育人的根本目标、内容、方法和教师等,按照学生的认知特点,以及社会发展要求,建设成相互衔接、螺旋上升、差异化的体系。

(三)大中小学思政课一体化的特质

大中小学思政课一体化要把握好各学段思政课"同"与"异"的关系,既注重差异性又要注重协同性,是有差异的一体化,避免把一体化等同于同质化、差异化等同于孤立零散的误区。

1.大中小学思政课一体化的差异性。大中小学各学段的思政课在课程目标、课程内容、教学方法与教师队伍等方面各有侧重。由于学段的不同,学生身心、认知发展呈现出明显的差异性,各学段思政课需要根据学生的身心、认知发展规律形成螺旋上升的结构体系,按照播种育苗期、生长拔节期和孕穗灌溉期种好各自责任田和守好一段渠。

第一，小学阶段是人生的"播种育苗期"，"道德与法治"课程是基础。一方面，课程目标上遵循小学生认知思维能力和年龄特点，注重启动道德情感。《关于深化新时代学校思想政治理论课改革创新的若干意见意见》强调小学阶段的课程目标设计基础是启蒙道德情感，"引导学生形成爱党、爱国、爱社会主义、爱人民、爱集体的情感，具有做社会主义建设者和接班人的美好愿望。"[①]在课程目标统率之下，开设的"道德与法治"课程内容主要包括中国特色社会主义、品德、法律常识、中华文化、心理健康等。另一方面，教学方式上以学生生活为基础开展启蒙性学习，如故事传递法、案例分析法、文化体验法等。2020年，德育状况监测结果显示，50%以上"道德与法治"教师经常采用联系生活实际、讲故事、分析案例等方式开展教学，四年级学生认为道德与法治教师采用得较多的教学方式前三位是"联系生活实际（60.8%）"、"小组讨论（59.8%）"和"作业成果展示（57.1%）"。[②]

第二，中学阶段是人生的"生长拔节期"，"道德法治"与"思想政治"课程是关键。在课程目标上，"高中阶段重在提升政治素养，引导学生衷心拥护党的领导和我国社会主义制度，形成做社会主义建设者和接班人的政治认同。初中阶段重在打牢思想基础，引导学生把党、祖国、人民装在心中，强化做社会主义建设者和接班人的思想意识。"[③]同时注重课程对接小学阶段和大学阶段，基于启蒙的基础上初中阶段重在开展体验性学习，高中阶段重在开展常识性学习衔接大学阶段思政课教学。

第三，大学阶段是人生的"孕穗灌溉期"，是思想政治理论课打通育人"最后一公里"。一方面大学阶段思政课课程目标上要求培育时代新人，

---

① 《关于深化新时代学校思想政治理论课改革创新的若干意见》，北京：人民出版社，2019年，第5页。
② 教育部基础教育质量监测中心：《2020年国家义务教育质量监测——德育状况监测结果报告》，2021年11月29日，第7页。
③ 《关于深化新时代学校思想政治理论课改革创新的若干意见》，北京：人民出版社，2019年，第5页。

着力强调"大学阶段重在增强使命担当,引导学生矢志不渝听党话跟党走,争做社会主义合格建设者和可靠接班人。"[①]另一方面,注重采取灵活多样的方式开展理论性学习,铸魂育人,强调习近平新时代中国特色社会主义思想进教材、进课堂、进头脑。结合新时代大学生特点采用案例式教学、探究式教学、体验式教学、互动式教学、专题式教学等,深入推动高校思想政治理论课改革创新,提升大学思政课的吸引力。

表9-2 大中小学各学段思政课课程目标要求

学段		课程目标
小学		重在启蒙道德情感
中学	初中	重在打牢思想基础
	高中	重在提升政治素养
大学		重在增强使命担当
总学段		立德树人 立志成才

(根据《新时代学校思想政治理论课改革创新实施方案》整理内容所得)

2.大中小学思政课一体化的协同性。大中小学思政课一体化的协同发展需要处理好各学段、各部分之间的关系,前一学段思政课应为后一学段打好基础,后一学段应是在前一学段的深入发展,构建贯通式思想政治教育体系。第一,这种协同性指向课程目标、课程体系、课程内容、教学方法、教师队伍等要素的协同,在尊重学段、学情差异性基础上求育人之同,打破不同学段课程在内容、形态上的简单重复或倒置。例如,以小学和初中思政课课程内容为例,小学阶段关于习惯养成、热爱家乡等相关内容在初中阶段未有涉及,初中阶段关于学生身心变化、中国与世界等相关内容在小学阶段缺乏相关知识储备。具体以小学阶段习惯养成和初中阶段学生身心变化的内容为例,小学思政课课程内容关于学生的生活卫生、学习

[①]《关于深化新时代学校思想政治理论课改革创新的若干意见》,北京:人民出版社,2019年,第5页。

习惯、健康作息设置了"我们的好习惯""快乐学习""早睡早起"等单元、课的内容,初中阶段关于习惯养成的内容则较少涉及,基于初中学生处于青春期的特殊阶段,主要侧重于其身心发展、情绪情感的管理等内容,比如"悄悄变化的我""成长的不仅仅是身体""青春的情绪""情绪的管理"等。第二,这种协同性指向在课程目标、课程体系、课程内容、教学方法、教师队伍等要素的衔接,避免不同学段之间脱节。以大中小学各学段思政课课程目标为例,小学阶段课程目标细化为三个学段目标,初中、高中、大学阶段呈现为整体目标。例如法治教育,小学阶段思政课目标是培养具有法治观念的学生,第一学段(1~2年级)是了解生活中的规则,知道在生活中人人都应遵守规则,具有初步的规则意识;第二学段(3~4年级)是了解社会交往的基本规则,树立平等意识,互相尊重;第三学段(5~6年级)是了解公民的基本权利和义务,树立权利和义务相统一的观念。与之相比,初中阶段思政课目标是了解宪法的主要内容,明确宪法的地位与作用,认识国家基本制度和国家机构,知道中国共产党领导是中国特色社会主义最本质的特征,是中国特色社会主义制度的最大优势。高中阶段思政课目标培养具有法治意识素养的学生,"理解法治是人类文明演进中逐步形成的先进的国家治理方式,全面依法治国是国家治理的一场深刻革命,明确建设社会主义法治国家的基本要求;树立宪法法律至上、法律面前人人平等的法治理念;懂得权利与义务的关系,养成依法办事、依法行使权利、依法履行义务的习惯;拥有法治使人共享尊严,让社会更和谐、生活更美好的认知和情感。"[①]大学阶段思政课的目标是自觉践行社会主义核心价值观,尊重和维护宪法法律权威,识大局、尊法治、修美德。这些不同学段的目标需要进行具象化细分和区分,在情感态度价值观、能力、知识目标、政治认同、科学精神、法治意识和公共参与目标等方面予以衔接,这就需要用同课异构、异课同构等方式进行整体性、系统性处理。

---

① 中华人民共和国教育部:《普通高中思想政治课程标准(2017年版2020年修订)》,北京:人民教育出版社,2020年,第6-7页。

三、大中小学思政课一体化建设的两重性

从整体建设上把握住实现"一体化"的核心问题,是从纵向和横向方面实现不同学段、不同类型的思政课深度融合和统筹推进。

(一)大中小学思政课一体化建设的横向配合

大中小学思政课一体化的横向配合主要通过各个学段思政课堂教学和实践教学、学校思政课和家庭社会课堂之间的同向发力、同向同行与合力育人,打破课堂壁垒、课程壁垒、学科壁垒。

1.思政课课堂教学与实践教学同向发力。课堂讲授和实践是思政课运行的主要渠道,要通过理论和实践讲好思政课的道理,推动思政课内容从认知向行为转化,把思政课从小课堂向大课堂延展。一方面拓展实践教学形式,利用升国旗唱国歌、国家重大纪念日、民族传统节日等契机开展主题教育,让学生在实践教学中体验情感、升华认知。另一方面充分挖掘区域历史文化资源和红色文化资源中的思想政治教育资源要素,建立思政课实践教学基地,为体验式教学、现场教学等提供场地依托。例如,2022年西南大学植物保护学院把思政课开在田间地头,结合主题党日活动开展了"田间课堂"系列实践活动,其中在合川农场组织实习期间组织开展了一场主题为"继承传统爱劳动,创新实习合知行"的田间病虫害识别思政大课,通过认昆虫、识病害、采标本,以及作物病虫害防控等实践学习,了解农民、农业、农村发展现实状况,提高对"三农"的认知,培养学生的"三农"情怀。

2.学校思政课与家庭社会合力。习近平总书记在学校思想政治理论课教师座谈会上强调:"要建立党委统一领导、党政齐抓共管、有关部门各负其责、全社会协同配合的工作格局,推动形成全党全社会努力办好思政课、教师认真讲好思政课、学生积极学好思政课的良好氛围。"[1]这需要发挥学校教书育人的主导作用、发挥家庭榜样育人的基础作用、发挥社会实

---
[1] 习近平:《习近平谈治国理政》(第三卷),北京:外文出版社,2020年,第331页。

践育人的协同作用。一是推动思政课显性教育与家庭隐性教育相结合。家庭作为"人生的第一所学校",父母要树立好榜样模范,营造良好的家庭环境,帮助孩子扣好人生的第一粒扣子,迈好人生的第一个台阶。2020年国家义务教育质量监测之德育状况监测结果显示,只有约六成四年级学生和五成八年级学生认为"家长在是否认真回答孩子提出的各种问题、允许孩子表达自己的观点、认真倾听孩子讲话"等方面尊重自己,家庭教育亟须配合学校教育增强育人效果。二是推动思政课与学生社会实践活动、社会志愿服务活动相结合。比如,2021年重庆綦江区创新盘活红色文化资源,打造了一座"没有围墙的红色课堂",以学生为主的"小小讲解员"宣传红色文化、讲解革命故事,以及情景教学、现场教学、体验教学等学习方式,使红色资源"活起来",使党史党情、革命理想入脑入心。

(二)大中小学思政课一体化建设的纵向贯通

大中小学思政课纵向贯通主要通过大、中、小学三个不同学段之间思政课程和课程思政的有序过渡与有效衔接,从而实现循序渐进、螺旋上升的育人目标。

1.大中小学不同学段思政课循序渐进、螺旋上升。根据各学段间的阶段性和连续性,对思政课的目标内容要求、方式方法、学习程度等进行整体设计。一是打破大中小学思政课之间的学段壁垒。首先,党和国家就大中小学思政课课程目标、课程体系、教材体系作整体规划和分段设计,避免不同阶段课程内容的简单重复,激发学生深度学习、理解。其次,建立一体化平台,加强各学段之间交流与研学,用同课异构或异课同构的方式推动整合思政课的内容、教学方法、目标、队伍等,避免不同学段思政课之间的分离或错位。二是遵循循序渐进、螺旋上升的规律,根据学生身心发展特点及思想品德形成特点"各管一段",进而建构整体性育人链条,强化各学段建设的长处,弥补各学段发展的短板,使学段各有侧重又不简单重复。

2.大中小学各学段不同年级思政课循序渐进、螺旋上升。思政课一体化建设差异主要体现在不同学段、不同年级思政课之间的有机衔接。一方面根据各年级间的阶段性和连续性,对思政课的目标内容要求、方式方法、学习程度等进行整体设计,找准学段的衔接点,避免反复出现基本的价值范畴和核心议题简单重复。另一方面注重在学段目标规定下跟踪学生每年级学习状况,用差异化的课程内容提升学生认知程度。例如,高中学段"思想政治"课在学段上与初中"道德与法治"、大学"思想政治理论"等课程相互衔接,而在本阶段内不同年级根据学生身心发展规律,以及课程标准设置开展教学,设置模块1"中国特色社会主义"、模块2"经济与社会"、模块3"政治与法治"、模块4"哲学与文化"四个模块必修课程,使学生逐步深化学习从为何开创和发展中国特色社会主义到如何坚持和发展中国特色社会主义,同时,设置"当代国际政治与经济""法律与生活""逻辑与思维"三个模块选择性必修课程,设置"财经与生活"、"法官与律师"、"历史上的哲学家"三个模块选修课程,逐步提高学生政治认同、科学精神、法治意识和公共参与四个方面思想政治学科核心素养。

3.课程思政与中小学思政课相对接。深度挖掘各学段、各学科门类专业课程蕴含的思想政治教育资源,实现好课程思政与中小学思政课相互对接。一是全员、全过程发力,开发各级各类学校课程中的思想政治教育资源。大中小学各个学段各门课程都蕴含丰富的思想政治教育资源,实现立德树人需要全员挖掘各个学段包含思政课的所有课程中的思想政治教育资源,各门课程都要"百花齐放""守好一段渠、种好责任田"。二是形成课程思政与大中小学思政课之间的合力。2020年,教育部印发《高等学校课程思政建设指导纲要》中指出,把思想政治教育贯穿人才培养体系,全面推进高校课程思政建设,发挥好每门课程的育人作用,并推动组织建成一批课程思政示范高校、一批课程思政示范课程、一批课程思政教学名师和团队、一批高校课程思政教学研究示范中心,发挥辐射作用,强化示范引领作用。

四、大中小学思政课一体化建设的实践

党的二十届三中全会把推进大中小学思政课一体化改革创新作为深化教育综合改革的重要内容,大中小学思政课一体化建设的关键是人、课程内容、教学方法和教师队伍,按照差异协同、分合有度、交互共生、循序渐进的方式推进。

(一)认识大中小学思政课一体化的对象

学生是思政课的直接对象,既要注重与大中小学学生身心发展规律相匹配,又要注重与大中小学学生认知能力螺旋上升发展相匹配,促进和引领青少年世界观、人生观、价值观的塑造。

1.注重与大中小学学生身心发展规律相匹配。学生的身心发展经历由量变到质变连续不断发展变化的过程:"个体从出生到成人,其心理发展由较低水平到较高水平,按一定顺序,由量变到质变持续不断地发展着"[1],这意味着只有充分了解学生的身心发展顺序性、阶段性、不平衡性、个别差异性和互补性等规律,才能把对人才的思想道德要求贯穿在大中小学思政课一体化建设始终、大中小学学生的身心发展一般遵循。由此,推动新时代大中小学思政课一体化建设的过程,要以注重、适应和促进学生身心发展为落脚点,深入揭示思政课一体化与大中小学学生身心发展的内在联系和运行规律,持续推进思想政治教育。一方面,各学段学生身体,以及心理健康水平都呈现很大差异,要把握好学生身心发展过程中各个学段之间的联系和过渡,了解各学段学生的身心发展起点,明确学生的"最近发展区"。另一方面,学生必定会经历由较低水平到较高水平的成长,其身心发展总是遵循一定的先后顺序的规律也不可忽视,要把握好学生身心发展的顺序性。以义务教育阶段"道德与法治课"课程设计为例,以"成长中的我"为原点,将学生不断扩"大的生活和交往范围作为建构课程的基础,依据我与自身,我与自然、家庭、他人、社会,我与国家和人类文

---

[1] 王仕民主编:《思想政治教育心理学概论》,广州:中山大学出版社,2015年,第49页。

明关系的逻辑,以螺旋上升的方式组织和呈现教育主题,这就是遵循学生身心发展特点和成长规律的体现。这就要求大中小学思政课一体化建设在立足不同学段、不同年级侧重的同时,必须统筹兼顾大中小学学生身心健康发展规律与特点,系统培养大中小学学生,为大中小学思政课一体化建设提供实践价值导向。

2.注重与大中小学学生认知能力螺旋上升发展相匹配。《关于深化新时代学校思想政治理论课改革创新的若干意见》中指出:"遵循学生认知规律设计课程内容,体现不同学段特点。"[1]列宁也曾指出:"人的认识不是直线(也就是说,不是沿着直线进行的),而是无限地近似于一串圆圈、近似于螺旋的曲线。"[2]因此,学生认知发展呈现出螺旋发展的趋势,新时代大中小学思政课一体化建设既要充分认识、遵循学生的认知发展规律,适应学生的认知发展特点,又同时促进学生认知能力的螺旋上升。一方面,不同学段学生的主体认知能力呈现出一定的阶段性,要及时了解学生在前一学段达到的认知水平、目前学段达到的认知水平、下一学段将要达到的认知水平要求,实现各学段的衔接配合,不断提升学生的认知能力。比如初中思政课要求学生了解中国特色社会主义制度的优越性,坚定道路自信、理论自信、制度自信、文化自信,能够在生活和学习中自觉维护国家主权、尊严和利益。而高中阶段思政课则用整个必修1来讲授中国特色社会主义,要求学生明确中国特色社会主义是科学社会主义的成功实践,是中国近代历史发展的必然选择,理解坚持和发展中国特色社会主义是实现中华民族伟大复兴中国梦的必由之路,坚定中国特色社会主义共同理想,树立共产主义远大理想,可见其表现出对学生认知发展提出了更高要求。另一方面,同一学段不同学生主体的认知发展总体上是螺旋式上升的,但主体间因所处环境、所受影响存在着差异,要照顾好全体学生认

---

[1]《关于深化新时代学校思想政治理论课改革创新的若干意见》,北京:人民出版社,2019年,第7页。

[2]《列宁选集》(第二卷),北京:人民出版社,2012年,第560页。

知发展的特殊性。正如各学段设置思政课选修课,供学生根据自己所需学习内容。这也要求新时代大中小学思政课一体化建设在系统整合各个学段思政课的基础上,统筹兼顾大中小学学生认知能力螺旋上升的发展特点,为大中小学思政课一体化建设提供实践价值导向。

(二)构建大中小学思政课一体化课程内容

大中小学思政课课程内容一体化是在整体把握思政课课程目标的基础上,抓住课程内容"主战场",系统设计课程内容,实现大中小学各学段思政课课程内容循序渐进、各有侧重。

1.统筹构建大中小学思政课课程内容一体化建设,坚持以习近平新时代中国特色社会主义思想铸魂育人,以政治认同、家国情怀、道德修养、法治意识、文化素养为重点。其一,大中小学思政课课程内容一体化要与时俱进,突出党的创新理论,做好习近平新时代中国特色社会主义思想的"三进"工作,使大中小学生对其有进一步的理解和认识。在大中小学各学段思政课中落实课程目标要求,重点推进习近平新时代中国特色社会主义思想融入课程,实现整体设计、循序渐进、逐步深化。其二,大中小学思政课程内容一体化要以政治认同、家国情怀、道德修养、法治意识、文化素养为重点,按主题统筹安排课程内容。在小学阶段,第一学段(1~2年级)设置入学教育、道德教育、生命安全与健康教育、法治教育、中华优秀传统文化和革命传统教育,第二学段(3~4年级)和第三学段(5~6年级)设置道德教育、生命安全与健康教育、法治教育、中华优秀传统文化与革命传统教育和国情教育。在初中阶段,依据学生从小学到初中在认知、情感、社会性等方面的发展,随学生的生活领域逐渐扩展,按生命安全与健康教育、法治教育、中华优秀传统文化教育、革命传统教育、国情教育等五个主题,合理设置不同学段内容要求,体现学习目标的连续性和进阶性,同时了解高中阶段学生特点和学科特点,为学生进一步学习做好准备。在高中阶段,围绕中国特色社会主义,主要从社会和国家层面的政治、经济、文化、哲学和中国特色社会主义理论体系展开。在大学阶段,主要进行马克思主义基本原理、马克思主义中国化理论成果、中国革命建设改革和发展、马克思主义的世界观人生观价值观、道德观、法治观教育和国内形势政策、世界政治经济与国际关系基本知识的教育。这些都围绕逐渐培养提升学生的政治认同、家国情怀、道德修养、法治意识、文化素养,根据不同学段学生的身心和认知发展,确保课程内容呈现效果逐渐递进加深。

2.统筹构建大中小学思政课课程内容一体化建设,实现学段纵向衔接、逐层递进,学科、课程协同联动。一体化建设并不是分离各学段的独立性,而是把课程内容建设放在统一的布局中进行设计,遵循整体与部分,系统与要素的科学方法来设计课程内容。其一,统筹规划思政课一体化课程内容,纵向分段设计,整合教育资源。一体化制定思政课的教学大纲、一体化编制思政课的课程标准、一体化规划思政课的教材体系等有利于进一步实现大中小学思政课一体化的目标和要求,对大中小学思政课课程内容进行了总体把握。但又要讲究实际效果,谨防课程内容"一刀切"。例如,不同学段对于爱国主义教育、责任担当教育、文明礼仪教育、遵章守纪教育、诚实守信教育、勤俭节约教育等系列专题教育可分级要求、分类要求、分步要求、分层要求,形成螺旋上升的内容体系。诸如此类,都必须组织各学段专家队伍,对大中小学思政课课程内容进行系统性规划。其二,课程内容的统筹规划要实现学科、课程协同联动。既注重加强同一学段、同一年级各学科的课程思政内容与思政课课程内容的协同联动,强化育人目标,又注重各门思政课程之间课程内容的协同联动,尤其是大学各门思政课的课程内容的协同联动,五门课程在课程内容上各有侧重,"思想道德与法治"重在引导学生提升思想道德素质和法治素养和践行能力,"中国近现代史纲要"侧重在史论结合,揭示史实背后的历史逻辑,"马克思主义基本原理"重在解析马克思主义理论,"毛泽东思想和中国特色社会主义理论体系概论"重在剖析中国特色社会主义理论,"形势与政策"侧重帮助学生深刻理解和领会党的最新理论成果、认识当前国内国际政治经济形势。大学这五门思政课共同致力于培养担当民族复兴大任的时代新人。

3.突出大中小学思政课课程内容的层次性。大中小学思政课课程内容一体化,要根据不同学段的特点,注重大中小学思政课课程内容上的整体性,更要注重实现各学段相近同质课程内容的螺旋上升、逐层深化。

其一,小学阶段重在启蒙性学习。小学教育是基础教育的初始阶段,小学阶段思政课是新时代大中小学思政课一体化的起步阶段,这一阶段学生的思想意识刚刚受到启蒙,"少年儿童的心灵都是敏感的,准备接受一切美好的东西"[①]。因此,小学阶段思政课课程内容以学生的生活为基础,重在开展启蒙性学习,培养学生的情感认同。这一阶段思政课主要讲授学生与自我、家庭、班级、社会、国家、世界、自然等的关系,结合"看到什么""听到什么",了解中国特色社会主义的由来与发展,懂得当代中国怎样从站起来、富起来到强起来的奋斗历程,初步了解新时代"两步走"战略安排,帮助小学生从情感上认同伟大祖国、中华民族、中华文化、中国共产党、中国特色社会主义,培养学生良好的生活习惯和道德习惯。例如小学"道德与法治"中五年级下册第三单元"百年追梦 复兴中华"第七课"不甘屈辱 奋勇抗争"一课,是本单元的第一课,是中国百年追梦之路中"梦碎近代"的内容,后接"推翻帝制 民族觉醒""中国有了共产党""夺取抗日战争和人民解放战争的胜利""屹立在世界东方""富起来到强起来"的中国百年追梦之路,本课内容主要包括"虎门销烟""圆明园的诉说""甲午风云"三部分内容,帮助学生了解林则徐、关天培、邓世昌等民族英雄反抗外国侵略者的故事,切身体会革命先辈和民族英雄的爱国情感,培育爱国主义为核心的民族精神。

其二,中学阶段重在体验性学习转向常识性学习。中学阶段是一个承前启后的过渡阶段,既是小学阶段的深入,又是进入大学阶段的基础,

---

① 习近平:《从小积极培育和践行社会主义核心价值观》,《人民日报》2014年5月31日,第2版。

而且这一时期的学生身心、认知发展更进一步,萌生的浓厚爱国主义情感需进一步树立爱国主义思想,再进一步强化政治认同,因而,思政课需由重在体验性学习逐渐转向常识性学习。初中阶段思政课课程内容以学生的体验为基础,重在开展体验性学习,培养学生的思想认同。这一阶段思政课主要讲授个人和集体、自我和时代、社会规则和社会秩序、社会责任和社会担当、宪法和法律、国家利益和国家目标、中国和世界等内容,通过呈现党和国家事业在各方面取得的历史性成就,引导学生明确"是什么",坚定"四个自信"。因此,初中阶段思政课应重点引导中学生了解习近平新时代中国特色社会主义思想,培养学生国家意识和国情观念,教育学生将党、祖国和人民装在心中,强化争做社会主义建设者和接班人的思想。例如部编版初中《道德与法治》九年级上册第八课第二框的内容"共圆中国梦",是本册教材的最后一框,也是本册教材的落脚点和升华之处,不仅升华了本册教材所要传递的情感和价值观念,也为下册教材内容的学习做了认知和情感铺垫。本框的内容主要是帮助学生理解实现中国梦的路径,引导学生树立对国家发展、民族进步的信心,做自信的中国人,培养学生的爱国情怀。

另一方面,高中阶段思政课课程内容以学生的认知为基础,重在开展常识性学习,培养学生的政治认同。这一阶段思政课主要讲授中国特色社会主义的开创与发展,习近平新时代中国特色社会主义思想的丰富内涵、思想精髓和理论意义,帮助学生理解社会主义基本经济制度、中国特色社会主义政治发展道路、中华优秀传统文化、革命文化和社会主义先进文化等内容,引导学生理解"为什么",坚定"四个自信"。高中学生随着知识的逐渐增长和阅历的丰富,自我意识和独立性日渐增强,人生观、世界观、价值观正在形成,在此过程中,受多种因素影响,他们对于爱国主义没有全面系统的了解,在爱国主义的思想态度上需要加以引导。因此,高中阶段应重点加强习近平新时代中国特色社会主义思想教育,帮助学生树立正确的历史观、民族观、国家观、文化观,认同伟大祖国、中国共产党和中国特色社会主义。例如,高中思想政治必修4《哲学与文化》第七课"继承发展中华优秀传统文化"中第三目"弘扬中华优秀传统文化与民族精神"的内容弘扬"中华民族精神",这一内容主要是帮助学生深入理解以爱国主义为核心的中华民族精神,反思、提炼和升华对国家和民族的认识,体会到创造精神、奋斗精神、团结精神、梦想精神,以及中国共产党人的革命精神对爱国主义的影响,从而进一步增强爱国主义情感,树立民族自豪感和自信心。

其三,大学阶段重在理论性学习。大学阶段是新时代学生固本培元的阶段,这一时期大学生的认知水平和身心发展逐渐走向成熟。这一阶段思政课主要实现紧密结合"习近平新时代中国特色社会主义思想概论""马克思主义基本原理""毛泽东思想和中国特色社会主义理论体系概论""中国近现代史纲要""思想道德与法治""形势与政策"等课程内容,且各有侧重,进一步增强思政课教学的针对性和实效性。因此,大学阶段思政课应重点帮助新时代大学生认识世情、国情、党情,深刻领会习近平新时代中国特色社会主义思想,做担当民族复兴大任的时代新人。例如《思想道德与法治》(2021年版)第三章第二节"做新时代的忠诚爱国者"的内容主要是引导学生理解爱国主义的深层意蕴和根本属性,明确爱国主义是具体的、历史的而不是抽象的、超阶级的,引导学生自觉增强爱国的志气、骨气、底气,致力于争做新时代的忠诚爱国者,把爱国之情、报国之志化为效国之行。

(三)建设大中小学思政课一体化教学方法

大中小学思政课一体化教学需要遵循学生的认知水平和身心发展特点,根据"本专科阶段重在开展理论性学习,高中阶段重在开展常识性学习,初中阶段重在开展体验性学习,小学阶段重在开展启蒙性学习"[①]的方向指引,做好教学方法的衔接设计。

[①]《关于深化新时代学校思想政治理论课改革创新的若干意见》,北京:人民出版社,2019年,第7页。

1. 小学阶段:贴近生活的教学方法。小学生的认知倾向于由感官到心理再到理性思维,正如教育家夸美纽斯在《大教学论》中写道:"知识的开端永远必须来自感官。"[①] 将"道德与法治"课中与学生生活息息相关的内容与课堂教学相融合,利用直观的图片、通俗易懂的影像片段、生活中的小道具、身边的鲜活的人或事例,不断扩大学生的认知范围,让学生直观地感受到日常生活中的基本道德规范和准则,践行社会主义核心价值观。《2020年国家义务教育质量监测——德育状况监测结果报告》显示,四年级学生认为"道德与法治"教师采用得较多的教学方式前三位是"联系生活实际(60.8%)""小组讨论(59.8%)"和"作业成果展示(57.1%)"。[②] 可见,采用围绕学生生活相关的教学方法更易让学生接受。例如,讲授小学"道德与法治"四年级下册第二单元"做聪明的消费者"中第六课"有多少浪费本可避免"的内容,教师联系生活实际中餐桌上的浪费的表现,通过展示一组"要不挑食、不剩饭菜""保质期短的食品不宜购买过多",以及一组"不喜欢吃今天的饭菜""餐馆请客,桌上的菜吃完了让人难堪"的图片进行比较,引导学生思考这些想法是否是我们所倡导的,认识到勤俭节约是中华民族的传统美德,引导学生为形成勤俭节约的良好风尚而努力,初步感受社会主义核心价值观在引领社会风尚中的作用。又如讲授小学《道德与法治》五年级下册第二单元"公共生活靠大家"中第五课"建立良好的公共秩序"和第六课"我参与 我奉献"的内容,列举公共生活中良好秩序,以及不文明的行为表现,引导学生讨论要怎么做才能更好地自觉遵守和维护社会公共秩序,共同建设和谐有序的生活,引领学生为更好地践行和弘扬社会主义核心价值观而努力学习。

2. 中学阶段:围绕议题的教学方法。中学阶段主要围绕议题展开设计教学方法,培育新时代中学生的思想道德品格,引导学生树立正确的世界观、人生观、价值观。

---

① [捷克]夸美纽斯:《大教学论》,傅任敢,译,北京:人民教育出版社,1984年,第156页。
② 教育部基础教育质量监测中心:《2020年国家义务教育质量监测——德育状况监测结果报告》,2021年11月29日,第7页。

第一，初中阶段，围绕议题，设计道德与法治课程的教学方法。新时代初中生独立思考和判断的能力进一步增强，要重在对其思想情感、价值观的引领，将"道德与法治"课中与学生生活息息相关的内容与课堂教学相融合，围绕课程目标和课程内容设置合适的议题，设置真实的社会情景，通过播放课程内容相关的影视作品和视频片段、角色扮演与讨论交流、社会生活中的鲜活的人或事例等多种生动的方法手段，引导学生正确认识自己，认识个人与家庭、他人、国家、社会的关系，自觉践行社会主义核心价值观，立志做合格的社会主义建设者和接班人。《2020年国家义务教育质量监测——德育状况监测结果报告》显示，八年级学生认为道德与法治教师采用得较多的教学方式前三位是"联系生活实际(58.3%)""讲故事、分析案例(54.5%)"和"播放学习内容相关视频片段(51.4%)"。[1]可见，思政课教师更多采用联系生活实际、讲故事、分析案例等教学方法进行教学。例如，讲授初中《道德与法治》九年级上册第三单元"文明与家园"中第五课"守望精神家园"的内容"凝聚价值追求"，以"见贤思齐，见善则迁"为议题，组织学生收集体现正确荣辱观念的神话传说、经典故事、格言警句等，讨论传统荣辱观与社会主义核心价值观的关系，深刻认识社会主义核心价值观的丰富内涵，并自觉培育和践行社会主义核心价值观。

第二，高中阶段，围绕议题，设计活动型学科课程的教学方法。活动型学科课程是《普通高中思想政治课程标准》所倡导的高中思政课的教学方式，力求促进"学科逻辑与实践逻辑、理论知识与生活关切相结合"，通过围绕议题展开活动设计，"包括提示学生思想问题的情境、运用资料的方法、共同探究的策略，并提供表达和解释的机会"，"活动设计应有明确的目标和清晰的线索，统筹议题涉及的主要内容和相关知识，并进行序列化处理"[2]，以此实现"课程内容活动化""活动内容课程化"，引导学生凝聚

---

[1] 教育部基础教育质量监测中心：《2020年国家义务教育质量监测——德育状况监测结果报告》，2021年11月29日，第7页。

[2] 中华人民共和国教育部：《普通高中思想政治课程标准(2017年版2020年修订)》，北京：人民教育出版社，2020年，第43页。

政治认同、科学精神、法治意识、公共参与的学科核心素养,树立正确的政治方向,形成正确的世界观、人生观、价值观。例如,探究高中思想政治必修4《哲学与文化》的第二单元"认识社会与价值选择"第一课的内容"领悟社会存在决定社会意识,理解价值观的形成与时代和环境密切相关",可围绕"议题:如何理解校训的价值追求?"设计活动,组织学生收集整理本校校训,以及其他学校校训的相关的各种素材,通过探讨本校校训的追本溯源,以及将其同其他学校的校训进行比较,交流表达对校训的不同认识,思考不同学校的价值追求是怎样提出的,这些价值追求同人们价值观的形成有什么联系,进而探讨社会主义核心价值观对国家、社会和个人的发展有什么作用。

3.大学阶段:整合专题的研讨式教学方法。大学阶段思政课着重整合专题教学,通过课堂逻辑分析与讲授、直观展示数据图表、播放学习内容相关视频、设问引导学生展开思考、链接案例组织课堂讨论、组织实践教学切身感悟、推荐阅读书目拓展知识储备等教学方法,引导学生坚定理想信念,争做担当民族复兴大任的时代新人。在周琪主编的《"思想道德与法治"专题讲义》中整合了"奋进在青春的新时代""领悟人生真谛""创造有意义的人生""树立崇高的理想信念"等十二个专题进行教学,并进行教学目标与内容分析、展示教学过程、提出教学建议,以"持守高度自信的社会主义核心价值观"专题为例,该专题整合了"当代中国发展进步的精神指引""社会主义核心价值观的显著特征"和"扣好人生的扣子""把社会主义核心价值观落细落小落实"等主要内容,通过展示"大国悲剧:苏联解体的前因后果"[①]的案例导入课程讲授,引导学生思考探讨苏联解体的原因,总结其经验教训,明确核心价值观的确立和坚守对于一个国家的重要性,大学生必须自觉培育和践行社会主义核心价值观。

---

① 周琪主编:《"思想道德与法治"专题讲义》,重庆:重庆出版社,2021年,第148页。

（四）建设大中小学思政课教师一体化平台

搭建具有统领作用的大中小学思政课教师一体化交流平台，加强思政课教师队伍的互学互鉴、互帮互助、沟通交流。

1.搭建大中小学思政课教师队伍一体化的交流平台。思政课一体化的教学成效需要加强大中小各学段教师间的知识、资源与教学的交流，共享教学信息资源平台，这需要搭建跨学段、跨学校、跨学科的一体化交流合作平台，推动优质多元的教学信息资源共享，形成教学协同。主要是打破各学段之间的间隔，建设包含各门思政课教学的问题库、案例库、素材库和在线公开课、示范课程库等教学信息资源库，开展专题研讨、组织教学展示、教学观摩等活动，促进各学段思政课教师的相互学习和观摩，针对诸如道德、法治、爱国等思想政治教育主题，鼓励大中小学思政课教师上好同一堂思政课。例如，"全国高校思想政治理论课教师网络集体备课平台""全国中小学思想政治理论课教师网络集体备课平台"，整合大中小学各学段资源，加强交流互鉴。

2.拓展"线上+线下""理论+实践"等丰富多元的思政课教师交流模式。在数字化、信息化、网络化的科学技术革命进程中，思政课教师需要运用技术为思政课赋能，构建立体化交流模式。一是拓展创新"线上+线下"的交流模式。利用如腾讯会议、钉钉等时空融合、方便快捷的社交软件，拓展交流时空，让各学段、各学校的思政教师能够通过进行交流互动每两年举办一次全国高校思政课教学展示活动，其网络直播观看量超过34万次。二是拓展创新"理论+实践"的交流模式。理论与实践相结合，深入加强思政课教师教学理论知识与教学实践经验的相互交流、相互学习、相互提高，提升大中小学思政课教师的理论素养和实践教学能力。一方面分享自己的理论探索与经验总结，深入加强大中小学思政课教师之间的理论交流与学习，另一方面通过在线直播互动各学段思政课教师的教学展示或者展播录播的课程内容教学，拓展思政课教师之间的交流方式，深入挖掘教学实践背后的学理支撑。

3.加强大中小学思政课教师一体化备课机制建设。思政课教师一体化备课能够为大中小学思政课教师教研协同发展提供良好的环境,是解决不同学段思政课教师教研沟通缺乏的有效方式。《关于深化新时代学校思想政治理论课改革创新的若干意见》中明确指出:"建立健全大中小学思政课教师一体化备课机制,普遍实行思政课教师集体备课制度,全面提升教研水平""建立思政课教师'手拉手'备课机制,发挥思政课建设强校和高水平思政课专家示范带动作用","加强'全国高校思想政治理论课教师网络集体备课平台'""建立纵向跨学段、横向跨学科的交流研修机制,深入开展相邻学段思政课教师教学交流研讨。"[①]依托全国高校思政课"手拉手"集体备课中心常态化开展大中小学思政课"手拉手"集体备课,既打通不同学校同一年级的思政课教师的集体备课活动,又打通大中小学相近内容的思政课教师开展集体备课活动,在理论研讨、教学实践、教学方法改革等方面进行集中研讨,促进大中小学思政课教师讲深、讲透、讲活思政课。

[①]《关于深化新时代学校思想政治理论课改革创新的若干意见》,北京:人民出版社,2019年,第13页。

第十章

高校"大思政课"建设基本问题

高校"大思政课"建设是推进思政课守正创新的重要维度,它旨在形成学校与社会、小课堂与大课堂、线上与线下相衔接的课程体系。正如习近平总书记强调:"思政课不仅应该在课堂上讲,也应该在社会生活中来讲","'大思政课'我们要善用之,一定要跟现实结合起来。"① 从这一视角出发,高校"大思政课"蕴含课程、课堂、资源、队伍、教学方法等以把握高校"大思政课"建设的价值意蕴和建设方式。

一、高校"大思政课"建设的政策回溯

"大思政课"是构建新时代思想政治工作育人体系的重要内容,它进入到党和国家政策体系之中,从理念、原则、实施方式等规定新时代高校"大思政课"建设方式,对这些方案、意见等进行梳理,是推动高校"大思政课"建设的应有之义。

(一)"大思政课"建设的酝酿

"大思政课"生发于思想政治工作体系对思政课课堂教学改革、课程思政、大中小学思政课一体化、三全育人等的探索。2015年,《普通高校思想政治理论课建设体系创新计划》明确提出课堂教学与实践教学、网络教学相结合,进一步探索和深化实践教学及其实现方式。2017年,中共中央、国务院颁布《关于加强和改进新形势下高校思想政治工作的意见》强调坚持全员全过程全方位育人是高校思想政治工作的基本原则之一。同年12月,《高校思想政治工作质量提升工程实施纲要》中提出构建高校十大育人体系,主要包括课程、实践、文化、管理、心理等十个领域,体现出思想政治教育主渠道与主阵地、教书育人、管理育人、服务育人相协同。2018年,《新时代高校思想政治理论课及教学工作基本要求》强调设置本科思政课实践教学的学分:"从本科思想政治理论课现有学分中划出2个

---

① 杜尚泽:《"大思政课"我们要善用之(微镜头·习近平总书记两会"下团组"·两会现场观察)》,《人民日报》2021年3月7日,第1版。

学分、从专科思想政治理论课现有学分中划出1个学分,开展本专科思想政治理论课实践教学。学生既可通过参加教师统一组织的实践教学获得相应学分,也可通过提交与思想政治理论课学习相关的实践成果申请获得相应学分"①,从而把实践教学与理论教学均作为思想政治理论课运行的重要方式。2019年,《关于深化新时代学校思想政治理论课改革创新的若干意见》围绕拓展思想政治理论课改革创新工作格局强调:"坚持开门办思政课,推动思政课实践教学与学生社会实践活动、志愿服务活动结合,思政小课堂和社会大课堂结合,鼓励党政机关、企事业单位等就近与高校对接,挂牌建立思政课实践教学基地,完善思政课实践教学机制。"②这一论断明确提出思政课建设的全员性和全社会参与。在这一阶段,在充分运用好思政课课堂教学、理论教育等主渠道之上,提出新时代思政课建设中的理论与实践、课堂教学与实践教学、思政小课堂与社会大课堂相结合,以构建全员育人的贯通式思想政治工作体系,由此,"大思政课"进入学校思政课建设视野。

(二)"大思政课"建设提出

2021年,习近平总书记在看望参加全国政协会议的医药卫生界教育界委员时,第一次正式提出"'大思政课,我们要善用之"这一重要论断,"鲜活的思政课素材,正是亿万中国人已经书写和正在书写的时代篇章。那里,有人民的英雄,有英雄的人民,有'第二个百年'新征程上的阔步向前"③。2021年,《关于新时代加强和改进思想政治工作的意见》提出构建共同推进思想政治工作的大格局:"完善领导体制和工作机制,完善党委统一领导、党政齐抓共管、宣传部门组织协调、有关部门和人民团体分工

---

① 教育部关于印发《〈新时代高校思想政治理论课教学工作基本要求〉的通知》(教社科〔2018〕2号),2018年4月12日。
② 中共中央办公厅 国务院办公厅:《关于深化新时代学校思想政治理论课改革创新的若干意见》,《中华人民共和国教育部公报》,2019年第9期。
③ 杜尚泽:《"大思政课"我们要善用之(微镜头·习近平总书记两会"下团组"·两会现场观察)》,《人民日报》2021年3月7日,第1版。

负责、全党全社会共同参与的思想政治工作大格局"[①],从工作机制、工作队伍、文化设施和阵地建设等为"大思政课"建设营造良好氛围。这一论断重点强调把社会先进典型和文化阵地等社会资源建设纳入思想政治工作大格局建设之中,既要"充分发挥先进典型示范引领作用,深化时代楷模、道德模范、最美人物、身边好人等学习宣传,持续讲好不同时期英雄模范的感人故事,探索完善先进模范发挥作用的长效机制,把榜样力量转化为亿万群众的生动实践"[②],又"用好各级各类文化设施和阵地,加强各级各类党员教育培训基地、爱国主义教育基地等的规划建设和管理使用,继续推动公共文化设施向社会免费开放,建设基层思想政治工作示范点"[③]。同年9月,《关于加强新时代马克思主义学院建设的意见》要求树立全员、全过程、全方位育人理念,实现课程思政与思政课程同向同行、日常思政工作与思政课程同频共振。2021年,《高等学校思想政治理论课建设标准(2021年本)》中将建设"大思政课"作为评价高校思政课程的重要指标之一,要求突出实践教学,将生动鲜活的实践引入课堂教学,将课堂设在生产劳动和社会实践一线。该方案强调高校开展"大思政课"建设的主体责任,在二级指标"改革创新"中第十八条突出"八个相统一",并提升至A。同时,新增了关于"大思政课"建设的第十九条,并设为A档。在这一阶段,"大思政课"建设的内涵逐渐明晰,主要体现在用课堂、课程、队伍、社会资源等构建"大思政课"体系,以形成校内与校外、学校小课堂与社会大课堂之间的合力。

（三）"大思政课"建设系统推进

面对"大思政课"建设不够重视、实践教学不够重视不够系统等问题,

[①]《中共中央 国务院印发〈关于新时代加强和改进思想政治工作的意见〉》,《人民日报》2021年7月13日,第1版。
[②]《中共中央 国务院印发〈关于新时代加强和改进思想政治工作的意见〉》,《人民日报》2021年7月13日,第1版。
[③]《中共中央 国务院印发〈关于新时代加强和改进思想政治工作的意见〉》,《人民日报》2021年7月13日,第1版。

2022年教育部等十部门联合印发《全面推进"大思政课"建设的工作方案》,成为指导新时代"大思政课"建设的根本遵循,围绕"改革创新主渠道教学、善用社会大课堂、搭建大资源平台、构建大师资体系、拓展工作格局、加强组织领导"[1]等主题,形成"大思政课"建设的22条举措。尤其强调运用社会资源拓展课堂教学内容:"各地各校围绕新时代的伟大实践,充分挖掘地方红色文化、校史资源,将伟大建党精神和抗疫精神、科学家精神、载人航天精神等伟大精神,生动鲜活的实践成就,以及英雄模范的先进事迹等引入课堂,推动党的创新理论和历史融入各学段各门思政课"[2]。随后教育部办公厅等八部门联合设立一批包括"科学精神""工业文化""美丽中国""抗击疫情"等专题在内的首批共453家"大思政课"实践教学基地,打造"大思政课"实践教学的优质平台。2022年11月,《关于进一步加强新时代中小学思政课建设的意见》提出通过提高课程思政水平、创新德育工作途径、加强校园文化建设这几个层面构建"大思政课"体系,形成"大思政课"建设的整体合力。2022年12月,教育部发布《关于开展大中小学思政课一体化共同体建设的通知》,要求"各地教育部门要围绕工作目标,按照所报工作方案,认真履行指导责任,强化项目化、制度化精细管理,用好教育部等八部门设立的'大思政课'实践教学基地,确保常态化推进、做深做实、落地见效。"[3]为了推动家校社协同育人合力,2023年1月《关于健全学校家庭社会协同育人机制的意见》专门从机制层面提出家校社协同育人的价值、规范和要求,为"大思政课"建设的全员全社会协同提供依据。尤其在学校发挥协同育人主导作用中强调用好社会育人资源,"学校要把统筹用好各类社会资源作为强化实践育人的重要途径,

---

[1] 教育部等十部门:《〈全面推进"大思政课"建设的工作方案〉的通知》,《中华人民共和国教育部公报》,2022年第10期。

[2] 教育部等十部门:《〈全面推进"大思政课"建设的工作方案〉的通知》,《中华人民共和国教育部公报》,2022年第10期。

[3] 教育部办公厅发布《关于开展大中小学思政课一体化共同体建设的通知》(教社科厅函〔2022〕49号),2022年12月27日。

积极拓展校外教育空间,着力培养学生社会责任感、创新精神和实践能力。要主动加强同社会有关单位的联系沟通,建立相对稳定的社会实践教育基地和资源目录清单,依据不同基地资源情况联合开发社会实践课程,有针对性地常态化开展共青团和少先队活动、劳动教育、实践教学、志愿服务、法治教育、安全教育和研学活动等"[1]。随后,以革命文物与思政课融合发展为主题,教育部、国家文物局联合成立20个国家革命文物协同研究中心,连同高校、博物馆、历史展览馆、革命纪念馆等以革命传统教育、爱国主义教育为主题推进"大思政课"资源建设。《关于开展以革命文物为主题的"大思政课"优质资源建设推广工作的通知》把以革命文物为主题的"大思政课"资源分为现场教学类、情景故事类、新媒体产品类和工作案例类,特别在"大思政课"现场教学类资源建设中强调:"纪念馆、博物馆尤其是首批'大思政课'实践教学基地,坚持就近原则,与大中小学校开展'结对子'活动,重点结合重大事件、重大活动、重要节日以及学校思政课教学内容,强化分众教育,精心设计主题,开展现场教学,通过故事化表达、场景化呈现,打造'纪念馆里的思政课''行走的思政课',切实增强不同学段学生的体验式、情境式教学效果。"[2]在这一阶段,"大思政课"建设从理论与实践层面予以深度推进,既从大课堂、大平台、大师资等确定"大思政课"的内涵和外延,又把课程思政、大中小思政课一体化、日常思想政治教育等纳入"大思政课"建设之中,为深入推动"大思政课"建设实践提供指导。

---

[1] 教育部等十三部门发布《关于健全学校家庭社会协同育人机制的意见》(教基〔2022〕7号),2023年1月13日。
[2] 国家文物局办公室 教育部办公厅《关于开展以革命文物为主题的"大思政课"优质资源建设推广工作的通知》(办革函〔2023〕295号),2023年4月11日。

表10-1　高校"大思政课"建设相关政策文件

发布时间	文件名称	发文部门
2015年7月	《普通高校思想政治理论课建设体系创新计划》	中央宣传部、教育部
2017年2月	《关于加强和改进新形势下高校思想政治工作的意见》	中共中央办公厅、国务院办公厅
2017年12月	《高校思想政治工作质量提升工程实施纲要》	中共教育部党组
2019年8月	《关于深化新时代学校思想政治理论课改革创新的若干意见》	中共中央办公厅、国务院办公厅
2020年4月	《关于加快构建高校思想政治工作体系的意见》	教育部等八部门
2020年6月	《关于印发〈高等学校课程思政建设指导纲要〉的通知》	教育部
2020年12月	《新时代学校思想政治理论课改革创新实施方案》	中共中央宣传部、教育部
2021年7月	《关于新时代加强和改进思想政治工作的意见》	中共中央 国务院
2021年9月	《关于加强新时代马克思主义学院建设的意见》	中共中央办公厅
2021年9月	《高校"形势与政策"课教学要点（2021年下辑）的通知》	教育部办公厅
2021年11月	《高等学校思想政治理论课建设标准（2021年本）》	教育部
2022年3月	《关于印发〈教育部社会科学司2022年工作要点〉的通知》	教育部社会科学司
2022年4月	《关于教育系统深入学习贯彻习近平总书记在中国人民大学考察时重要讲话精神的通知》	中央教育工作领导小组秘书组、教育部党组
2022年7月	《全面推进"大思政课"建设的工作方案》	教育部等十部门
2022年8月	《关于公布"大思政课"实践教学基地名单的通知》	教育部办公厅等八部门
2022年11月	《关于进一步加强新时代中小学思政课建设的意见》	教育部
2022年12月	《关于开展大中小学思政课一体化共同体建设的通知》	教育部办公厅
2023年1月	《关于健全学校家庭社会协同育人机制的意见》	教育部等十三部门
2023年4月	《关于开展以革命文物为主题的"大思政课"优质资源建设推广工作的通知》	国家文物局办公室 教育部办公厅

二、高校"大思政课"的把握方式

高校"大思政课"是落实思政课立德树人根本任务这一关键课程建设的重要内容,主要指向'大'的思政课,以此构建贯通式思想政治工作体系。

(一)高校"大思政课"的关键词

"大思政课"的关键词是"大"和"课程"。从语义学而言,大与小相对,指在数量、面积、容积、规模、程度等方面超过一般或者超过所比较的对象。因此,"大思政课"的"大"主要指课程、队伍、内容、资源等超越传统意义的思政课程,突破思政课程的时间、空间、队伍、对象等限制,强调思政课建设的理念、范围、程度之大。另一方面,"大思政课"的"课"规定其在学校思想政治教育主渠道边界之内,它需要按照学校课程的理念和原则进行课程体系构建。一般而言,学校课程具有严格的科目体系和程序,《汉语大词典》将课程解释为"有规定数量和内容的工作或学习进程",并由此含义进一步限定"课程"为"特指学校的教学科目和进程"[①]。西方教育学的课程一词源于拉丁语"currere",一是指学校和教师设计学生的跑道,如学习目标、任务、过程和计划等;二是指学生的个体体验和自我构建,强调课程的中心是建构知识、习得技能、养成态度、培育道德和价值。在"大思政课"的课程体系中,主要包括理论课程、实践课程、校内课程、校外课程等,强调用思政课价值观教育的内容贯穿课程体系始终。理论课程的核心是讲道理,用彻底的理论说服学生,以透彻的学理分析回应学生,用真理的强大力量引导学生。实践课程的核心是知向行的转化,用情景性、在场性、体验性引导学走入社会生活,在真实的社会实践实现价值和行为选择。

---

① 罗竹风:《汉语大词典》,北京:汉语大词典出版社,1997年,第1662页。

（二）把握高校"大思政课"的维度

高校"大思政课"的大，主要是从课程、课堂、资源、主体和格局之大展开。从大课程维度，"大思政课"凸显思政课作为关键课程的特殊地位和重要作用，指向培养和造就堪当民族复兴重任时代新人。它以课程体系建设为重点，围绕思政课这个中心建强思政课课程群和贯通式思想政治工作体系，将思想政治教育融入学校所有的课程和教育教学的环节之中，实现由"单课程"向"全课程"形态拓展，使各类课程形成有机统一的大课程群，实现全课程育人。从大课堂维度，大课堂指的是打破传统思政课堂的场域和时间限制，从学校小课堂、学校内向社会、家庭、网络延展：思政课不仅应该在课堂上讲，也应该在社会生活中来讲，以此形成与丰富的社会生活相衔接的课堂形态。从大资源维度，"大思政课"内容不拘泥于现有的教材文本，而是面向教师的教和学生的学，充分挖掘整合和利用好各种优质的思政资源，构建大资源体系。教学形式与网络化、媒介化、数字化、信息化深度融合，注重教方法的交互性建设。从主体维度，体现在育人主体丰富多元，构建多主体共同参与、相互协作的思想政治教育共同体，包括由思政课专兼职教师构成的主体，其他课程教师、党政管理人员等各类学校工作主体、政府、家庭、社会等校外主体是重要组成部分。从大格局维度，"大思政课"立足于中国式现代化建设的时代背景和鲜活实践，用彻底的理论和理论的彻底回答好中国化时代化的马克思主义为什么行。因而需要突出"大思政课"建设的传统与现代、本土与世界、分众与大众之间的关系，形成全社会协同配合的工作格局，实现全员全程全方位协同育人。

三、高校"大思政课"建设的两重性

高校"大思政课"融通思政课学校与社会、课堂内与外之间的联系，这赋予"大思政课"社会性和实践性特质。准确把握其属性，是推进高校"大思政课"建设的应有之义。

(一)高校"大思政课"建设的社会性

高校"大思政课"的社会性表现为两个层面。一是高度的社会资源延展。"大思政课"建设的关键在于坚持开门办思政课的理念,尤其是注重面向社会抓好各类资源的开发、整合和运用。从学校内向学校外延展,将课程设置与课程建设的资源向社会实践敞开,从中国式现代化建设实践中汲取鲜活生动的资源,以回答好中国之问、世界之问、人民之问、时代之问,"思想政治教育要向个体敞开并保持有效,就需要把自身置于环境的生活形态之中,在内容、方法和话语上选取个体喜闻乐见的表达方式和素材"[①]。二是广阔的时空视野。从历时态上,中国共产党史、新中国史、改革开放史、社会主义发展史、中华民族发展史,以及人类文明发展史上出现的各类历史事件、历史人物、历史遗址、历史文物等都可以成为思政课的资源,并进入到思政课的课程、教材和教学资源之中。从共时态上,世界百年未有之大变局、科技革命的突飞猛进、中国特色社会主义的伟大实践等都可以成为"大思政课"的资源。从空间形态看,"大思政课"将传统思政课小课堂拓展到社会大课堂的视野之中,将思政课教学空间从学校延伸到宽广的社会空间,并从社会空间中获取丰富的资源。例如,2023年国家文物局、教育部建设一批革命文物资源与"大思政课"建设深度融合的品牌课程,确定"革命文物映初心 红船起航高校行——行走的思政课""北京中轴线上的大思政课""新时代青年延安行——革命文物融入思政课社会实践活动""刘公岛开学第一课""传承红色基因 争做时代新人——红岩革命故事展演"等10个示范项目,以及包含现场教学类、工作案例类、情景故事类、新媒体产品类4种类型的100个精品项目。这些示范项目和精品项目便是博物馆资源、纪念馆资源、红色文化资源等与思政课相融合的典范,把思政课的爱国主义教育、革命精神教育主体融入鲜活的社会资源之中,体现出价值性与知识性相统一。需要强调的是,这种社会资源不是简单植入进思政课中,而是按照思政课的标准和要求建设社会资

---

① 周琪:《论思想政治教育环境的生成、生活形态和自觉实践》,《教学与研究》2017年第10期。

源,在"大思政课"与社会资源的互融中推动社会系统要素与思政课改革创新发展。更重要的是,这种双向互动能够提升社会资源的系统研究、科学保护、价值挖掘、社会教育等,按照社会建设主题和社会核心价值观教育主题对社会资源进行整合提炼,让社会资源"活"起来。

之所以强调高校"大思政课"的社会性,在于拓展思政课的社会资源支撑能避免思政课与社会之间的疏离。正如杜威"生活即教育"的道德教育理论强调:"总是有一种危险,正规教学的材料仅仅是学校中的教材,和生活经验的教材脱节。"[①]高校"大思政课"建设的社会性一方面要求实现思政课与社会的有机联通,将社会生活中鲜活的素材引入到思政课之中,用社会性资源重塑思政课的建设理念、教材编写、案例开发、教学方法、效果评价等要素。另一方面对"大思政课"社会资源进行有效转化。一般而言,社会资源的素材大多是以碎片式、自在的方式呈现并不能直接为思政课所使用,而需要对社会性素材进行再生产,有效汲取社会性素材之新,经过加工后保持其真,用新的材料来彰显原理和理论之真,其实质是社会资源向思政课资源有效转化。需要注意的是,并非所有社会生活经验都需要或者应当被纳入思政课之中,而是根据思政课的教学目标将社会性资源进行有效处理和加工,以符合思政课的内容和主题。

(二)高校"大思政课"建设的实践性

高校"大思政课"的实践性强调依托于鲜活的社会实践,并经由建设进入到高校"大思政课"之中。这种实践性首先体现在实践资源与高校"大思政课"相融合,将课堂形态由学校理论化的小课堂向社会实践的大课堂延伸。之所以强调资源进入高校"大思政课"之中,在于将党的创新理论认知外化为实践伟力,需要依托运用实践资源构建推动个体知行转化和统一的空间。例如,"北京中轴线上的大思政课"便是依托北京中轴线所承载的历史文化资源,通过古建筑参访、口述史访谈、通识课讲座、国际性论坛等实现思政课的系统讲授、专题讲学和实践教学的联动,建设

---

① [美]约翰·杜威:《民主主义与教育》,王承绪,译,北京:人民教育出版社,2001年,第13页。

"行走的思政课"等品牌课程。依托于这些品牌课程蕴含的丰富育人素材,个体既从中获得认知的来源,又引导个体去切身体验和辩证思考,如此形成的认知、认同和信仰更加坚定。另一方面,高校"大思政课"的实践性来源于主体的建设。马克思主义经典作家强调,人们的物质生活状况及其变化决定着人们的思想状况及其变化:"不是意识决定生活,而是生活决定意识"[1],"个人是什么样的,这取决于他们进行生产的物质条件"[2]。这一论断表明,在个体真实的社会生活场景中认识和把握人的思想观念。同样,思政课运行需要从个体熟悉的社会生活领域去寻找资源:"大学生的价值观认同和践行是从'不知'到'知'、从'知'到'信'、再从'信'到'行'的过程,它必须是大学生经由核心价值引导,在'生活'中进行角色体验或亲历性学习而建构精神世界的过程,而这种'生活'与充满意义和价值的生活情境密切相关。"[3]但是,日常生活素材不会自发成为"大思政课"资源,而是需要经过主体建设和进一步提炼加工,才能从自在形态的生活素材转向自为形态的"大思政课"资源。经过筛选、提炼和加工的素材,能够赋予思政课内容生命力,成为承载思政课目标和价值观引领的重要载体。教育部印发的《全面推进"大思政课"建设的工作方案》强调"建好用好实践教学基地",根据这一方案建设的首批453家"大思政课"实践教学基地便是以科学精神、工业文化、美丽中国、中华优秀传统文化、革命文化等为主题把博物馆、纪念馆、示范基地等纳入其中,建成"场馆里的思政课"(见表10-2),其建设方式是用思政课的教育内容和主题统摄实践资源,在理论与实践相结合中引导学生把人生抱负落实到脚踏实地的实际行动中。

---

[1] 《马克思恩格斯选集》(第一卷),北京:人民出版社,2012年,第152页。
[2] 《马克思恩格斯选集》(第一卷),北京:人民出版社,2012年,第147页。
[3] 周琪:《社会主义核心价值观融入高校思想政治理论课的三个转向及实现》,《思想教育研究》2015年第12期。

表10-2 教育部首批"大思政课"实践教学基地

专题名称	涉及部门	个数
科学精神专题	教育部办公厅 科学技术部办公厅	92
工业文化专题	教育部办公厅 工业和信息化部办公厅	59
美丽中国专题	教育部办公厅 生态环境部办公厅	15
抗击疫情专题	教育部办公厅 国家卫生健康委办公厅	65
中华优秀传统文化、革命文化、社会主义先进文化专题	教育部办公厅 国家文物局办公室	100
脱贫攻坚、乡村振兴专题	教育部办公厅 国家乡村振兴局综合司	41
党史新中国史教育专题	教育部办公厅 中国关心下一代工作委员会	81

(根据教育部办公厅等八部门公布的《"大思政课"实践教学基地名单》整理)

基于此,高校"大思政课"的实践性进一步呈现为区域特色化,高校依托于地域资源优势和学校特色,利用区域场馆资源、校馆资源等建成校地共建的"大思政课"实践模式。一是高校"走出去"与企事业单位、社区、乡村、全国"大思政课"实践教学基地等联合共建社会实践基地,如大学生就业创业见习基地、社区服务基地、研修实践基地、教师培训现场教学基地、教学科研基地等(表10-3、10-4)。例如,华中科技大学与武汉市桥梁博物馆、招商银行武汉分行、国药集团中联药业有限公司、长飞光纤光缆股份有限公司、中建三局三公司和中国建筑科技馆等单位签约共建"大思政课"教学实践基地。上海交通大学与中国商飞民用飞机试飞中心共建成立上海交通大学首个"大思政课"实践教学基地,"将'大思政课'开到了'大飞机'上"[1]。二是社会实践资源"请进来",共同建设思政大课。这一过程的核心是把中国特色社会主义实践的成就、中华优秀传统文化、革命文化和社会主义先进文化等与思政课的道理相结合,把学理化、学术性的马克思主义原理转化为鲜活的实践支撑,如此,既丰富思政课教学内容,

---

[1] 《开门办思政 学在天地间——各地各校全面推进"大思政课"建设扫描(中)》,《中国教育报》2022年9月26日,第2版。

又实现理论的彻底和以理服人。重庆红岩革命历史博物馆打造的"传承红色基因,争做时代新人"红岩革命故事展演进校园活动,该展演先后走进全国多地的多所高校和中小学校,运用讲、诵、展、演等鲜活舞台形式呈现红岩精神和中国共产党精神谱系,据统计,自2020年以来"已成功演出436场,吸引观众超40.95万人次"[①]。

表10-3 高校共建实践教学基地类型

高校	基地形式	相关单位
中国矿业大学	红色教育基地	山西省右玉县委党校
中国政法大学	实习实践基地	中央和地方法治工作部门等
东华大学	上海社会科学馆思政教师培训现场教学基地	上海市社科中心
山西大学	红色精神谱系研究基地	太行干部学院、右玉干部学院、大寨干部学院等
华中科技大学	思政课研修实践基地	相关研究中心、博物馆
西安交通大学	爱国主义教育基地	陕西省委、西安市政府
兰州大学	实践教学基地	界石铺、腊子口、哈达铺等地

(根据教育部公布的《"大思政课"实践教学基地名单》《关于公布全国高校思想政治理论课教师研修基地名单的通知》《关于组织开展高校与"大思政课"实践教学基地结对行动的通知》整理)

表10-4 "大思政课"实践教学基地

序号	实践教学基地	涉及部门
1	科学精神专题实践教学基地	教育部、科技部
2	工业文化专题实践教学基地	教育部、工业和信息化部
3	美丽中国专题实践教学基地	教育部、生态环境部
4	抗击疫情专题实践教学基地	教育部、国家卫生健康委

---

① 《重庆红岩 打造世界知名全国一流的红色旅游目的地和特色教育基地》,《重庆日报》2022年8月5日,第83版。

续表

序号	实践教学基地	涉及部门
5	中华优秀传统文化、革命文化、社会主义先进文化专题实践教学基地	教育部、国家文物局
6	脱贫攻坚、乡村振兴专题实践教学基地	教育部、国家乡村振兴局
7	党史新中国史教育专题实践教学基地	教育部、中国关心下一代工作委员会

（根据教育部等十部门印发的《全面推进"大思政课"建设的工作方案》整理）

四、高校"大思政课"建设方式

在把握高校"大思政课"特质基础上探究高校"大思政课"建设的内在要求和主要方式，是推动高校"大思政课"建设创新发展的有效路径。

（一）高校"大思政课"的技术赋能

在科学技术催生技术化、信息化、数字化进程中，高校"大思政课"已从单一的线下形态向线上形态、数字化形态转化，这需要用互联网这个最大的变量为高校"大思政课"建设赋能。一是推动高校"大思政课"数字化转化。通过数字化技术手段将思政课的素材转换为可以度量的数字信息，由此实现思政课在时间和空间上的融合。特别是历史资源和文本资源开发，让这些资源摆脱特定时空条件的束缚以实现资源共享。以历史资源为例，通过技术修复将历史老照片、影像等转换为彩色高清影像，让历史换装走进现实，也让受众能够更加清晰地重温那些令人振奋的历史时刻。还有一些老红军、老干部、老科学家、老教师等，他们都是中国社会革命和建设进程中重要历史事件的见证者，通过对他们的专门采访形成数字化的口述史资料，通过数字化的方式让蕴含党史、新中国史、改革开放史、社会主义发展史的口述资料得以保存，是引导个体进行历史认同教育的鲜活资源。二是创设高校"大思政课"的数字化场景。通过现代的数字技术、虚拟技术将特定的历史人物、历史事件等进行复原和活化，实现现实世界与虚拟场景的深度融合。比如,央视2024年春节联欢晚会通过数字化技术合成,完美实现了会场演员与唐代大诗人"李白"跨越千年的对话,在虚实交互之间让观众产生良好的体验和参与性。又如,通过数字化技术加工将线下革命历史纪念馆、博物馆等迁移到云端,个体可以随时随地进入到云端展馆之中。红军长征系列虚拟仿真教学项目、红岩精神系列虚拟仿真实验项目等都是运用虚拟技术打造场景式、体验式的"大思政课"课堂,强化思政课的感染力。如此,历史资源的遗存既突破时空限制进入到思政课之中,又按照个体易于接收的方式呈现出来。

(二)高校"大思政课"平台建设

"大思政课"平台是各类思政课共享共建的一个集合,以既能实现对各类思政课元素的储存、检索、管理和共享,将高度洗练的理论通过多样化的素材进行具象化、生活化呈现,又能够构建所需课程场景,提升思政课的互动性和亲和力。一方面,打造高质量"大思政课"资源库和共享方式。"大思政课"资源库建设既要立足思政课的目标要求,满足课程教学和学生自主学习所需,也需要将党的理论创新最新成果、新时代中国特色社会主义伟大实践成果融入资源库建设之中,为引导学生"懂政理、明学理、通事理"提供资源支持。同时建设优质资源的跨校、跨地区共享方式,例如,以全国高校思政课教师网络集体备课平台、国家智慧教育平台等全国性平台资源为重点,优化平台的结构与功能,对海量的资源进行科学归类和实时更新,将优秀的讲义、课件、案例、教学科研成果等及时上传和共享到各类资源平台。更重要的是发挥高校"大思政课"资源建设主体的能动性,不仅鼓励师生结合教学目标和教学内容,积极创作与思政课教学、教材配套的短视频、微电影、动漫、音乐等数字化资源,如把"我心中的思政课"——大学生微电影展示中的优秀作品纳入资源平台之中,而且形成资源建设主体的合力。又如,2024年春季学期全国200多所高校的100余万名学生齐聚"云端",共同加入清华大学"形势与政策"课学习中。另一方面,增强高校"大思政课"平台的互嵌和耦合,运用信息技术和网络进行各类平台互嵌,建立优质资源的跨平台传递共享机制,从而构建国家、地方和高校联动的平台体系,进一步贯通高校"大思政课"的学校与社会之间的联合。例如,在由中国青年报社、人民网、中国青年网联合共同建设的人民网"大思政课"的云平台中,平台设置多个板块和内容的思政课主题,将主流媒体的优质思政资源转化为"大思政课"资源。

(三)高校"大思政课"资源的理论与实践联动

高校"大思政课"资源是支撑课堂和实践的关键因素,并成为两者联动的重要联结点。一方面把生动鲜活的社会性资源"引进来",用社会性资源为思政课的讲好道理提供事实支撑。思政课是用科学理论培养人,但是不能就理论而讲理论,而是需要把理论背后所蕴含的道理、学理和哲理讲清楚。这就需要引入与教学内容相关联的鲜活社会性资源,尤其是运用学生日常生活中熟悉的素材作为案例来论证理论观点,增强学生的理论认同。同时,要综合运用多样化技术手段,让社会性资源能够以多种形态立体式呈现,如通过采取案例式教学法、研讨式教学法和专题式教学法等,充分利用社会性资源激活学生的理性思考和探究欲望,让思政课变得更加鲜活温暖、可亲可信。另一方面让思政课走出去,主动与社会资源相结合。这需要积极整合开发区域特色实践资源,将区域实践资源转化为"大思政课"实践基地,既让蕴含的中华优秀传统文化、革命文化和社会主义先进文化资源与"大思政课"的内容相结合,又充分利用实践教学的直观性让学生在实践中进一步验证和深化理论知识的理解运用。例如,湖南"我的韶山行"、宁夏固原"百里祭英烈"等"行走的思政课"实现课堂与实践的联动,成为"大思政课"现场教学的有效资源平台。

需要注意的是,无论是理论讲授还是实践教学,都应当把资源有机结合起来。既把资源转换为案例增强理论说服力,又引导学生在资源的感性和体验性认识中上升到对理论的理解和认同。唯有如此,"大思政课"资源建设才能实现理论与实践之间的联动。

(四)高校"大思政课"课堂形态的互联互动

"大思政课"通过延展课堂半径,变革了思政课课堂、教学形式,通过思政小课堂、社会大课堂、网络云课堂之间的优势构建起覆盖课堂内外、社会场域和网络场域的思政大课立交桥。这需要把握好三个课堂之间的关系,实现课堂在物理空间、社会空间,以及网络空间的融合互动。

思政小课堂、社会大课堂,以及网络云课堂各自具有不同优势,弥补了不同课堂育人的空间局限性,实现理论育人、实践育人和网络育人优势互补。一是深化思政小课堂,发挥理论育人优势。思政课课堂是思政课教学实践开展的主渠道。思政小课堂通过系统的理论阐释和教育,使学生可以在学校课堂中形成对社会现实问题的客观认知,回归到思政课的讲道理本质。这需要突出课堂主渠道建设,发挥课堂教学的知识传授、解疑释惑功能,把马克思主义的学理、治国理政的政理和中国精神的事理讲深、讲透、讲活。二是善用社会大课堂,发挥实践育人优势。开展实践教学是善用社会大课堂最直接的方式。善用社会大课堂就是要完善"大思政课"的实践教学体系,完善"大思政课"实践教学方案,严格落实教育部规定的学时和学分,建立思政课实践教学工作体系。此外,"大思政课"让课堂走出去,构建一批场馆、基地和实践为主体的思政课堂,塑造场馆里的思政课、行走的思政课等精品课程,并进一步建立社会力量参与实践教学的长效机制,确保实践教学的制度化和常态化。三是建立网络云课堂,推动"大思政课"信息化、数字化建设,搭建网上网下融合的思政课育人阵地。一方面,推广使用在线开放课、视频公开课和资源共享课等课程资源,充分发挥思政课网络课程资源库的育人效用。另一方面,打造"云上'大思政课'"品牌,运用融媒体技术加强媒介聚合,善于"从大众传播媒介获得有效信息并与思政课教学主题和内容相融合"[1],让网络"大思政课"启智润心。四是构建课堂互联互动教学模式,通过创新三个课堂为一体的教学模式,推动课堂协同建设。例如,南京师范大学马克思主义学院通

---

[1] 周琪:《高校思想政治理论课创新的三个着力点》,《思想理论教育导刊》2016年第3期。

过探索三个课堂,构建了"网络、课堂、实践'三位一体'"的大思政课教学模式。①东华大学创建"思政课堂+社会课堂"的双育人模式,由老师和学生共同推进思政课堂、社会实践、社会调研,实现思政课堂和社会课堂的贯通教学,实现三个课堂之间的互联互动,构筑起课堂贯通的大阵地。

(五)高校"大思政课"建设的主体合力

教师是做好"大思政课"衔接的关键力量。高校要通过内部挖潜、外部引育,打造和培养"大思政课"的师资队伍,促进队伍质量的改善与结构的优化。同时,还要明确各个主体在"大思政课"建设中的职责定位,加强不同主体之间的沟通交流,发挥各类主体在"大思政课"格局中的育人功能和优势,汇聚建设合力。

打造专兼结合的师资队伍。"大思政课"教师队伍要积极打造专兼结合的师资队伍,积极扩充教师队伍,优化队伍构成,共同建好"大思政课"。一是提升"大思政课"教师队伍的质量。其一,用好校内队伍。建好校内队伍,可以通过积极整合校内党政干部、思政课教师、其他课程教师、辅导员队伍等多元力量,共同参与思政课教学。探索深度参与思政课教学的长效机制,推动思政课教学与日常思想政治教育的育人工作有效衔接。通过遴选学工系统教师担任双聘思政课教师,支持优秀辅导员走进思政课课堂、思政课教师兼任班主任工作。此外,还要推动党委书记、校长参与思政课备课授课,指导"大思政课"课程建设。其二,引入校外队伍人员。将知识视野开阔、社会见识丰富和实践能力较突出的人员纳入兼职教师队伍,这能够开拓思政课教学领域,充实学生的知识体系、丰富学生的现实体验。从高校而言,需要建立和不断完善思政课特聘教授、兼职教师制度,挖掘和利用社会优质资源扩充思政课教师队伍,继续推动社会各界的先进代表、红色场馆基地讲解员、各行业优秀代表、志愿者等加入参与思政课教学过程,将其纳入兼职思政课教师队伍,鼓励社会力量参与高

---

① 王刚:《用"三个课堂"上好平视一代大思政课》,《中国青年报》2021年6月21日,第7版。

校思政课课程建设,形成长效机制,发挥他们在涵养高尚道德品质、传授丰富实践经验、榜样作用示范等方面的优势。

二是一体化推进校内外师资力量,组建"大思政课"教学团队。就团队发展而言,推进校内外师资力量组建教学团队,可以使专兼职教师充分发挥各自优势和特点,围绕共同的育人目标,在相互学习和激励中产生聚合效应,提高思政课教学效率,优化育人效能。其一,立足校内组建教学团队。在校内组建教学团队要根据思政课教育内容,采取集体攻关的方式,统筹各方面的资源,形成深入开展多种形式的教学讨论和交流,不断深化教学改革、增强教学效果。例如,上海交通大学组建思政课"一课多师"的"大团队",形成专任教师轮番上阵讲授特定专题的团队模式。该团队由思政课特邀嘉宾"梦之队",杰出校友和优秀毕业生"宣讲队",高层次人才担任班主任和兼职思政教师的"专家队"构成,实现人员之间的优势互补、互相促进效应,提升思政课教学。华中师范大学通过"专家导课、名师说课、'青椒'授课、多方评课"四课联动,打造精彩思政课堂。其二,跨校合作组建教学团队。跨校组建教学团队指教师队伍不限于校内,还要面向全国寻找优质师资,跨校跨区组建教学团队。例如,江西省结合本省高校区域布局、学科优势等因素,形成校际协同育人共同体。校际协同育人共同体以片区为单位,跨校组建若干个教学团队,分专题开展跨校授课,实现了优质师资的逐步共享。济南市突破地域限制,构建了大中小学思政课共建的"灯塔团队",邀请专家对思政课建设进行常态参与指导,在全市成立"立德树人双领军团队",遴选一批优秀教师协同参与研究。

2. 发挥多元主体协同力量。高校"大思政课"建设的主体主要由政府、高校、社会和家庭等构成,教育部等十部门联合印发《全面推进"大思政课"建设的工作方案》十分强调"大思政课"建设主体的统筹协调:"教育部、中央宣传部做好'大思政课'建设的总体谋划。中央网信办指导做好'大思政课'全媒体宣传。科技部、工业和信息化部、生态环境部、国家卫生健康委、国家文物局、国家乡村振兴局、中国关心下一代工作委员会等部门,加强对基地的指导和建设,切实发挥好基地的育人功能"[①],这需要明确多元主体在建设中的职责定位,促进主体之间的交流合作,汇聚协同力量。

其一,明确不同主体的职责定位。一是高校党政机关的领导干部是建设的领导主体。作为领导主体要充分发挥管理职能,及时解决在推进建设中遇到的问题,让每个成员在过程中认识到自己的职责,激发和调动全员参与建设的积极性与主动性。二是思政课教师是建设的教学主体。思政课教师是"大思政课"建设中的关键力量和重要主体,因而要培育教师运用"大思政课"育人自觉的意识,遴选优秀教师、引入社会力量,通过理论学习、教学技能培训、交流研讨等方式,提升教师队伍的综合素养和能力。三是学生处、团委、宣传部等学校的管理部门是建设的管理主体。高校日常思想政治教育工作,还需要学校的管理部门参与合作。各学院的辅导员作为开展大学生思想政治教育的骨干力量,能全面及时地了解大学生在校的思想、学习与生活问题。因此,各高校应建好用好辅导员工作室,使辅导员充分利用自身优势,加强与思政课教师的配合,为思政课建设贡献力量。四是校外主体包括政府、家庭与社会都是重要建设主体。政府承担对"大思政课"建设的支持职责,包括制定建设方案、设立专项资金等等,还肩负主要的监管职责。家庭教育对学生的成长和全面发展具有重要的作用,社会教育也不可或缺。因而,要推进家校社协同育人,开展家校合作,相互配合,根据学生的具体情况进行有针对性的教育。社会是"大思政课"重要的校外资源,学校需要加强与社会的联系与合作,协同开放和开发各种社会资源。

其二,促进多元主体建立合作关系。一是树立立德树人的共同目标。育人目标决定了育人的发展方向。从整体上看,各类主体要树立共同的人才培养目标。各个育人主体围绕共同的育人目标,增强自身的德育意

---

① 教育部等十部门:《全面推进"大思政课"建设的工作方案》的通知,《中华人民共和国教育部公报》2022年第10期。

识和能力,有意识地开展育人工作,打造协同育人共同体,最终促进全面育人,实现育人目标。二是要提高主体的行动力与执行力。"大思政课"建设中涉及多重社会主体,不同主体在参与的方式、力度、时机、主动性等方面往往存在着不同,发挥作用的时机、场合、方式各有差异。因此,在各协同人员的相互合作过程中,要围绕建设的总体目标,根据自身的职责和特点,实现合理、有序、有机地参与,贯穿于"大思政课"建设全过程。三是搭建主体合作交流的平台载体。通过搭建相关平台,促进主体间加强沟通交流。例如,由南开大学牵头联合多所高校建设的"大思政课协同创新平台",高校之间除了可以共享协同院校的特殊资源和优势资源,还借助平台举办"高质量推进大思政课建设"高端研讨会,分享建设经验,更好地探索研究"大思政课"建设的规律与实践。通过建设区域性的实践教学平台,依托平台,促进学校与社区、企业、家庭协调合作,提升实践育人成效。

第十一章

高校思想政治理论课
发展的比较视野

学校思想政治理论课是凝聚社会价值共识、建设社会主导意识形态的重要渠道，世界各国都十分重视学校思想政治理论课，培养和涵化认同各国核心价值观的公民。梳理世界其他典型国家或地区学校思想政治理论课建设理论与实践，以为我国高校思想政治理论课发展提供比较视野和借鉴。

一、世界各国学校思想政治理论课建设理论与实践

国外没有"思想政治教育""思想政治理论课"等术语，但有承担与我国学校思想政治理论课相同功能的学校课程，如公民道德教育课、公民课、生活教育课等，旨在将本国核心价值观转化为社会成员的价值共识。

（一）美国学校道德教育课程

美国学校道德教育主要通过直接课程与间接课程相结合的方式开展美国核心价值观教育实践。"公立学校在学生公民素质教育中发挥着主要作用，它们主要通过历史、社会科、公民科的课程教学，包括通过对这些课程的教材、声像资料以及面向学生的杂志等课程资料，对学生进行了解美国和热爱美国的教育。"[1]在美国教育体系中，道德教育课程是贯穿在大中小学全学段的课程体系，包括"社会情感学习"课程、品德教育课程、宗教课程、反霸凌计划、社会实践课程等。

1.美国"社会情感学习"课程。"社会情感学习"课程由美国CASEL组织提出，结合情绪心理学、发展心理学和儿童教育学，帮助学生发展关键的社交和情感技能，使他们能够在学术、社交和生活中取得成功。这一课程不仅关注学生的学术成绩，还注重培养他们的情感管理、人际交往和道德判断能力，"目标是促进五组相互关联的认知、情感和行为能力的发展：

---

[1] 周琪：《比较思想政治教育学》，北京：高等教育出版社，2018年，第62页。

自我意识、自我管理、社会意识、关系技能和负责任的决策制定"①(图11-1)。

图11-1 美国"社会情感学习"课程框架

资料来源:https://casel.org/fundamentals-of-sel/what-is-the-casel-framework/#top
The impact of enhancing students' social and emotional learning: Ameta-analysis of school-based universal interventions.

美国"社会情感学习"课程的主要内容如下:第一,关于自我意识,即认识和理解自己的情绪、价值观和长处。教师帮助学生识别自己的情绪,理解这些情绪如何影响自己的行为和决策。通过反思和自我评估活动,学生可以增强自我认知。第二,关于自我管理,调节自己的情绪、思想和行为以实现个人成长和学术目标。教师教授情绪调节技巧、抗压和恢复力训练,帮助学生在面对挑战时能够保持冷静和有效应对。第三,关于社会意识,理解和尊重他人的观点和情感。通过角色扮演、合作活动和跨文化交流,学生学会尊重和欣赏多样性,从而增强团队合作和社交能力。第四,关于关系技能,建立和维持健康的人际关系,处理人际冲突,帮助学生在各种社会情境中有效互动。第五,关于负责任的决策制定,根据伦理标准、安全和社会规范做出建设性的选择。教师教授学生在复杂情境中进行批判性思考和做出明智决策的方法,强调道德判断和社会责任感。

---

① Durlak, Joseph A., Roger P. Weissberg, Allison B. Dymnicki, Rebecca D. Taylor, and Kriston B. Schellinger, "The impact of enhancing students' social and emotional learning: Ameta-analysis of school-based universal interventions," *Child development 82*, 2011, no.1pp.406.

在课程运行方面,该课程具有专门的学习标准:"2020年,美国有20个州采取了SEL的K-12学习标准,50个州采用了SEL的学前教育标准。"[1]课堂教学强调在原有课堂运行基础上整合相关课程,将"社会情感学习"技能嵌入现有课程中,例如在语文课中讨论人物情感,在历史课中分析历史事件中的道德决策。在校外活动中,一般通过体育、艺术和社团活动等让学生有机会践行"社会情感学习"技能,增强团队合作和领导能力,或是鼓励学生参与社区服务项目,培养社会责任感和公民意识。总之,美国"社会情感学习"课程十分重视学生情感智力的发展、社交技能的培养以及自我管理能力的提升,强调非认知能力对学生发展的重要性。

2.美国工程伦理学课程中的价值观教育。美国的工程伦理教育旨在培养工程师的道德意识和社会责任感,使他们在职业生涯中能够做出道德决策,这是基于工程师的首要义务是对公众负责和维护公众利益的职业道德要求:"美国国家专业工程师协会(NSPE)的《基本准则》第一条规定,工程师应将公众的安全、健康和福利放在首位。"[2]《工程伦理:概念与案例》作为美国工程伦理教育的重要教材,通过系统的伦理理论介绍和真实案例分析,帮助学生理解并掌握工程伦理的核心概念和实践应用。该教材包括工程师的责任、义务及其他内容,分别强调了九个不同的主题。第一章的主题是工程师的职业和角色要求,强调工程师不仅是技术专家,更是公众利益的守护者;第二章的主题是实用伦理学工具包,旨在为学生提供一系列实用的伦理学工具和框架,帮助他们在面对复杂伦理问题时做出明智的决策;第三章的主题是工程责任,讨论了工程师在设计、实施和维护工程项目中的道德责任;第四章的主题是组织中的工程师,关注工程师在组织环境中的行为与决策,探讨团队合作与组织文化对工程伦理的影响;第五章的主题是信任与可靠性,强调了工程师在赢得公众信任和

---

[1] 黄忠敬:《教育的"情感转向"与"全人"培养》,《光明日报》2023年1月17日,第13版。
[2] Englehardt, Elaine E.; Harris, Charles Edwin; James, Ray W.; Pritchard, Michael S.; Rabins, Michael Jerome, Engineering Ethics: Concepts and Cases 6th edition (Australia; Boston; MA: *Cengage Learning*, 2019, p.6.

确保工程可靠性方面的关键作用;第六章的主题是工程师评估和管理风险的责任,深入分析工程师在项目风险评估和管理中的伦理考量,提醒学生关注潜在的安全隐患和环境影响;第七章的主题是工程与环境,探讨工程实践与环境可持续性之间的关系,鼓励学生在设计和实施工程时考虑生态影响;第八章的主题是全球环境下的工程,关注在全球化背景下工程师面临的伦理挑战,特别是跨国项目对不同文化和法律的适应问题;第九章的主题是工程新视野,展望了工程伦理未来的发展方向,鼓励学生在快速变化的技术环境中继续探索和思考伦理问题。在《工程伦理:概念与案例》教材的基础上,美国工程伦理学课程主要选取三哩岛核泄漏事故、挑战者号航天飞机失事等现实案例进行价值观教育(见表11-1)。

表11-1 美国工程伦理学课程中的价值观教育及案例

价值观内容	案例选取
工程师的首要责任是确保公众的安全、健康和福祉。	三哩岛核泄漏事故 挑战者号航天飞机失事
工程师应在工作中保持诚信,承担责任,不做虚假报告。	福特Pinto事故
工程师应公平对待所有利益相关者,避免任何形式的歧视和偏见。	洛夫运河污染事件
工程师应尊重同事、客户和公众,与他们进行有效的沟通和合作。	波音737Max事故
工程师应认识到自己的工作对全球社会和环境的影响。	孟加拉国服装厂坍塌事件

资料来源:Engineering Ethics: Concepts and Cases Sixth Edition

例如,通过讨论工程项目对公众安全的影响,运用三哩岛核泄漏事故和挑战者号航天飞机失事的案例,帮助学生理解决策失误可能带来的严重后果。通过这九个章节的学习,学生不仅能够掌握工程伦理的理论知识,还能在实际工作中有效运用这些理念,成为更负责任和更有影响力的工程师。值得注意的是,"在结合学科课程教学进行道德品质传授的同时,也有不少学校直接购买、应用由品格教育组织和研究机构编制的品格教育方案"①,以促进学生道德行为规范。

3.美国国家历史日主题活动课程。美国国家历史日主题活动是一项全国性学术竞赛活动,"特别注重对美国公民价值观的培养与引导,坚持美国社会主流价值观的宣传,强调民主意识和民主观念在学生头脑中的深化"②,旨在激发学生对历史的兴趣和理解。美国国家历史日竞赛作为全美乃至全球范围内最具影响力的历史研究性竞赛之一,致力于培养6~12年级学生的历史研究能力、解释能力和创造性表达能力。这项主题活动作为辅助性课程发挥重要作用,全球每年有超50万中学生和超3万老师参与其中。根据美国国家历史日官网的宣传标语显示,历史教育对于公民参与至关重要,研究过去有助于我们理解现在并走向未来。在此过程中,研究过去可以建立同理心,并磨炼研究、写作和分析技能。每年美国国家历史日竞赛都会有一项统一的主题,学生们根据这个主题选择研究课题。例如,主题可能涉及探索、创新、冲突与妥协等方面。学生需要围绕主题进行深入研究,分析历史事件的背景、原因和影响。2025年,美国国家历史日竞赛的主题是:Rights & Responsibilities in History(历史中的权利与责任),要求学生自行思考时间和地点、因果关系、随时间的变化,以及影响和意义等问题。这一主题设定旨在帮助学生树立美国国家历史观和历史认同。在赛事类别方面,学生可以选择不同的项目形式来展示他们的研究成果,包括论文、表演、纪录片、展览和网站(如表11-2所示)。对于参赛形式和作品要求,美国国家历史日官网也作了一定说明。

---

① 周琪:《比较思想政治教育学》,北京:高等教育出版社,2018年,第64页。
② 邓凌雁、李稚勇:《美国"国家历史日"活动的发展历程、宗旨、比赛方式及特点》,《比较教育研究》2014年第6期。

表11-2 美国国家历史日赛事类别、参赛形式及作品要求

赛事类别	参赛形式	作品要求
Paper论文	仅限个人参赛	限2500字,使用标准引用格式,并附上Annotated Bibliography
Performance表演	可个人/组队参赛	作品时长不超过10分钟
Documentary纪录片	可个人/组队参赛	作品时长不超过10分钟
Exhibit展览	可个人/组队参赛	限高72英尺,限宽40英尺,纵深长度不超过30英尺
Website网站	可个人/组队参赛	限1200字,网页作品文件不超过100Mb

资料来源:https://nhd.org/en/contest/

同时,该活动具有严格的评选标准,一是历史文献质量,该部分占比为80%。在所有类别,对该部分的评估都使用统一标准,重点关注作品的历史论证、研究,以及与主题关系的优势。二是阐述的清晰度,该部分占比为20%。不同类别对该部分的评估标准各有差异。在整个研究和创作过程中,学生会得到教师和指导员的帮助和指导。美国国家历史日官网还提供了丰富的在线资源和工作坊,帮助学生掌握必要的研究方法和技巧。通过这一活动,学生不仅能提升学术能力,还能培养他们对历史的兴趣和理解,为未来的学习和职业生涯打下坚实基础。

(二)德国学校政治教育课程

德国的政治教育课程历史悠久,在不同历史时期呈现不同特色。在魏玛共和国时期(1919—1933年),德国政治教育的核心是民主主义和公民责任;纳粹德国时期(1933—1945年),政治教育的内容和方法被严格控制和扭曲;战后德国(1945—1989年)时期,西德重建了民主制度,政治教育被视为培养民主公民和防止极端主义的重要工具,其重点放在民主原则、法治和人权。东德的政治教育强调社会主义意识形态,注重宣传共产主义价值观。德国统一后的时期(1989年至今),德国政治教育课程致力于培养公民责任感、民主价值观和社会包容性。可见,德国十分重视政

治教育课程建设,通过调和国家与公民的关系、塑造公民意识和促进国家发展,逐渐形成了现在注重多元文化、民主价值和国际合作的体系。

1.德国联邦政治教育中心的特色。德国联邦政治教育中心作为政治教育的核心管理部门,与学校政治教育、校外政治教育一起管理政治教育资源,建构了政府、学校、社会的分级政治教育系统。德国联邦政治教育中心创建于1952年,是德国政治教育的决策、组织、实施和管理机构,旨在推进德国民众对于政治情境的理解,强化民众的民主意识,加强民众参与政治的准备力,传播民主和欧洲思想。德国联邦政治教育中心出版了大量关于公民教育的书籍和教材。这些书籍和教材涵盖了广泛的主题,包括民主、隐私、正义、责任等,为青少年提供全面的公民教育。例如,《民主的基础》丛书包含许多关于民主的重要方面的详细内容。该丛书是由德国联邦政治教育中心出版的一系列书籍,旨在介绍和阐释民主的基本原理、历史背景及其在当代社会中的应用。这些书籍面向公众、学生和教育工作者,提供了深入且易于理解的民主知识。书中介绍推动民主进程的重要历史事件和人物,如美国独立战争、法国大革命,以及影响深远的政治思想家,如洛克、卢梭和托克维尔。通过理论与实际案例相结合,帮助公民深入理解民主的价值和运作,旨在提升公民的政治素养,促进更广泛的社会参与和民主建设。

此外,德国联邦政治教育中心开展许多特色教育项目。一是反纳粹教育。德国联邦政治教育中心出版了许多关于纳粹历史的教材,详细介绍纳粹暴行,以反纳粹教育为重点。二是移民和多元文化教育。德国联邦政治教育中心通过多种形式的教育项目,推广对移民和多元文化的理解和尊重,反对种族主义和排外倾向。三是青年公民教育。德国联邦政治教育中心特别注重对青少年的公民教育,通过互动性强的活动和材料,激发年轻人对政治和社会问题的兴趣和参与。

2."博特斯巴赫共识"的政治教育原则。"博特斯巴赫共识"是德国在政治教育领域的重要指导原则。1976年,在巴登—符腾堡州政治中心的邀请下,德国政治教育界达成了关于政治教育的最低共识,即"博特斯巴赫共识"。这一共识包含三个核心原则,在课程建设中起到重要作用。第一,禁止灌输原则。教师不得以灌输方式强加自己的观点和意见给学生。学生能够自由地形成自己的观点,而不是被灌输某种特定的政治立场。教师要保障学生的独立思考和自主判断能力,避免在教育过程中出现任何形式的思想强制。第二,保持争论原则。课堂教学反映社会上的不同意见和争议,凡是在学术界和公共领域存在争议的问题,都应当在课堂上呈现和讨论。这有利于培养学生的批判思维和多元化视角,使其能够理解和分析不同的观点和立场,从而形成自己的判断。第三,促进分析原则。"所有学生都有机会根据自己的需要学习"[①],德国政治教育应当关注学生的利益和需求,使其能够认识到自己在社会中的地位和作用,并学会如何维护自己的权益。增强学生的主体性和社会参与意识,使其能够积极参与社会生活,并在公共事务中发挥积极作用。在课程建设中,这些原则通过多元视角的课程内容、启发式教学方法、中立的教师角色以及综合评估与个性化反馈等方式得以体现和应用,从而促进了学生的全面发展和社会责任感的培养。

3.德国学校政治教育融入专业学科课程。德国并没有直接以"价值观教育""道德教育""政治教育"命名的课程,它把政治教育融入其专业学习和教育教学的全过程。"在德国,哲学、文学、历史学、社会学等人文学科在某种程度上承载了政治课的教育功能"[②],其中最具特色的是德国生命伦理课中的两难教育。德国的学校普遍开设伦理课,教授学生基本的道德观念和伦理准则,帮助他们理解和实践良好的道德行为。教师设计或选择一些真实或假设的情境,这些情境往往涉及伦理和道德的冲突。学生需要在这些情境中进行独立决策和思考,而教师通过这一过程引导学

---

① Ahlheim, Klaus. Handbuch politische Bildung, Edited by Wolfgang Sander, and Wochenschau Verlag, *Bundeszentrale für politische Bildung*, 2005, p.442.
② 周琪:《比较思想政治教育学》,北京:高等教育出版社,2018年,第124页。

生从不同的利益相关者角度思考问题,包括患者、医生、家属和社会等,理解每个角色的立场和利益。这种教育模式不仅帮助学生掌握伦理学知识,更重要的是培养他们在面对现实生活中的复杂道德问题时,能够进行理性思考和做出负责任的选择。

此外,德国还通过教育学、法学和经济学等学科渗透开展政治教育实践。第一,德国学校的课程设计中,公民教育是必修内容,从小学到中学都有相应的课程,旨在培养学生的民主意识和公民责任感。该课程采用互动式教学方法,如小组讨论、角色扮演和模拟选举等,使学生在参与中学习民主原则。第二,在大学和中学的法律课程中,涉及宪法、法律体系和公民权利与义务的内容,使学生了解法律在维护民主和公民权利中的作用。通过模拟法庭活动,学生可以亲身体验司法过程,理解法律程序和法治原则,增强法治意识。大学法学院通常设有法律援助项目,学生可以参与实际的法律服务,帮助社区中的弱势群体,承担公民责任和积累法律知识。第三,在经济课程中,探讨经济政策、市场经济与社会福利的关系,可以帮助学生理解经济决策对社会的影响。通过经济模拟游戏和实验,学生可以直观地理解经济运行机制和政策影响。

(三)英国学校道德教育课程

英国学校道德教育课程通常被称为公民教育课程,旨在培养学生的社会责任感、道德意识和公民素养。英国学校道德教育课程建设中,具有代表性的包括《起跑线》《生命线》等道德教育教材、"PSHE"教育课程,以及传统与现代相结合的道德教育模式。

1.《起跑线》《生命线》道德教育教材。在尊重中小学生认知发展规律的基础上,英国教育部编制了《起跑线》和《生命线》两本道德教育教材。其中,《起跑线》应用于英国小学阶段,《生命线》应用于英国中学阶段。《起跑线》分为两个部分:一是指导性部分,其目的是规范学生的行为,提供行为准则和道德指南,涵盖各种道德和行为规范,例如诚实、尊重他人、责任感等。通过明确的规则、案例分析和讨论,帮助学生理解和内化这些行为规范,如在课堂上要尊重老师和同学、不打断他人讲话等。二是描述性部分,根据学生个人经验和认知规律编写,鼓励学生根据自己的实际情况和兴趣爱好去创造,让学生在实际情境中应用和拓展所学的道德知识。这一部分强调以学生为中心,强调个性化和自主学习,通过引导学生的自我探索和创造,培养其道德判断能力和自主性。例如,根据学生的兴趣和爱好,设计一些道德教育相关的创意活动,如绘画、戏剧表演或项目研究,让学生在实践中体验和学习道德。

《生命线》教材结构分为四个部分:第一部分教授中学道德规则和道德特点,包括诚实、尊重、责任感等核心道德价值观。第二部分指导学生设身处地思考问题,通过角色扮演、情景模拟和讨论,帮助学生学会理解和体谅他人。第三部分是验证原则,引导学生验证和反思道德原则在实际生活中的应用,通过实验、调查和案例研究,鼓励学生检验和思考道德原则的实际影响。第四部分是实践原则,指导学生在日常生活中践行所学的道德原则,通过项目学习、社区服务和行动计划,支持学生将道德原则付诸实践。整部教材的编写都秉承人文关怀的理念,从个人经验到社会经验,再到人类经验,目标是引导青少年学会体谅他人、关怀他人,选择深思熟虑、积极向上的生活方式。《生命线》通过系统、全面的道德教育模式,引导学生在理解和内化道德价值的基础上,培养同理心和社会责任感。这种推己及人的渐进式学习方法,有助于培养学生成为有责任感和关怀他人的社会成员。

2.英国"PSHE"教育课程。英国"PSHE"教育课程是指个人、社会、健康和经济教育(Personal, Social, Health and Economic Education,简称PSHE)课程,涵盖了广泛的道德和社会教育内容,从健康生活方式、性教育到财务管理和公民责任,帮助学生全面发展,成为具有良好品格和社会责任感的公民。英国"PSHE"教育作为辅助性课程,包括个人发展、社会责任、健康生活、经济素养等内容,旨在塑造青少年的品格,"是众多精神关怀课程中比较有特色的一种,分4个不同阶段和层次培养青少年的个人品质和社会品质,同时促进青少年的身心健康发展"[1](表11-3)。更重要的是,该课程是由PSHE协会推动,发布关于"PSHE"教育的文件和指导意见,体现出学校、家庭、社区和社会在课程建设和价值观塑造上的合力。例如,"programme of Study for PSHE Education Key Stages 1-5"文件涵盖了从关键阶段1到关键阶段5(即从小学到中学)的教育内容,帮助学校制定和实施"PSHE"教育课程。PSHE协会指出,"提升经济素养至关重要,与健康和人际关系密不可分,尽管经济教育是非法定的,但学校应继续将经济教育纳入学校课程"[2]。

表11-3 英国"PSHE"教育核心内容

P 个人发展(Personal Development)	帮助学生了解自己的情感、性格和价值观,培养自尊和自信;教授学生如何识别、表达和管理自己的情绪,培养情感智慧;帮助学生建立健康的人际关系,学习沟通、合作和解决冲突的技巧。
S 社会责任(Social Responsibility)	教育学生了解自己的权利和责任,理解民主制度和法律;鼓励学生参与社区活动,培养公民意识和社会责任感;培养学生对多元文化的理解和尊重,促进社会和谐。
H 健康生活(Health Education)	教授学生健康的生活方式,包括营养、运动和卫生习惯;关注学生的心理健康,提供压力管理和心理支持的知识和技巧;教育学生关于性健康、性别关系和性别平等的重要性,培养健康和尊重的性态度。
E 经济素养(Economic Education)	教授学生基本的金融知识,如储蓄、预算和投资;帮助学生了解不同的职业选择,制定个人的职业规划;培养学生的企业家精神,鼓励创新和创业。

资料来源:Teaching Personal, Social, Health and Economic and Relationships, (Sex) and Health Education in Primary Schools: Enhancing the Whole Curriculum.

---

[1] 刘先锐:《英国公民教育人文关怀的实践路径及其启示》,《教学研究》2014年第3期。
[2] Pugh, Victoria, and Daniel Hughes, eds. *Teaching Personal, Social, Health and Economic and Relationships, (Sex) and Health Education in Primary Schools: Enhancing the Whole Curriculum*, London: Bloomsbury Publishing, 2021, p.60.

随着该课程建设的推进,英国教育部于2019年出台文件"Relationships Education, Relationships and Sex Education (RSE) and Health Education: Statutory guidance for governing bodies, proprietors, headteachers, principals, senior leader ship teams, teachers",对"PSHE"教育课程的内容、目标和实施方法进行了详细规定,并在2020年9月开始在英格兰的所有学校强制实施,旨在确保所有学生在个人、社会、健康和经济等方面得到一致的教育。例如,Cricklade Manor Prep School 在该文件的基础上制定校本政策"Personal, Social, Health and Economic Education (PSHEE) and Relationship and Sex Education (RSE) Policy",旨在对学生进行英国基本价值观、精神、道德、社会和文化教育。该校鼓励学生参加课程内外的各种活动和体验,为学校和社区的生活做出充分贡献。在此过程中,学生学会认识到自己的价值、与他人加强交流与合作、解决成长过程中出现的许多问题。

3.传统与现代相结合的道德教育模式。英国有着独具特色的道德教育模式,"一种是根深蒂固的宗教教育,另一种是在教育世俗化过程中逐步确立起来的绅士教育"[1],最终演化为公民教育。一方面,英国教会学校在道德教育中占有重要地位,道德教育常常与宗教教育相结合,强调仁爱、诚实、宽恕等美德。在学校的道德教育课程中,学生通过讨论与宗教相关的故事,并思考如何将其应用于现实生活中的冲突解决。另一方面,基于现代英国社会的多元文化特质,道德教育强调对不同文化、宗教和背景的包容。"绅士精神品质作为英国历史文化发展中形成的特殊文化资源,在英国的公民教育中充当了其道德培育的理论来源和价值共识,把这种传统文化资源与价值共识同现代英国公民教育相结合,实现了现代与传统的有机结合,使英国公民教育具有了历史的厚度。"[2]这体现了英国教育既尊重历史传承,又适应现代社会的需求。关于英国的现代道德教育

---

[1] 张嵘:《英国学校道德教育主题的嬗变》,《学术论坛》2014年第3期。
[2] 周琪:《比较思想政治教育学》,北京:高等教育出版社,2018年,第153页。

课程,从课程内容来看,包括讨论种族平等、性别平等和公民责任等问题,培养学生的全球视野。从课程设计来看,英国现代道德教育注重学生的整体发展,包括身体健康、心理健康和社会发展。学生可能会参与模拟联合国会议,讨论全球问题,如气候变化和人权问题,并明确作为英国公民的责任。此外,学校会组织跨国交流项目,让学生与来自不同国家的同龄人互动。这种道德教育模式对当代英国公民的道德观、价值观产生着巨大的影响。

(四)新加坡学校价值观教育课程

新加坡是一个多种族、多宗教、多语言和多文化的移民国家。根据新加坡国家人口及人才署发布的《2023年人口简报》,截至2023年6月,新加坡的总人口达约592万人,其中华人占比高达74.2%,其他族群还包括马来人、印度人、斯里兰卡人和巴基斯坦人等。"历史上,新加坡沦为殖民地近150年之久,1959年脱离英国殖民统治宣布自治,1965年正式独立为新加坡共和国。建国之后,新加坡首先面临的是在种族多元、宗教多元和语言多元的国家中如何进行国家意识形态和共和国忠诚教育,以铸就新加坡'鱼尾狮身'的多元一体。"[①]自新加坡建国之初,培养新加坡公民和国家意识成为新加坡学校价值观教育的主线。

1.《共同价值观白皮书》贯穿课程建设始终。1991年1月,新加坡政府正式发表了《共同价值观白皮书》,这一文件成为新加坡学校价值观教育课程建设的指南,始终贯穿于学校价值观教育实践,以培养学生的道德品格和社会责任感。"从强调国民归属意识,再到儒家文化、宗教信仰,最终凝练出新加坡社会特有的五大价值观,形成了以五大共同价值观为核心的公民道德教育内核,引领了新加坡人的价值取向和行为规范。"[②]这五大核心价值观就是《共同价值观白皮书》中提到的国家至上,社会优先;家庭为根,社会为本;社会关怀,尊重个人;协商共识,避免冲突;种族和谐,

---

① 周琪:《比较思想政治教育学》,北京:高等教育出版社,2018年,第92页。
② 周琪:《比较思想政治教育学》,北京:高等教育出版社,2018年,第108页。

宗教宽容。新加坡教育部在制定课程和教育政策时,以这五大共同价值观为核心原则,确保学生在接受专业课程教育时进行全面的品德教育。因而,学校的课程框架中明确融入了五大共同价值观的教育内容,从小学到中学的各个阶段都设有相关课程。例如,在历史课中,教师通过讲述新加坡独立以来的历史事件,强调国家和社会的优先性;在社会学课程中,讨论种族和宗教和谐的重要性。学校还组织多种形式的课外活动和社会实践,例如社区服务、志愿活动等,帮助学生在实践中理解和应用这些价值观。在《共同价值观白皮书》的指导下,新加坡学校的价值观教育高度重视将东方和西方价值观的精髓有机结合,创建了一套独特而全面的共同价值观教育课程体系。正如李光耀所讲的:"东方和西方的精华,必须有利地融汇在新加坡人身上,儒家的伦理观念,马来人的传统,印度人的精神气质,必须同西方追根问底的科学调查方法和客观寻求真理的推理方法结合在一起。"[1]这一体系不仅突出家庭、社区和国家的重要性,强调集体利益和社会责任,还充分尊重个人的权利与自主性。通过系统化的课程安排和多样化的教学方法,学校不仅培养学生的道德品质和社会责任感,还鼓励他们通过对话和共识解决问题,倡导和谐共处的种族与宗教关系,形成一个多元包容、共同进步的教育环境。

2. 新加坡品格与公民教育课程。品格与公民教育一向是新加坡教育体系的核心课程之一。规划相关课程标准时,主要的考量是社会发展新趋势和世界发展走向,包括社会结构的变化、全球化和科技发展。新加坡的品格与公民教育课程是一项全面的教育计划,以传递价值观及培养与公民道德相关的技能为目标,培养学生的道德品格、公民责任感和社会意识,使其成为具有良好品德并对社会有所贡献的公民。1959年,新加坡教育部开始注重品格与公民教育,陆续推出各种传递价值观、培养良好习惯和与公民道德相关技能的课程。1992年,新加坡教育部推行公民与道德教育,强调公民意识、环球意识与跨文化沟通的技能,"除了在小学和中

---

[1] 王学风:《多元文化视野下新加坡学校德育的特质》,《外国教育研究》2005年第3期。

学都包括的道德价值观和文化规范的传播外,在高中阶段还审查了与公民身份有关的问题。主题包括新加坡宪法及其保障的基本自由;法律的必要性和重要性;以及参与政府,特别是参与选举过程。"[1]1997年,新加坡教育部推行国民教育,让学生了解身为新加坡公民的责任与义务。2005年,新加坡教育部推行社交与情绪管理技能的学习,帮助学生学会如何控制情绪、关怀他人、做出负责任的决定、建立良好的人际关系以及有效地应对生活中的挑战。2014年,新加坡教育部推出品格与公民教育新课程。在品格与公民教育新课程中,强调核心价值观、社交与情绪管理技能、公民意识、环球意识与跨文化沟通技能的内在联系。小学一、二年级和中学一至五年级于2014年开始施行新的品格与公民教育课程,小学三至六年级则在2015年才实行新课程。2023年,为了推进品格与公民教育,新加坡还特地成立了"新加坡品格与公民教育中心"。在品格与公民教育课程计划的指引下,各学校制定课程目标和课程建设方案。例如,新加坡南洋小学通过开展级任老师辅导课、性教育课程、国民教育课程、学生领袖课程等品格与公民课程(如表11-4),以培养学生的道德品格和社会责任感,致力于为学生提供一个全面发展的教育环境,助力其成为未来的优秀公民。

表11-4 新加坡品格与公民教育课程结构

构成	内容
品格与公民教育课	以母语传授品格与公民教育的价值观、知识和技能
级任老师辅导课(FTGP)	教导社交与情绪管理技能(包括网络健康、教育与职业辅导),并建立良好的师生关系
品格与公民教育校本课程	利用周会进行相关的教学 根据学校价值观开展相关的课程
品格与公民教育指导单元	其他教育课程

资料来源:新加坡品格与公民教育课程标准(小学)。

---

[1] Sim, Jasmine Boon-Yee, and Murray Print, "Citizenship education and social studies in Singapore: A national agenda," *International Journal of Citizenship and Teacher Education 1*, 2005, no.1, pp.63.

3.注重文学课程的价值观教育元素。新加坡高校未开设统一的价值观教育课程,但它通过开设通识课程、选修课程,以及渗透进专业课程的方式进行共同价值观的教育。新加坡学校十分重视文学与伦理教育的结合,明确文学作品在培养学生的道德意识和伦理判断力方面具有重要作用。"文学伦理学批评认为文学教育的最终目的是伦理教诲,这与高校课程思政建设的目标是一致的。"[①]例如,新加坡一所主流公立学校的八年级文学课的单元标题是"看不见的和听不见的",它以新加坡移民工人的生活为中心进行探究,课程目标之一是培养对那些遭受不公正待遇的人的同情心。学生们在阅读乔纳森·谭(Jonathan Tan)的短篇小说《在异乡的两天》(Two Days in a Foreign Land)中关于外籍工人体力和精神上的辛劳时,也会讨论他们面临的挑战的真实描述。比如,作者通过描述一些外籍工人为了在新加坡工作,而背负起向中介偿还巨额债务的负担,从而把文学作品的课堂讨论和课外体验结合起来。又如,教师还可以带学生参观展览,展品是新加坡移民工人的照片,要求学生根据他们对新加坡移民工人的经历进行研究,创作出具有现实意义的诗歌、小品或故事,或者对移民工人进行采访,并就此写一份报告。总之,通过文学的社会核心价值观涵化和案例研究、小组讨论等教学活动设计,激发学生的批判性思维和道德判断能力,不仅提升了学生的文学素养,也有助于培养他们的道德意识和社会责任感。

---

① 陈晞:《文学伦理学批评与外国文学教育》,《外国文学研究》2021年第6期。

二、港澳学校思想政治理论课建设理论与实践

港澳学校思想政治理论课各具特色,分别结合各自的社会背景和教育目标,采取了不同的策略和方法。这些课程不仅注重培养学生的道德素养和社会责任感,还特别关注如何在多元文化社会中促进学生的民族认同和文化传承。

(一)香港学校价值观教育课程

香港学校价值观教育课程依托《价值观教育课程架构(2021)》,注重正规课程与非正规课程相结合,从认知、情感、实践三个层面开展价值观教育。培育学生正向价值观,养成良好的生活态度和行为,是香港学校价值观教育课程的重要目标之一。

1.采用《价值观教育课程架构(2021)》。为回应《学校课程检讨专责小组最后报告(2020)》对优先推行价值观教育的相关建议,香港课程发展议会编订《价值观教育课程架构》,为学校于课堂内外规划价值观教育提供建议和示例,以帮助学生从小建立正确的价值观,以积极的态度面对在学业、生活和成长中遇到的挑战。《价值观教育课程架构》阐明价值观教育应以中华优秀文化作为主干,贯通不同跨学科价值观教育范畴,包括品德及伦理教育、公民教育、国民教育、禁毒教育、生命教育、性教育、媒体及资讯素养教育、可持续发展教育、法律框架下的人权教育等内容。与此相对应的价值观和态度,香港特区政府教育局在这一文件中也有说明。十个首要培育的价值观和态度包括坚毅、尊重他人、责任感、国民身份认同、承担精神、诚信、关爱、守法、同理心和勤劳,为实施价值观教育课程提供了目标依据。随着《价值观教育课程架构(2021)》进一步优化,十个首要培育的价值观和态度,从原有的"关爱"扩展至"仁爱",并新增"孝亲"和"团结"。因此,《价值观教育课程架构(2021)》内含十二个首要培育的价值观

和态度,包括坚毅、尊重他人、责任感、国民身份认同、承担精神、诚信、仁爱、守法、同理心、勤劳、团结和孝亲等。香港特区政府教育局公布课程发展议会编订的《小学教育课程指引(2024)》亦在相关部分作补充。

  针对不同阶段的学生,《价值观教育课程架构(2021)》给出了不同的学习期望与建议。在第一学习阶段(小一至小三),学生需要初步掌握一些较抽象的概念,例如自律、节制、责任、个人生活自理。因刚升上小学的新环境,他们较依赖旁人的指导,去解决学习的困难和建立社交圈子。此阶段的儿童较容易服从和依随家长和老师要求,是培育良好品格、健康生活习惯、学习礼貌和遵从法规的理想时机。在第二学习阶段(小四至小六),学生比较重视自己的学业,都希望成为父母的好儿女和老师的好学生。正因如此,他们会非常积极争取担当服务同学和校园的工作,并以此作为得到别人认同的指标。在第三学习阶段(中一至中三),他们开始脱离父母影响而发展自己的价值观,常常会有一些独特的看法,容易和家人及师长产生矛盾。他们开始认识法律于维持社会秩序的重要,亦开始思考一些抽象概念,例如家庭角色、社会责任、国家福祉、环境保育、生命价值与自己的关系,并希望得到启导和指引。在第四学习阶段(中四至中六),随着对社会认知的提高,他们常对一些个人和社会的议题持有开放的态度。这一阶段学习如何辨认从不同渠道所收集信息的真伪,懂得作出合乎法、理、情的价值判断,便愈加重要。鉴于办学理念、学生特质、学校特色等因素考虑,《价值观教育课程架构(2021)》提供课程规划表(见表11-5),增强了教师在价值观教育实践的现实操作可能。

表 11-5 价值观教育课程规划表（香港）

学年：	相关关注事项：		学科/组别：			
培育学生的价值观和态度	相关学习范畴	学习期望建议（包括态度和行为）	推行策略			
			课堂学习	全方位学习	实践与服务	全校氛围
□坚毅	□品德及伦理教育					
□尊重他人	□公民教育					
□责任感	□国民教育					
□国民身份认同	□《宪法》及《基本法》教育					
□承担精神	□国家安全教育					
□诚信	□禁毒教育					
□关爱	□生命教育					
□守法	□性教育					
□同理心	□媒体及资讯素养教育					
□勤劳	□可持续发展教育					
□团结精神	□人权教育					
□	□诚信教育					
□	□守法教育					
□	□健康生活教育					
□	□家庭生活教育					
□	□					
□	□					

资料来源：中华人民共和国香港特别行政区教育局《价值观教育课程架构》（2021）

根据香港价值观教育课程规划表，教师可以配合学科、班主任课、班会等开展价值观教育活动。与学科学习不同，价值观教育的学习成果不容易反映于传统的测验或考试中。学校可运用多元策略，并采用多方参与方式，了解学生在处理道德难题时的态度转变，特别是学生分析和解决问题时所表现的价值取向和核心素养，以检视价值观教育的推行模式及学习成效。

2.正规课程与非正规课程相结合的价值观教育。香港价值观教育课程一般分为正规课程和非正规课程两大类。首先是正规课程，即显性课程,包括课堂讲授、小组讨论、角色扮演和实际体验,以帮助学生更深入地理解和应用所学的道德规范和价值观念。这些活动旨在将道德教育从理论延伸到实践,帮助学生更深刻地理解和内化所学的道德规范和价值观,并能够在日常生活中自觉应用,从而培养他们在复杂社会环境中做出道德判断的能力。此外,学校还通过定期的评估和反馈机制,确保学生在道德教育方面的持续进步。通过这种综合性的教育方式,香港价值观教育课程旨在全面培养学生做出合理价值判断和价值选择的能力,为学生未来的个人成长和社会生活打下坚实基础。香港价值观教育课程不仅涵盖基础道德知识、价值观念的传授,还强调情感教育和实践活动的结合。"小学生价值观的培育主要采用将常识科与公民教育紧密结合,如通过语文教学中的文学作品解读,升华学生的思想境界;通过《我要天天做运动》《拜拜臭脾气》《清明扫墓显哀思》等生活事例的讨论,增强学生对个人成长及健康生活基本常识的领悟。"[1]教师通常利用多媒体资源、生动的案例和真实的社会问题,引导学生进行深度思考和讨论,从而提升他们的批判性思维能力和道德判断力。同时,学校也积极组织学生参与社区服务和志愿活动,使他们在实践中体验和践行所学的道德观念。

香港的非正规课程,通常称为隐性课程,指的是在正式课堂之外,通过学校环境、文化氛围、课外活动、师生互动等方式进行的教育。这种课程并不通过固定的课时或明确的教学计划进行,而是潜移默化地影响学生的价值观、行为方式和道德素养。学校的规章制度和校风建设在无形中对学生的行为和态度产生影响。例如,学校通过制定严格的校规、鼓励礼貌待人、提倡守时和诚实等行为规范,培养学生的自律意识和责任感。校园的物理环境也发挥着教育功能,可以在校园内设置具有教育意义的标语、海报、宣传板和展示墙,通过这些视觉元素传递核心价值观和道德规范,帮助学生在潜移默化中接受这些观念。在课外活动方面,学生通过

---

[1] 刘志山、梁桂麟主编:《港澳台公民教育比较研究》,北京:中国社会科学出版社,2012年,第88页。

参与社区服务、义工活动等课外实践,学习关爱他人、服务社会的精神。这些活动不仅帮助学生理解社会责任,也为他们提供了将道德理论付诸实践的机会,从而加深对价值规范的理解和认同。因此,香港的各类学校普遍重视校风建设和课外活动,以促进青少年的全面发展。

3.认知、情感、实践三层面的价值观教育。香港学校价值观教育强调认知、情感和实践三个层面(图11-2),以全面培养学生的道德素养和社会责任感。具体而言,认知层面包括教授核心价值观和道德知识,帮助学生理解道德概念和社会规范;情感层面注重情感体验和情感教育,通过故事分享、角色扮演等方式增强学生的情感共鸣和同理心;实践层面则通过实际行动和社会实践活动,让学生将所学的价值观付诸实践,培养他们的社会责任感和行为习惯。

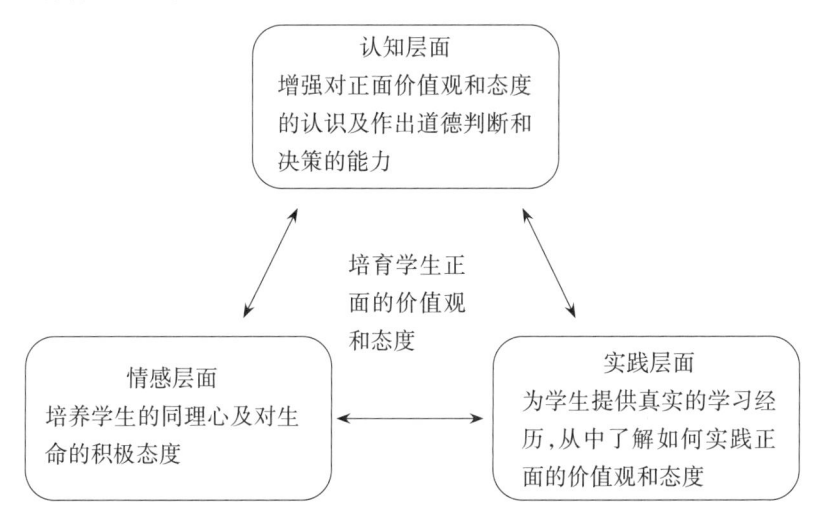

图 11-2 认知、情感和实践层面的价值观教育课程特质

资料来源:《中学教育课程指引(2017)》分章6A:德育及公民教育:加强价值观教育

《中学教育课程指引(2017)》中禁毒教育的价值观教育教学示例,清晰呈现了三个层面的课程目标。从认知层面来看,通过常识科学习对身体有害物质的种类、特质,及滥用对身体造成的伤害。认识日常生活中会接触有害物质的情境,学习如何拒绝有害物质和毒品。从情感层面而言,语文科中阅读有关爱惜生命和洁身自爱的文章,通过文学作品感染学生,学会爱护自己,培养积极自爱的价值观和态度。又如,德育课上共同订立健康作息时间表,培养学生正面积极的生活态度。请学生分享面对的学习和生活压力,与学生讨论舒缓压力的方法,培养他们正面乐观的价值观。从实践层面来说,举办参观活动及讲座,通过康复者的分享,让学生明白毒品的祸害,深化生命教育和价值观教育。通过领袖计划,让学生在校内筹办禁毒推广活动,在筹备活动期间,学生需搜集及整理资料,巩固所学。还可以通过四格漫画创作,让学生沉淀和整理相关知识,并展示所学。总之,诚信教育、守法教育、健康生活教育等价值观教育都可以从认知、情感、实践三层面来开展。

(二)澳门学校道德教育课程

澳门学校道德教育课程在知识传授、情感培养和社会实践等多个方面进行了综合设计,注重系统性和实践性,结合本地文化特色,致力于培养学生的道德素养和公民意识。2006年,澳门通过纲领性文件《非高等教育制度纲要法》,从法律上将"爱国爱澳""培养对国家和澳门的责任感""提升科学和人文素养""培养良好的生理和心理素质"写进教育法律。2017年,澳门颁布《高等教育制度》,推进本地高等教育与世界接轨。2019年,中共中央、国务院印发《粤港澳大湾区发展规划纲要》指出,"以中华文化为主流、多元文化共存的交流合作基地"[①]是澳门在大湾区的定位之一。依据此,澳门学校道德教育课程将中华文化教育作为教育的目标之一,旨在培养以中华文化为主流,认识、尊重澳门文化特色的学生。

1.直接开设公民教育课。根据澳门教育及青年发展局官网的信息,澳门的中小学课程设置大致分为四类。首先是品德教育,这类课程涵盖了道德教育、公民教育、宗教教育和性教育,旨在培养学生的伦理道德观念和公民责任感。其次是基础文化知识教育,包括语言、数学、物理、化学

---

① 《中共中央 国务院印发〈粤港澳大湾区发展规划纲要〉》,《中华人民共和国国务院公报》2019年第7期。

等科目，重点在于为学生提供扎实的学科基础。第三类是常识教育，涉及社会、自然、历史、地理等领域，帮助学生建立对世界和社会的基本认知。最后是修养教育，包括音乐、美术、体育和劳动教育等课程，这些课程旨在全面发展学生的艺术素养、身体素质以及劳动意识。值得注意的是，澳门教育及青年发展局并不统一编写中小学教材，而是专注于编写与澳门地理、历史、社会和生活密切相关的辅助材料。因此，澳门的学校没有统一的教材，而是允许学校根据自己的特色和需求来选择教材。这种教材选择的多样性，赋予了澳门学校更大的灵活性和自主权，使得课程内容能够更好地适应当地学生的学习需求和文化背景。如《小学葡语教材》《安全教育补充教材》《澳门地理》《三言两语》《普通话教材》等。澳门学校在历史、地理等科目上使用内地人教版教材，如《地理》和《中国近代现代史》。除去一些教会学校、国际学校等，大部分普通学校都会使用人教版教材。在人教版课本内容的基础上，教师还会特别针对澳门的情况，为学生讲解澳门历史、本地风土人情等补充教学资料。而且这些科目在考试中允许使用简体字作答。澳门学校道德教育除了开设专门的课程外，还渗透至各科教学当中。例如，澳门的小学不仅开设品德与公民课，还开设常识课。常识课的宗旨是要使学生对个人、家庭、社会、大自然、科学与科技等各方面都有基本的认识，掌握生活和未来发展所需的知识、技能，培养他们正确的价值观与态度，促进其全面均衡地发展。

2.采用《中国外交知识读本》和《品德与公民》等特色教材。澳门回归祖国20多年来，"一国两制"取得了举世瞩目的巨大成就，国民教育得到加强，87所大中小学升挂国旗实现全覆盖，内地教材进入澳门以供学校使用。在教材建设方面，目前澳门中小学使用的教材主要包括香港版本和内地通行的人教版与岳麓版教材。例如，地理和历史课程通常采用这些版本的教材。相较之下，人教版教材内容更为详细、深入，而岳麓版教材则相对简洁，其表述风格更加贴近澳门的实际情况，适应当地的教育需求。各学校根据自己的具体情况和教学需要，可能在不同的时间选择不同版本的教材,或自行编制适合教学的辅导材料,从而确保教材内容能够满足学生的学习需求,并反映澳门的独特文化和社会背景。《中国外交知识读本》和《品德与公民》是澳门独有的学校道德教育教科书。2012年,中华人民共和国外交部驻澳门特别行政区特派员公署与教育及青年发展局一同,委托外交学院编写一本适合澳门青少年阅读的外交知识读本。2014年10月,世界知识出版社出版的《中国外交知识读本》问世。2020年初,中华人民共和国外交部驻澳门特别行政区特派员公署启动读本修订工作,同年11月付梓出版。外交部驻澳门特派员公署署理特派员在《中国外交知识读本》第二版新书发布会上,勉励澳门教育界人士要牢记习近平主席2019年视察澳门濠江中学附属英才学校时的殷切嘱托,用好用足新读本,讲深讲透习近平外交思想,做好爱国主义教育大文章,帮助澳门青少年深入学习掌握外交知识,传承家国情怀,树立世界眼光,为"一国两制"伟大事业和中华民族伟大复兴培育更多英才。

《中国外交知识读本》被选定为澳门青少年参加外交知识竞赛的指定参考书籍。竞赛内容主要集中于国家外交政策、国际局势、新闻时事,以及"一带一路"倡议等重要主题。比赛形式多样,包括选择题、填空题、抢答题以及情景题,旨在全面考察参赛者对外交知识的掌握情况以及他们对当前国际形势的理解与分析能力。这种竞赛不仅提升了青少年对国家外交的关注度,还培养了他们的全球视野和思辨能力,使他们更好地理解中国在国际舞台上的角色与影响。《中国外交知识读本》一书包括"外交与外交制度""新中国外交的奠基与发展""外交小锦囊"等章节,还有关于"和平统一、一国两制"推进祖国统一大业的详细讲解,以及澳门回归的重要历史回顾。

"品德与公民"这门课属于常识课,是澳门学生的必修课程。"2007年,澳门特别行政区政府系统性地开展了道德教育教材的编写和出版工作,委托人民教育出版社根据澳门的'基本学力要求'编写、出版了《品德与公民》,这套教材涵盖了小学、初中、高中三个阶段。"[1]作为澳门新一轮课程改革的重要成果,这套教材的推出标志着澳门道德教育进入了新的发展阶段。它不仅是首套遵循新课程标准、全面落实基本学力要求的创新性教材,更以其科学系统的内容设计、贴近实际的教学理念,在澳门道德教育界产生了深远影响。以高中《品德与公民》教材为例,该系列包括五册。高一上册《幸福人生》,高一下册《法治生活》,高二上册《社会责任》,高二下册《政治参与》,高三全一册《全球联系》。近年来,《品德与公民》在澳门广泛使用,发行量逐年递增,教学效果日益显现,越来越受到澳门中小学生的欢迎,已成为澳门使用范围最广、推广成效最为显著的标杆性教材,为提升澳门学校道德教育质量作出了重要贡献。

三、世界各国学校思想政治理论课建设的启示

世界各国学校思想政治理论课体现出思想政治理论课的多样实践形态,并蕴含思想政治理论课建设的规律。通过梳理世界各国学校思想政治理论课的经验和实践方式,能为推进新时代高校思想政治理论课内涵式发展提供借鉴。

(一)思想政治理论课注重人文关怀和个体差异

马克思认为人的本质不仅在于其生物特性,还在于其思想意识和社会关系。"人不仅仅是自然存在物,而且是人的自然存在物,就是说,是自为地存在着的存在物,因而是类存在物。他必须既在自己的存在中也在自己的知识中确证并表现自身。"[2]思想政治理论课是落实立德树人根本任务的关键课程,也是发觉人之本质的重要途径。思想政治教育应当关照人的思想意识,其课程建设要注重人文关怀和个体差异,以确保教育内容更加贴近学生的实际需求和发展情况。一方面,要注重人文关怀。美

---

[1] 刘志山、周晓兵:《澳门道德教育:教学体系与实践方式》,《深圳信息职业技术学院学报》2022年第1期。
[2]《马克思恩格斯全集》(第四十二卷),北京:人民出版社,1979年,第169页。

国高校的道德教育观的形成深受多种学科传统和思想流派的影响,特别是发展心理学、伦理学和女性主义等。例如,哈佛大学的正义课程,通过案例分析和伦理辩论,帮助学生探讨复杂的道德问题,引导他们在实践中提升道德判断力。斯坦福大学开设的伦理与社会课程,通过探讨伦理学在现实社会中的应用,如科技伦理、商业道德等,培养学生的道德推理能力和社会责任感。巴纳德学院开设的性别与道德课程,通过讨论性别歧视、女性权益和性别平等等议题,推动学生在道德问题上形成批判性思维。乔治城大学的宪法与道德课程,通过研究宪法案例和讨论公民权利,帮助学生理解法律与道德的交叉点,培养他们的宪政意识和道德判断力。这些生动的思想政治教育实践都值得我国学习和借鉴,可以通过设置伦理学课程、道德辩论赛以及案例分析等方式,帮助学生在这些不同的道德发展阶段进行自我反思和成长。另一方面,要关照个体差异。思想政治理论课的课程设计应考虑学生背景、兴趣和学习风格的差异,提供多样化的教学方法和内容,以适应不同学生的需求,促进他们的个性化发展和自主学习。在新时代的背景下,思想政治理论课不仅要传递社会主义核心价值观,强调个人对社会、对国家的责任和贡献,还应结合学生个体身心发展特点,培养其正义感和同理心。为实现这一目标,思想政治理论课应采用多样化的教学方法,如情景模拟、小组讨论、社会实践等,帮助学生在真实情境中体验和理解道德与社会责任的重要性。同时还应注重学生的个性化发展,通过个性化指导和关怀教育,激发学生的道德判断力和行动力,使他们在维护社会利益的同时,能够合理追求个人目标与幸福。

(二)实现思想政治理论课与其他学科互通互融

学科课程中有着丰富的思想政治教育资源,特别是一些人文学科,在帮助学生形成正确的道德观、世界观方面有着不可替代的优势,为此许多国家都在学科课程标准中强调道德教育目标。例如,美国学者纽曼在为威斯康星州某市设计的社会行动课程中,主张在有关社区问题的研讨中,

"让学生关注更为普遍的一些问题,如什么是有意义的社会变革? 个人能否产生影响? 人们怎样控制自己?"[①]从而将公民道德教育融入其他学科或实践之中。不论是思想政治理论课还是其他学科课程,实践活动的重要性不容忽视,美国国家历史日竞赛便凸显了这一特点。再譬如,德国的历史课程高度重视实践体验和环境熏陶,强调学生在真实情境中学习历史。除了课堂教学,学校还组织学生参观历史遗址、博物馆,并参与社区纪念活动,让学生在实际场景中感受历史事件的影响和意义。通过这些实践活动,学生不仅能够更深刻地理解历史事实,还能在与社会互动中形成独立的历史判断和正确的历史观念。可见,"实践活动教学能够把高校思想政治理论课的第一课堂与第二课堂、理论教学与实践教学相连接"[②],真正实现思想政治理论课与其他学科课程、理论与实践的互通互融。这一实践方式成为中国高校思政课程与课程思政同向同行建设的重要借鉴。第一,推动跨学科思想政治教育研究,鼓励教师和研究人员深入研究课程思政的理论与实践,开发创新性的思想政治教育模式和方法,并将研究成果应用到实际教学中。第二,优化课程内容和教学方法,整合思政元素与专业知识。在课程内容设计中,将思政元素有机融入专业知识教学。例如,在工程类课程中,可以融入职业伦理与社会责任的讨论;在文学类课程中,可以探讨文化自信与社会发展。第三,强化实践教学与社会服务,鼓励校企合作。通过组织学生参与社会实践、公益服务等活动,将理论与实践相结合,使学生在社会服务中体会和践行社会主义核心价值观。例如,安排学生参与社区服务项目或社会调查,培养其社会责任感。与企业合作,开发结合实际生产生活的课程项目,帮助学生理解专业知识在社会发展中的应用,增强他们的职业道德。

(三)以优秀文化厚植思想政治理论课底蕴

各国思想政治教育都需要立足于本国的历史文化传统与社会现实,

---

① 钟启泉、黄志成编著:《西方德育原理》,西安:陕西人民教育出版社,1998年,第271页。
② 周琪:《高校思想政治理论课创新的三个着力点》,《思想理论教育导刊》2016年第3期。

强调作为一国之公民的权利与义务,并体现在学校思想政治理论课中。新加坡"共同价值观"教育的经验表明,有效的公民教育不仅要依托传统文化,更需要结合国家的具体社会现实,通过系统的教育规划和多样的实践活动,才能培养出具有高度国家认同感和社会责任感的公民。这种文化涵育课程的实践方式能为思想政治理论课提供历史文化支撑。我国高校要以中华优秀传统文化厚植思想政治理论课底蕴,推进思想政治教育高质量发展,更好地培育学生的文化自信和民族精神。一是要深入挖掘优秀传统文化的思想资源,并将这些思想资源与社会主义核心价值观相结合,融入思想政治理论课的教学内容。将传统文化中的智慧与当代社会问题相结合,引导学生思考如何运用传统文化中的道德理念和治理智慧来应对当前的社会挑战。比如,探讨儒家的"仁"如何在现代社会中体现为关爱他人的具体行动。二是要将中华优秀传统文化融入课程内容与教材建设。在马克思主义基本原理、中国近现代史纲要等课程中,结合传统文化的思想,探讨中国历史发展的文化根基及其对现代社会的影响。例如,在讲解中国共产党成立背景时,可以结合讲解中华民族的文化传承及其在民族复兴中的作用。三是组织中华优秀传统文化相关的社会实践,推动校内外文化交流。与文化机构、非遗传承人合作,开展中华优秀传统文化讲座、研讨会和体验活动,增强学生的文化自信,推动中华优秀传统文化在校园内外的传播和发展。例如,通过"思政课程+国学"的模式,引导学生在经典诵读中感悟中华优秀传统文化的精神力量,提升他们的文化素养和民族认同感。通过这些措施,可以有效地将中华优秀传统文化的深厚底蕴融入思想政治理论课,帮助学生在学习过程中增强文化自信,形成正确的世界观、人生观和价值观。

参考文献

[1]《马克思恩格斯选集》(第一卷),北京:人民出版社,2012。

[2]《马克思恩格斯选集》(第四卷),北京:人民出版社,2012。

[3]《马克思恩格斯全集》(第三卷),北京:人民出版社,1960。

[4]《马克思恩格斯全集》(第四十二卷),北京:人民出版社,1979。

[5]《列宁选集》(第一卷),北京:人民出版社,2012。

[6]《列宁选集》(第二卷),北京:人民出版社,2012。

[7]《列宁全集》(第二十五卷),北京:人民出版社,2017。

[8]《列宁选集》(第四卷),北京:人民出版社,1972。

[9]《列宁全集》(第十八卷),北京:人民出版社,2017。

[10]《毛泽东文集》(第七卷),北京:人民出版社,1999。

[11]《习近平谈治国理政》(第一卷),北京:外文出版社,2018。

[12]《习近平谈治国理政》(第二卷),北京:外文出版社,2017。

[13]《习近平谈治国理政》(第三卷),北京:外文出版社,2020。

[14]《习近平著作选读》(第一卷),北京:人民出版社,2023。

[15]《习近平著作选读》(第二卷),北京:人民出版社,2023。

[16]习近平:《思政课是落实立德树人根本任务的关键课程》,北京:人民出版社,2020。

[17]习近平:《论党的宣传思想工作》,北京:中央文献出版社,2020。

[18]习近平:《习近平关于全面从严治党论述摘编(2021年版)》,北京:中央文献出版社,2021。

[19]习近平:《在北京大学师生座谈会上的讲话》,北京:人民出版社,2018。

[20]习近平:《高举中国特色社会主义伟大旗帜 为全面建设社会主

义现代化国家而团结奋斗——在中国共产党第二十次全国代表大会上的报告》,北京:人民出版社,2022。

[21]习近平:《在庆祝中国共产主义青年团成立100周年大会上的讲话》,北京:人民出版社,2022。

[22]习近平:《在庆祝中国共产党成立100周年大会上的讲话》,北京:人民出版社,2021。

[23]中共中央党史和文献研究院编:《习近平关于人才工作论述摘编》,北京:中央文献出版社,2024。

[24]中共中央文献研究室编:《建国以来重要文献选编》(第一册),北京:中央文献出版社,1992。

[25]《关于深化新时代学校思想政治理论课改革创新的若干意见》,北京:人民出版社,2019。

[26]成仿吾:《战火中的大学——从陕北公学到人民大学的回顾》,北京:人民教育出版社,1982。

[27]谈松华主编:《中国高等学校思想政治教育史纲》,北京:高等教育出版社,1992。

[28]何东昌主编:《中华人民共和国重要教育文献(1949—1975)》,海口:海南出版社,1998。

[29]中国人民解放军国防大学:《中国人民抗日军事政治大学史》,北京:国防大学出版社,2000。

[30]余伯流、凌步机:《中央苏区史》,南昌:江西人民出版社,2001。

[31]新华月报社:《永远的丰碑》(十五),北京:人民出版社,2007。

[32]教育部社会科学司组编:《普通高校思想政治理论课文献选编(1949—2008)》,北京:中国人民大学出版社,2008。

[33]教育部思想政治工作司组编:《加强和改进大学生思想政治教育重要文献选编(1978—2014)》,北京:知识产权出版社,2015。

[34]《中华人民共和国学校思想政治理论课重要文献选编》编写组

编:《中华人民共和国学校思想政治理论课重要文献选编》(上下册),北京:人民出版社,2022。

[35]艾四林、吴潜涛:《高校马克思主义理论学科发展报告》(2021),北京:人民出版社,2023。

[36]肖甦主编译:《苏霍姆林斯基教育智慧格言》,北京:人民教育出版社,2014。

[37]石中英:《知识转型与教育改革》,北京:教育科学出版社,2020。

[38]石云霞:《高校思想政治理论课程建设史研究》,武汉:武汉大学出版社,2006。

[39]蒋荣:《高校思政课研究型教学实施路径与效果评估》,北京:中国社会科学出版社,2021。

[40]戴钢书等:《高校思想政治理论课实践教学论》,北京:中国人民大学出版社,2015。

[41]蒋荣:《马克思主义信仰的现代困境及出路——基于高校师生的经验证据》,北京:中央编译出版社,2015。

[42]《思想政治教育学原理》编写组编:《思想政治教育学原理》(第二版),北京:高等教育出版社,2018。

[43]王仕民主编:《思想政治教育心理学概论》,广州:中山大学出版社,2015。

[44]周琪主编:《"思想道德与法治"专题讲义》,重庆:重庆出版社,2021。

[45]周琪等:《比较思想政治教育学》,北京:高等教育出版社,2018。

[46]刘志山、梁桂麟主编:《港澳台公民教育比较研究》,北京:中国社会科学出版社,2012年。

[47]张雷声:《思想政治理论课教学的境界》,北京:中国人民大学出版社,2018。

[48]钟启泉、黄志成编著:《西方德育原理》,西安:陕西人民教育出版

社,1998年。

［49］［英］怀特海:《教育的目的》,徐汝舟,译,北京:生活·读书·新知三联书店,2002。

［50］［法］雅克·马里坦:《教育在十字路口》,高旭平,译,北京:首都师范大学出版社,2010。

［51］［美］欧内斯特·博耶:《美国大学教育——现状·经验·问题及对策》,复旦大学高等教育研究所,译,上海:复旦大学出版社,1988。

［52］［奥］阿德勒:《让生命超越平凡》,李心明,译,北京:西苑出版社,2003。

［53］［捷］夸美纽斯:《大教学论》,傅任敢,译,北京:人民教育出版社,1984。

后 记

思政课是落实立德树人根本任务的关键课程。2019年,我非常有幸作为学校思想政治理论课优秀教师代表参加习近平总书记主持召开的学校思想政治理论课教师座谈会,更加深感思政课建设不仅要有"术",也要有"学",更要有"道"。作为教育部全国高校思政课名师工作室、重庆市高校思政课名师工作室的负责人,我始终致力于学校思政课教学改革与研究,立足于信息化、数字化、媒介化、人工智能进程较早提出思政图像理论,并运用这一理论建成可视化、立体化、一体化的思政课新形态。这些探索之道被《焦点访谈》《光明日报》《中国青年报》《思想教育研究》等报道,既有对学校思政课发展规律的追问,又聚焦"大思政课"、大中小学思政课一体化、课程思政与思政课程,与重庆共青团、重庆日报华龙网、重庆石柱县中益乡等联合打造"思政研学"频道、"红岩思政"教育联盟等区域特色的思政课共同体。如此,为守正创新推动高校思想政治理论课内涵式发展注入新时代的活力与气象。《高校思想政治理论课发展的基本问题与实践》一书正是这一探索的结晶,它适用于学校思政课教学研究、相关领域的理论研究和实践工作者。

本书撰写分工:周琪撰写第一章,本书的结构框架确定、章节的调整修改完善、统稿审定也均由周琪完成,宋文静撰写第二章,邓凌敏撰写第三章,席婷婷撰写第四章,陈娜撰写第五章,陈涛撰写第六章,张晓渝撰写第七章,周琪、邹蒲陵撰写第八章,周琪、周飞妍撰写第九章,周琪、程丽莹撰写第十章,黄杉撰写第十一章。

本书的部分内容在《思想教育研究》《思想理论教育导刊》《学校党建与思想教育》《重庆日报》《高校辅导员》等报刊刊出,在收入本书时对文章进行了优化调整。

本书出版得到西南大学出版社的大力支持,西南大学出版社段小佳编辑付出大量心血,并提出宝贵建议。在此一并致以诚挚的谢意。

由于水平有限,书中的疏漏之处在所难免,恳请读者和同行批评指正。

周琪　于南山听松堂

乙巳年初春